教育部人文社会科学重点研究基地
黑龙江大学俄罗斯语言文学与文化研究中心

术语编纂论

郑述谱　叶其松　著

上海辞书出版社

辞书研究文库编委会

教育部人文社会科学重点研究基地黑龙江大学俄罗斯语言文学与文化研究中心学术成果和黑龙江省高校哲学社会科学学术创新团队建设计划“俄语语言创新团队”(项目编号：TD201201)的阶段性成果

出版说明

20世纪80年代,《辞书研究》创刊不久,便推出了“辞书研究丛书”,旨在“为辞书的理论建设和有关材料的收集,从而为辞书事业的兴旺发展”多贡献一份力量。近三十年来,该丛书陆续出版了二十来种辞书学专著,其他兄弟出版社也陆续推出了各具特色的辞书学理论专著。这些著作构成了蔚为大观的辞书学园地。

辞书学研究推动了辞书编纂出版事业的发展,辞书编纂出版事业的发展又不断丰富辞书学研究的内容。作为一门新兴的应用学科,辞书学研究成果本身也有一个逐步累积、稳定、成熟、系统,并进而与时更新的问题。正基于此,我们策划了这套涵盖辞书学主要方面和基本问题的“辞书研究文库”。“文库”中的选题,有的是经作者作了或多或少的修改甚至近乎重写的修订本,有的是作者的新著。文库中各书的内容,有的偏于传统,有的则关乎计算词典学、学习词典学、交际词典学等新起的学科。

“文库”的选题是开放的,我们期待有更多的力作来充实“文库”。

上海辞书出版社

辞书研究文库编委会

2011年7月

“辞书研究文库”总序

曹先擢

2009年10月在杭州开会，庆贺《辞书研究》创刊30周年，大家热情肯定《辞书研究》的成绩，希望在新的起跑线上向前，向前，再向前。现在看到他们新推出的“辞书研究文库”，想起那次会，我对他们更充满敬佩之情。

辞书史告诉我们，理论很重要，还告诉我们辞书理论的研究是发展的。这种研究在古代是编书者自己来做的，所以当时的字书、训诂书、音韵书等大都有“序”（也作“叙”）。洪诚先生的《中国历代语言文字学文选》，其中有《说文解字叙上》、《切韵序》、《中原音韵自序》等。20世纪有了现代辞书和辞书理论，在字典、词典里我们读到以“序”的形式讲述有关理论问题的佳品，如《辞海》（1936年）有黎锦熙的序；朱起凤的《辞通》，其排在最后的是自序，前面分别是章太炎、胡适、钱玄同、刘大白、林语堂等人的序，篇篇珠玑，是缩微型的论文，我最喜欢读。《新华字典》（初版）、《现代汉语词典》的“凡例”学术含量很高，可以学到许多语言学和辞书学的知识。王力的《同源字典》序是“同源字论”；《王力古汉语字典》有王力的序，其中讲到词义的概括性问题，词义的时代性问题，同义词问题等，都是辞书编纂中的理论问题。

辞书理论研究的进步集中反映在诸多理论专著的出版，1990年以后似乎进入了一个丰收期，真是百花盛开，各展芳姿。现在推出“辞书研究文库”是一个及时之举，可以展示辞书理论的成就，推动辞书的发展，推动辞书理论的发展。

这套文库有特色，所涵盖的门类比较多，有通论方面的，专论方面的，有学习词典的，有辞书史的，对我来说有较为熟悉的选题，也有我陌生或很陌生的选题，它们对我都有吸引力。

文库准入门槛不低，严把质量关。有许多著作出版有年，有口碑，这次选入文库，仍作了修订，难能可贵。还有的书是这次新出版的，我注意到有些选题其研究的内容，不少曾写过单篇文章，有学术积累。总之，这套文库精品意识强，是一个特点。

这套文库比较集中地展示了近些年来辞书理论的成就，无疑将会推动辞书事业的发展，推动辞书理论的发展。

2011 年 5 月 19 日于北京方庄补拙斋

目　录

前　言

《术语编纂论》一书终于可以交稿了。夜幕下,孤灯旁,掩卷长思,心中不禁有些话要说。这些话,归纳起来不外乎:为什么要写这样一本书?写作的过程中有些什么想法?写完之后还有什么未尽的“余论”?如此等等。

说出来有点不好意思。这么一本篇幅不算大的小书,酝酿与写作的时间加起来却有五六年的时间。最初,这个选题的提出,几乎完全是从学理出发推衍出来的。众所周知,术语学是一门新兴的学科,它的组成包括理论术语学和应用术语学两大部分。术语编纂可以说是应用术语学中最重要、最核心的组成部分。从事术语学研究,不能不关注术语编纂问题。反观我们自己的术语学研究,大约十多年前,是从理论术语学开始切入的。这是多种客观条件使然,今天看来,也并没有什么不好。不过,作为术语学这门应用学科的研究者,没有术语编纂实践方面的经历,终究是一个不小的“先天缺陷”。如同研究词典学,如果自己根本没有词典编纂实践,却要纵论词典该如何如何编,那终归难免隔靴搔痒,甚至南辕北辙。这种比照自身的词典学理论研究与词典编纂实践经历产生的“心理暗示”,对我们产生了负面影响,以至有时谈起某个问题,难免有心虚之感,生怕有人较起真儿来,客气地问你一句,请举出一个你亲身经历过的实例来。其实,这绝不是有谁故意与你为难,我们自己也能为此找到理由。不是说,“纸上得来终觉浅,绝知此事要躬行”,“不通一艺莫谈艺,实践实感是真凭”吗?于是,出于“自我完善”“自我救赎"的需要,就自然地产生了研究这一课题的愿望。

顺着这个思路,我们还选定了一两个相对来说我们可以驾驭的学科的术语,尝试着手编纂的实践活动。这些带有相当自觉性而且并非实验性的编纂实践,使我们更进一步地感受到,从偏重理论与实践结合的视角认识与阐释术语编纂是很有必要的。上述情况还仅仅是我们个人的体会,而我们在某些社会咨询活动中偶然接触到的实际,更进一步加深了我们研究这一课题的迫切感。我们不止一次地发现,原来,社会上,大千世界,各行各业的芸芸众生中,竟有一些人在自发地实际从事着术语编纂或类乎术语编纂的工作,这当然是很值得尊敬的科学研究活动。但由于术语编纂的跨学科性,更由于术语学研究在国内的影响薄弱,他们多是在漫漫的"黑夜"中自我摸索,艰难前行,这中间,自然少不了许多盲目性,走一些费时费工的弯路,甚至落得吃力不讨好的结果。他们对术语编纂知识的需求,用"如饥似渴"来形容,那是一点都不过分的。如果能多少给他们提供一点实际帮助,那真是雪中送炭。于是,我们研究这一课题的愿望就变得愈发强烈了。

一个偶然的机会,我们将这个想法与时任中国辞书学会副秘书长的徐祖友先生进行交流。让我们感到庆幸的是:我们遇到了一个可能是最能理解我们上述想法的人。不仅如此,他还从更广阔的视角,从目前国内专科词典编纂的大局着眼,不单对这个选题本身表示认可,更为难能可贵的是还对我们提出的"出书路径"表示理解。时下出书最通行的做法往往是:先申报选题,获批后得到经费,在限定的时间内完成课题,最后才是借助部分课题经费支持出书。这中间,烦琐的填表申报论证,不胜其烦的中期检查,最后验收,为了忙着"赶工期"而违心地"偷工减料"与"草草收兵"的情况,自然也时有发生。出于一种厌倦情绪,更为了将心里想做的这件事情做得更从容,更自觉,更随心愿,我们向徐先生申明,我们想采取传统的"投稿出书"的做法。令我们感动的是,这一点也得到了他的理解。后来,经与上海辞书出版社《辞书研究》编辑部主任王慧敏女士直接联系,最终确定了大致的撰写计划。必须指出,直到交稿之前,这中间,没有人要求限期完成,我们难得地实现了一个"闹中求静"的心愿,但我们却扬鞭自奋蹄。在我们心里,不为别的,单为回报他们的这份可贵的理解与信任,也是必须这样做的。

撰写本书的过程,是我们自觉、全面地梳理、扩展、深化与提升术语学知识的过程,是很好的、静下心来学习的过程。这样的学习机会在当今显得尤为珍贵。"扬长补短"是我们最大的撰写策略。尽量结合编纂实践需要来阐释相关理论,着力从国外实践中汲取外部经验,也注意总结国内编纂者的体会,并以适当的方式把它们转化成研究的实际产品,这些都是落实"扬长补短"策略的具体措施。譬如,附在书后的那两个附录,一个是国外著名学者撰写的带有理论深度的前言,一个是从事术语编纂实际工作的国内专业学者的总结。这是体现我们撰写策略的具体实例。而整个这本小书,则是我们"扬长补短"的一个实际成果。

什么是软科学?词典学、术语学算不算是软科学?在此我们不想展开讨论。但是,在撰写过程中,对术语编纂的"软性"特征,我们还是有了新的切身体会。当你从国内外、别人或自己的术语编纂实践中,试图总结出某些成功的经验或失败的教训时,这些总结得出的不会是什么振聋发聩的惊世之言或惊人之语,也不会是什么新发现,它们听起来往往是人所共知的道理与常识。这不免多少有点让人失望。不过,转念一想,对这些道理的"共知",却并不能保证人们在实践中自觉遵守它,不去违反它。对这种违反,当事人往往浑然不觉,局外人就更是雾里看花。不管软科学怎么说,我们还是宁愿把此种体会归为"软性"。的确,如有人所说,感觉的东西未必认识它,只有认识的东西,才能更深刻地感觉它。前面引述的"纸上得来终觉浅,绝知此事要躬行","不通一艺莫谈艺,实践实感是真凭",说的也是这个道理。

什么人会对这本书的内容感兴趣?有多少人会对这个问题感兴趣?我们的回答只能是低调的,多少带点悲观的。时下,在中国,单凭这个书名,吸引来的读者不会很多。这里,先说说我们的一点联想。世界上,编词典的人很少,但用词典的人很多。词典学是给编词典的人讲的,还是也应该给用词典的人讲?很长一段时间,在潜意识里,我们觉得,用词典的多数人,未必需要词典学,借用从别人那里听来的一个说法,就像鸟类未必需要知道鸟类学一样。稍有点文化的人,都觉得自己会查词典。其实,那只是"懂得怎样做或有能力做"意义上的"会",或者说,这只是低层次的"会"。"会"还有另一个意义是表示"擅长",相比之下,那算是高层次的"会"。对于后者,不仅需要词典学,而且仅靠词典学知识恐怕还是远远不够的。譬如,知道了词典的不同类型,肯定有助于选择正确的词典来解决各种不同的疑难问题。仅仅满足于一般知识好像还不够,还要在多次不断地查阅过程中,尝到甜头,甚至升华为一种获取新知识的愉悦感,国外有人把这称作"词典学修养"。而整个社会的词典学修养会决定整个国家与民族的词典文化水平,它是整个国家与民族文化水平的一个体现。

比较起来,世界上从事术语编纂的人,肯定比从事词典编纂的人还要少。他们首先是自己本专业内的专家,甚至还是很权威的专家,但术语编纂多半不是他们的主业。由于术语学的软性特征,这样的书连他们也未必觉得必不可少。不过,近年多次见诸报刊的"关键词研究方法"这个说法,打开了我们的认识思路,甚至还使我们得到一点鼓舞。按我们的理解,其实,术语就是某个学科知识领域的关键词。关键词的研究方法,无非就是选取某一学科领域的几个术语,围绕它们的"定名""定义""定位"展开阐释,借此达到"立论"的目的。这样一来,与术语编纂有联系的人可就多得多了。这正应验了"术语具有启智功能"这个说法。一个"关键词研究方法"(完全可以把它看成一个术语)竟使我们思路大开,希望大增。说到这里,我们又想起术语学著述常常引述的话:没有术语就没有知识,没有术语就没有理论。研究某个具体理论,其实也是与术语打交道,因此,术语编纂的知识与经验,对术语"定名"

"定义""定位"牵涉到的问题,对他们都可能有用。这里,我们再次体会到,国外有人突出强调术语学的方法论意义,是很有道理的。据说,在欧盟国家,"术语师"是最容易找到工作的十个热门职业之一。在术语学研究发达的国家,"术语编辑"是媒体行业的一个重要工种。我们在与欧洲某术语机构谈到联合开展术语普及教育工作时,对方从他们自身的经验出发,建议面向企业开办术语培训班,并滔滔不绝地畅谈这对提高企业工作效率与产品效益的好处。面对此情此景,我们不免有些感慨。也许目前,在中国,在术语学还刚刚起步,术语学知识还很不普及,人们的术语意识还相对薄弱的情况下,具有上述认识的人可能很少,接受上述认识的人也不会很多。我们期望,随着本书的问世,能接受上述认识的人会逐渐多起来。

最后,让我们对所有给予我们关心与协助的同行、同道、亲人、朋友,致以衷心的感谢。

我们欢迎各行各业读者对本书提出批评。

郑述谱　叶其松

2014 年 5 月

第一章 什么是术语编纂

第一节 从 terminography 说到“术语编纂”

一、从 terminography 说起

100 多年前，马建忠(1998：19)在《马氏文通·正名卷》的开篇写道：“凡立言，先正所用之名以定命义之所在者，曰界说。”这句话的大概意思是：著书立说，先要把所用名称的意义界定清楚。“术语编纂”是本书中最最主要的名称。这一表述来自西语的 terminography。据此，开宗明义我们先从 terminography 说起。

terminography 是在希腊语、拉丁语词素基础上构成的术语，该术语在主要印欧语中的发音和拼写是相同或相近的，如法语的 terminographie，德语的 terminography，俄语的 терминография，西班牙语的 terminografía 等。在汉语中，该术语在不同场合被译成几个说法，例如“术语词典学”“术语词典编纂学”“术语词典编纂”“术语编纂”“术语编纂学”等。

以上五个译名中，前三个都与词典有关。从 lexicography(词典学；词典编纂)与其一系列分支学科 bilingual lexicography(双语词典学；双语词典编纂)、monolingual lexicography(单语词典学；单语词典编纂)、pedagogical lexicography(教育词典学；教育词典编纂)等的译名进行类推，将 terminography 译成“术语词典学”“术语词典编纂学”“术语词典编纂”无可厚非。但问题在于，terminography 能否像 bilingual lexicography 等一样，自然进入词典学学科体系之中？这还需要从 terminography 的来源说起。

作为一个术语，terminography 的产生还只是最近几十年的事情。贝尔根霍茨（Bergenholtz H.）、塔尔（Tarp S.）在《专业词典学手册》一书中提到：它最早于 1975 年进入国际标准化组织的国际标准文件之中，表示“术语学中与编纂术语词典有关的部分”。由此可以推断：该术语在此之前已经使用过一段时间，否则不会被作为标准术语使用。隆多（Rondeau G.）在《术语学概念》的一处注释中提到：“术语编辑学（terminographie）一词由哈吉廷（Hajutin A. D.）提出。”书后的参考文献指出与此注释相关的文献发表于 1971 年。基于隆多提供的人名，不难推断此人是苏联术语学家 Хаютин А. Д.。[①] 此人在苏联术语学界并非无名之辈，曾写过一部名为《术语・术语集・名称集》的著作，很有影响。但在翻阅俄语相关文献时，我们发现：哈尤京也不是最早提出 terminography 的人。在格里尼奥夫（Гринев С. В.）编写的《术语学术语历史系统词典》中，编者提到另一位术语学家奥夫恰连科（Овчаренко В. М.）的名字，他在 1969 年发表的《术语、分析性名称和称名定义》一文中，已经提出 терминологическая лексикография 这一说法。

从上文对 terminography 演变历史的考证中，可以总结出以下三点：

首先，对 terminography 一词“身世”的考证表明，它的出现要晚于 terminological lexicography，这与哈特曼（Hartmann R. R. K.）和詹姆斯（James G.）关于两者派生关系的判断是基本一致的，即 terminography 是按照 lexicology：lexicography—terminology：terminography 的类推关系创造出来的，并有取代旧术语 terminological lexicography 的趋势。而且，这也符合科学术语构成的一般规律：在概念命名过程中，凸显其区别特征最好的方法就是为表示属概念的名称附上限定成分，而不是一

① 按照“名从主人”的原则，根据俄语发音，更规范的译名应该是哈尤京。

开始就提出一个完全新的名称,因为在很多印欧语言的术语系统中,复合形式和合成形式占大多数。它们在使用一段时间后,随着人们科学认识水平的提高,再通过截短、缩略等方式变成一个术语词,因为相对于复合形式和合成形式来说,术语词更便于记忆和传播。

其次,该术语最早极有可能是由俄国学者提出的,并从俄语进入到其他欧洲语言之中。从苏俄术语学的学术成就和国际影响看,这是完全合乎情理的。莫斯科一度是国际标准化组织负责术语工作的第三十七委员会下第一技术委员会"原则与方法"的秘书处所在地,负责和参与很多国际标准的制订工作。这与上文贝尔根霍茨、塔尔提到的情况是吻合的,即该术语的跨语传播与术语标准关系密切。而且,只有借助术语标准,该术语才能按照统一的形式进入其他语言而不发生变异。

最后,该术语首先是在术语学的学科框架中提出的。上面提到的相关学者,如格里尼奥夫、哈尤京、隆多等都是术语学家,时间大约在20世纪60年代末70年代初,即术语学日趋成熟并发展成为独立的语言学分支学科的年代。

将terminography首先归入术语学而不是词典学,还可以找到另外一些证据:词典学中与terminography类似的分支学科有LSP lexicography①,specialised lexicography,technical lexicography等。区分后几个术语已有不小的难度,在同义序列中再增加一个terminography,只会使情况变得更加混乱,几个意思相近的术语会给使用者带来诸多不便。因此,不少学者,尤其是术语学家把terminography看成术语学的组成部分,原因在于:对terminography产生影响的诸多学科中,术语学的影响是最大的。格里尼奥夫(2008:8-9)曾经写道:"作为词典学的一个分支产生之后,术语编纂始终靠向术语学这边,因为以下问题,如确定同义关系、同形关系和多义关系,确定术语意义,挑选外语等值词一直是由术语学

① LSP是language for special purposes(专门用途语言)的缩写。

解决的。因此,很多术语学家认为,术语学是术语编纂的理论基础,甚至把术语编纂看成术语学的一个分支。"(Гринев 2008:8-9)

因此,terminography 与生俱来的学科归属不是词典学或者首先不是词典学,而是术语学。将其译成汉语时,也就不必一定带上"词典"二字。

二、选定"术语编纂"的理由

如果是在一般的学术著述中,对上述不同表述之间的差异,也许可以忽略不计。但是,在本书中,还是有必要说明我们选择的理由。

"术语编纂"与 terminography 的形式相符,"术语"与 termin 对应,"编纂"与-graphy 对应;在几个译名中,它最为简洁,符合术语应尽量简短的要求,便于使用和传播。

是"术语编纂学"还是"术语编纂"?对此我们也反复做过推敲。西语中,带后缀-graphy 和带后缀-ology 的词之间常常形成对应,前者更多表示对事实的描述,而后者则更多是一门涉及许多"学理"(或称逻各斯)的学科。相比而言,后者则更像一个学科。如同样研究"地",侧重于地表描写的称作 geography(地理,地理学),侧重于研究地的物质构成与内部结构的称为 geology(地质学);同样,重在对词汇进行描写的称作 lexicography(词典编纂),而分析词汇构成、演变的称作 lexicology(词汇学)。这些学科名称在西语里,从词素构成来说,-ology 更明显带有"学"的资格,但译成汉语,原有词素的这层意思没有传达出来,加还是不加"学"多少有些随意。在西方,terminography 更多被看成是术语学在实践领域的应用,是一种活动,与真正意义上偏重阐述理论的科学有明显不同的侧重点。有些俄罗斯学者将 terminography 看成术语学和词典学基础上形成的独立的交叉学科,这与俄罗斯学界对科学的独特理解有关,更与该国在这两个学科的研究传统和成就有关。因为,宣告一个学科的成立,在科学学上需要若干评判的标准,terminography 在俄罗斯已经具备了成为独立学科的条件。在我国,鉴于多方面的现实条件,我们还是宁愿把 terminography 译成“术语编纂”，而不是“术语编纂学”。

通常认为，术语编纂的结果是术语词典。但事实上并不总是这样。这里首先面临一个问题：什么是词典。对日常生活中经常碰到并使用的一个词，词典学对它的界定也并不一致，其中的主要原因在于：“1）词典概念的内容增加，出现新的形如词典的出版物；2）在通常的词典与对其的科学认识之间出现不一致；3）不同的词典编纂传统；4）对待术语的随意；5）将专业词典与普通词典对立的趋势；6）词典编纂者不愿意研究词典概念的定义。”（库达舍夫 Кудашев И. 2007：20）

另一个问题在于：terminography 的成果形式是不是仅为词典？国家标准《术语工作·词汇·第 1 部分：理论与应用》（GB/T 15237.1—2000）在“术语编纂”条目后的注释中提道：“术语数据可以采用术语数据中心、多语种词汇表、主题词表或其他出版物的形式提供。”这里甚至没有提到术语词典。在该标准其他部分提到术语工作产品这一概念，它主要包括：

1）术语词典或技术词典，术语条目汇编，收录一个或多个特定专业领域中的概念或指称的有关信息。

2）词汇，术语词典的一种，包含一个或多个专业领域中的指称和定义。

3）多语种词汇表，术语词典的一种，包含一个专业领域中的指称及其在其他语种中的对应词。

4）术语数据库中心，含有术语数据的数据中心。

5）术语数据库，包含术语数据的数据库。

6）术语逐词次索引，从语料库提取的术语的有序列表，包含一段语境和源参考文献。

这些术语工作产品中，前三类可算作广义的术语词典，后三类并不属于传统的术语词典之列，但仍可称为电子形式的术语词典。但是，还有一些术语工作产品，比如各种分类大全，与通常理解的词典有些差距。它是对某一领域各种产品的系统分类。表 1-1 是某行业标准对渔业船舶的分类。

表 1-1　渔业船舶分类

代码	渔业船舶种类名称	简称	字母代码	说　明
1	渔业生产船			
11	捕捞船	渔	BS	包括国际鲜销渔船
12	养殖船	渔养	YS	
19	其他渔业生产船			
2	渔业辅助船			
21	渔业冷藏船	渔冷	YL	
22	渔业运输船	渔运	YY	
23	渔业加工船	渔加	YJ	
24	供油船	渔油	GY	
25	供水船	渔水	GS	
29	其他辅助船			
3	渔业科教船			
31	科研调查船(渔业调查船)	渔科	KD	
32	教学实习船(渔业实习船)	渔教	JS	
39	其他科研船			
4	渔业公务船			
41	邮政船	渔政	YZ	
42	渔港监督船	渔监	YJ	
43	渔业指导船	渔指	ZD	
44	渔业救助船	渔救	JZ	
45	水质监测船	渔环	JC	
49	其他公务船			
9	其他渔业船舶			
91	交通船	渔交	JT	
92	渔港工程船	渔工	GC	
93	拖船	渔拖	TC	
94	驳船	渔驳	BC	
99	其他基地船			

这种术语工作产品很难和通常理解的术语词典联系到一起,但由于该表提供了各类船舶在系统中的位置,还分别给出了别称、简称、代码等信息,这显然是术语编纂的成果。

不仅如此,目前已经呈现出将专业类型词典的名称和一般词典相对立的趋势。在芬兰语中,表示某个很窄领域的、规模不大且带有规范性质的术语词典,现在用另一个专门的词 sanasto 表示,其字面意思是“词汇清单或集合”。有学者认为,在不久的将来,这类出版物在语言使用者看来不再是“词典”,而是另一种独立的文献。例如,库达舍夫(2007: 19)在对某移动通讯手段词表的一篇评论中指出:“移动通讯手段词表不是传统的词典,而是用术语工作原则编写的 sanasto。”或许我们会认为,这是在那些术语学研究相对发达国家出现的个别情况,但不要忘记,专业领域中带有释义或解释的词典在英语中更多用 glossary,而不用 dictionary 表示,哈特曼与斯托克(Stork F. C.)编写的《语言与语言学词典》对前者的释义为:“对某个专门领域内使用的术语——如游泳运动或核子物理的词——下定义的词典。”而且,源自拉丁语 grossarium 的 glossary 已进入到其他欧洲语言之中,例如俄语的 глоссарий。

我们注意到,国家标准《术语工作・词汇・第 1 部分: 理论与应用》(GB/T 15237.1—2000)的第 3.6.2 条即为 terminography,它的中文译名为“术语编纂”,未给出其他允许使用的译名。这表明“术语编纂”是符合标准化要求的术语。其他的译法应该自觉统一到标准化的术语上来,以免造成专业交流的混乱。

综上所述,将 terminography 译为“术语编纂”更为合理,将本书冠以《术语编纂论》这一名称,也主要出于上述考虑。

第二节　术语编纂的演进

根据术语编纂是否具有理论基础,可将其分成两个阶段: 前理论阶段和理论阶段。前者又可分为古代和近代两个时期,后者又可分为以规定为主和以描写为主的两个时期。

一、前理论阶段

1. 古代时期

术语编纂实践具有悠久的历史。西方学者提到,早在4 000多年前,中东地区为注解经书而编写的词汇表是最初的专业词典。在我国,成书于汉代的《尔雅》既是我国第一部训诂学著作,也是我国最早的专业词典。流传至今的《尔雅》19篇中,《释诂》《释言》《释训》解释的是普通语词,后16篇解释的是专业词汇。具体说来,《释亲》解释亲属名词,分为宗族、母党、妻党、婚姻4类。例如:"父为考、母为妣。父之考为王父,父之妣为王母。"父、母既是普通语词,也是表示亲属名称的专业词汇。后续各篇面向具体领域,如《释器》解释器用名词,《释宫》解释宫室名词,《释乐》解释乐器和音乐名词,《释天》解释天文名词,《释地》《释丘》《释山》《释水》解释地理名词,《释草》《释木》解释植物名词,《释虫》《释鱼》《释鸟》《释兽》《释畜》解释动物名词。

这一时期的术语编纂反映古代科学的总体状况和人们的认识水平,并没有获得独立的地位,具有原始和朴素的性质。

2. 近代时期

文艺复兴以后,科学进入近代科学时期。这一时期的术语编纂有两个大的背景:一是拉丁语作为统一科学语言的地位不断下降,印欧各民族语言开始兴起。正如丹皮尔(Dampier W. 1997: 389)在《科学史及其与哲学和宗教的关系》一书中所写的那样:"17与18世纪,取代了教会大一统思想的民族主义思想开始明朗化。不但科学,就是一般的思想,也都具有了极显著的民族色彩。各国的学术活动各自分道扬镳,欧洲各国的国语也代替了拉丁语,成为科学写作的工具。"另一方面,经院哲学逐步瓦解,学科分化加剧,数学、物理学、化学、生物学等纷纷独立出来,大量的新现象、新概念、新名称涌现。不仅如此,从整体上称谓专业词汇的语词开始在西语中出现。据考证: nomenclature 这个词于 17 世纪初开始在法语和英语中出现,它由两个部分构成,分别源自拉丁语的 nomen 和 calare,前者表示 name(名称),后者表示 to call(命名)。nomenclature 最初表示"名称的总汇或清单"。另一个相关的词就是 terminology,它出现于 18 世纪中叶,最早是由一名德国学者提出的。18 世纪末到 19 世纪初,该词进入法语、英语和俄语等语言之中并被语文词典收录。1837 年,英国逻辑学家、科学史家惠威尔(Whewell W.)首次赋予该词后人所熟悉的科学定义,即"用于描写自然发展史中的客体的术语系统"。nomenclature 和 terminology 这两个词在相当长一段时间内是并列使用的,意义差别不大。有意识地将两者明确区分开来,是从 19 世纪开始的。

整理和规范各自学科名称系统的工作也相继开展,如德国学者杜雷尔(Dürer A.)在数学领域,比利时医学家维萨留斯(Vesalius A.)在解剖学领域等。其中,法国化学家拉瓦锡(Lavoisier A. L.)和瑞典生物学家林奈(Linnaeus C.)的贡献是比较突出的。1787 年,拉瓦锡、居顿·德莫沃(Guyton de Morveau)、贝托雷(Berthollet C. L.)和伏克劳(Fourcroy A. F.)在巴黎联名发表《化学命名方法》,改造原有的化学名称命名体系,代之以根据化合物的组成要素来命名。林奈提出的拉丁语双名命名法为生物名称的规范化奠定了基础。1906 年出版的《国际植物命名规则》指出:"适合于一切具有锥管束植物类群的植物命名法始于林奈《植物的种》一书的出版(1753 年)。人们现在赞同把这部著作中出现其名称的那些属同《植物的属》(第五版,1754)中对它们的描述联系起来。"(转引自沃尔夫 Whorf B. 1997: 495 - 496)科学名称的整理和规范工作为后来的术语编纂奠定了科学基础。

此外,在百科全书中,术语条目占据着相当大的比例。法国启蒙思想家伏尔泰(Voltaire)为狄德罗(Diderot D.)《百科全书,或科学、艺术和工艺详解词典》编写的条目汇集成《哲学辞典》出版。虽然这部词典的内容和今天的术语词典大相径庭,不过伏尔泰以“辞典”二字冠之,倒也能说明一些问题。同样,今天俄罗斯学者在梳理俄语语言学词典的源头时,首先提到的是布罗克豪斯(Брокгауз Ф. А.)和叶夫龙(Ефрон И. А.)主编的《百科辞典》。

19 世纪,独立性的术语编纂工作开始起步。俄罗斯术语学家认为,布尔纳舍夫(Бурнашев В. П.)在这方面做了开创性的工作,他花了四年时间编写了一部《农业、手工业和民俗术语词典》,共收入术语 2.5 万条。这在当时相当不容易,作者前言中的一段文字可以为证:“那些哪怕多少了解一些编词典之难的人,也会懂得,仅凭一人之力收集这些术语并将其整理出个顺序谈何容易。为了收集、解释这 2.5 万条术语,我要读,而不是随手翻阅二三百本俄语农业方面的常识性和专门性的著述,结交农业各分支的很多生产者,不时与普通人交谈,遍访各种作坊、客店、商铺、市集、民间集会等。”(转引自塔塔里诺夫 Татаринов В. А. 1999:265)

20 世纪的前二三十年,国际电工技术委员会(International Electrotechnical Commission,简称 IEC)、国际标准化协会(International Standardization Association,简称 ISA)等重要的标准化组织以及各国的、地区性的标准化组织纷纷成立,这对术语编纂起到了很大的推进作用。几部有重要影响的术语词典同这些标准化组织的工作密不可分。例如,德国工程师施勒曼(Schlomann A.)于 1906 年开始编订一本有关机器元件和工具的小册子,这是著名的《带有插图的技术词典》的一部分,到 1939 年为止,该词典共出版 17 卷,前 16 卷有 6 种语言,最后一卷有 4 种语言。在施勒曼开始编纂词典的同一年,国际电工技术委员会开始组织专家编写 7 种语言的《国际电工词典》,其中三种基本语言是法语、英语和俄语。巧合的是,这两部词典都带有规范的性质,而且是按照概念系统编排的。

总的来说，这一时期术语编纂的理论基础是比较薄弱的，如果有的话，多半是从其他学科借鉴而来的，与术语编纂直接相关的两门学科——词典学和术语学还没发展成为一门独立的学科，它们对术语编纂的理论贡献是微乎其微的，前理论阶段也正是从这个意义上说的。著名词典学家谢尔巴（Щерба Л. Б. 1958：84）写过的以下文字似乎可证明这一点："有关技术词典的理论和有关其他词典的理论比较起来，情况也差不多，或许可能更差些，因为人们都认为编纂技术词典不需要什么理论，认为只要当了工程师就能解决编纂技术词典的各种问题。"

二、理论阶段

理论阶段是相对于前一阶段来说的。20 世纪三四十年代，与术语编纂关系最为密切的两门语言学学科——术语学和词典学相继发展起来。理论阶段可分为以规定为主的时期和以描写为主的时期。这种划分多少是依据语言学发展的总体状况来定的，这并不表示前一时期的术语编纂都是规定性的，当时出版的描写性术语词典数量并不少；而在后一时期，规定性的术语编纂也非完全没有"市场"。

1. 以规定为主的时期

对语言学史多少有些了解的读者应当清楚：在 20 世纪前半世纪，规定的方法在语言学中占据主导地位。术语学创始人，无论是奥地利的维斯特（Wüster E.），还是苏联的洛特（Лотте Д. С.）、德列津（Дрезен Э. К.）等，都曾参与，甚至领导过术语标准化工作。而且，维斯特受瑞士语言学家索绪尔（Saussure F. de）的影响很深。这正如费尔伯（Felber H.）为维斯特的《普通术语学和术语编纂导论》所写序言中描述的那样："就目前已经存在的资料来看，一个更能说明维斯特心中主要愿望的话可能应该是：科技交流中的标准化或者是为这个目的写出一本《普通语言学教程》。这本著作的地位，就像索绪尔为普通语言学写的《普通语言学教程》一样，本书就像是这部著名法文语言学著作在术语学中的德语摹本，不过它要探讨的是科技交流中语言的基本问题。"①维斯特认为，对于通用语言和科学语言，应该保持不同的态度，前者适用"是-规则"，换句话说，是什么就是什么；后者适用"应该-规则"，即通过人为干预建立一套规范。

用这套规定性思想从事术语编纂实践，维斯特和洛特都有过亲身经历。前者编写的《机器工具——基于概念的国际词典》（第一卷）曾于1968年在伦敦出版。从这部词典的名称中已然能够看出，这部词典编纂的指导思想是"应该-规则"，而编纂的原则是以概念为基础。有关这一点，这部词典中的概念分类图应当算是最有力的证明，请见表1-2：

表1-2 《机器工具——基于概念的国际词典》的概念分类

UDC②	Section	Key-Number
5/6	Physics and Engineering (Common Concept)	1-2
53	Physics	3-92
53.08	Measurement (in general)	3-19
531.1	Kinematics	20-33
531.2/.4	Statics and dynamics	34-44
531.7	Measurement of geometrical and mechanical magnitudes	45-77
532.2	Hydrostatics	78-79
539.4	Resistance	80-92
620.1	Material testing	93-107
621.6	Conduits and pumps	108-159
621.75	Sizes and fits	160-206
621.8	Machine elements	207-805
621.81	General concepts	207-210

① 三处普通语言学原译为通用语言学。

② UDC是Universal Decimal Classification（国际十进制分类法的缩写，主要用于文献资料分类）。

续 表

UDC	Section	Key-Number
621.82/.85	Means of power transmission(gearing)	211 - 597
621.88	Means of attachment	598 - 799
621.89	Lubrication	800 - 805
621.9	Machine tools	806 - 1388
621.9 - 18	Characteristic magnitudes	813 - 843
621.9 - 2/- 4	Specific parts of machine tools	844 - 1051
621.9 - 5/- 9	Operating and maintenance devices	1052 - 1323
621.9.0	General concepts relating to machine tool	1324 - 1332
621.91/.97	Methods of working a piece	1333 - 1388
658.51	Production planning	1389 - 1397
667.6	Paints	1398 - 1399
669	Metallurgy	1400 - 1401

表1-2共包括3列：第一列是国际十进制分类法，实际上是代表知识体系分类的一种方法，后文对此仍有介绍；第二列是各分类编号所对应的具体学科、领域名称；第三列是每个学科、领域所包含的概念数量。从该表可看出：维斯特所编的词典不是简单的术语罗列，而是一个层次分明的概念体系，概念的数量及其在系统中的位置清晰可见。这些做法和他术语学思想中的关键点，如从概念出发、整体性等不谋而合。

洛特开始从事术语编纂活动的时间甚至早于维斯特，由他编写的《德俄汽车词典》于1936年出版。从他为这部词典所写的前言中，可以看出明显的规定论思想。他首先指出汽车术语的一些特点，如：1）同一概念对应两个甚至几个术语；2）许多术语具有多个意义；3）有的术语常常既与其他术语同义，本身又是多义术语；4）很多术语没有明确、固定的内容；5）缺少表达一部分常用概念的术语；6）汽车术语同通用技术和理论学科中的术语脱节。这些“负面”的特点使得编者不得不放弃编写双语词典的常规做法,即选取一部德语汽车词典为蓝本或把德语中的汽车术语直接拿来作为条目,而是从汽车行业以及有关科学著作和现有教材中最有意义的那些概念出发。在确定了这些概念的准确界限后,再去寻找对应的德语术语,如果找不到对应的术语,就找出最常用的表达词语。(郑述谱 2003a: 72 - 80)不难看出,洛特和维斯特在术语编纂中的很多做法是一致的。

20 世纪 60 年代,在维斯特、德列津等的努力下,规定性的术语编纂方法最终以国际标准的形式确定下来。在国际标准化组织(International Standardization Organization,简称 ISO)的推动下,对各个学科的术语编纂有很大影响。国际术语信息中心的统计数字显示: 截至 1979 年,世界范围内出版的规范性专业词典约有 1 万种。

2. 以描写为主的时期

20 世纪 70 年代以来,术语学研究出现了从规定向描写的转变,这既是语言学研究方法转变的体现,也反映出对术语本质认识的深入,比如术语学家区分出语言术语和言语术语。前者是对后者的概括和抽象,而后者是对前者的实际应用。规定术语学对术语提出的要求,如单义性、具有定义、系统性等,只是对理想术语的某种期望。对于实际使用的科学语言,无论如何进行标准化,术语的同义、多义、同形等现象都无法彻底消除。术语研究方法的转变也对术语编纂产生了影响。有学者甚至提出,如果标准化是一种理想的话,那么术语的管理是可能实现的。"管理"原本是管理学中的术语,指的是有意识地进行规划、设计和组织,避免混乱和损失。从以标准、规范为主转到以管理、规划为主,弹性和伸缩性大为增加。

如要概括这一时期术语编纂的总体特点,大体上包括: 术语编纂实践更为活跃,出版的术语词典数量稳步增加。表 1 - 3 是 1950—1979 年世界主要国家出版的专业词典数量统计表:(沙伊克维奇 Шайкевич А. Я.,别尔格里森 Бергельсон М. Б. 1986: 15)

表 1-3 1950—1979 年世界主要国家出版专业词典数量统计表

国家	年度					
	1950—1954	1955—1959	1960—1964	1965—1969	1970—1974	1975—1979
全世界	738	1 100	1 570	1 875	1 795	1 631
美国	120	719	276	282	263	296
苏联	41	120	174	157	154	172
联邦德国	97	127	183	219	275	221
民主德国	13	25	60	87	87	103
法国	48	77	109	135	205	187
英国	51	82	142	135	131	85
西班牙	14	22	26	25	512	59
意大利	24	36	47	65	82	111
中国	15	40	25	10	7	21
日本	89	135	119	105	76	52
……	……	……	……	……	……	……

统计表明,1950 年到 1979 年的 30 年间共出版各类术语词典 8 700 多部,而仅 80 年代 10 年间全世界累计出版的术语词典就达 3 000 多部。

同时,术语编纂方面的理论著作相继出版。在这一方面,德语、俄语学者做了不少开创性的工作。1972 年到 1974 年,维斯特在维也纳大学语言学学院开设了一门名为“普通术语学和术语词典编纂学导论”的课程,该课程讲义经整理后,于 1979 年出版。应当注意到,在这部专著中,术语编纂被放在和普通术语学平列的位置,作者用了很大篇幅论述专业词典和语言词典的区别,专业词典的类型建构及其标准等。此外,丹麦学者皮希特(Picht H.)在 1985 年出版的《术语学引论》中专设一章论述术语编纂。沙伊克维奇于 1983 年出版的《术语编纂问题》是苏联第一部专门论述术语编纂的著作。截至 20 世纪末,苏俄出版的术语编纂著作约有十几种,有代表性的包括:盖德(Герд А. С.)的《科技词典编纂基础》(1986)、《科技词典编纂的理论和实践》(论文集)(1988)、马尔丘克(Марчук Ю. Н.)的《术语编纂基础》(1992)、格里尼奥夫的《术语编纂引论》(1995)等。其中,《术语编纂引论》明确术语编纂的对象、任务、原则和方法,较为全面和系统地论述术语编纂的一般理论,如框架结构、条目选取、索引编排等。贝尔根霍茨和塔尔组织7位知名教授编写的《专业词典学手册》(1995)也是英语中专业词典编纂方面的代表性著作,它更注重实践经验的总结。近些年,将学习型词典的方法引入专业词典编纂,讨论学习型专业词典编纂的理论基础,例如福特-奥利维拉(Fuertes-Olivera P. A.)组织编写的《面向学习者的专业词典编纂》(2010)。

在我国,20世纪80年代翻译出版了加拿大术语学家隆多的《术语学概论》和迪比克(Dubuc R.)的《应用术语学》,其中都有论述术语编纂的章节。杨祖希和徐庆凯两位先生(1991)合撰的《专科词典学》是第一部专科词典理论著作。在此基础上,徐庆凯(2012)撰写了《专科词典论》,进一步确定专科词典的特征、类型,明确专科词典编纂的理念、选词、释文、编排法、编辑等问题。张金忠等(2010)撰写的《俄汉-汉俄科技术语编纂理论研究》就结合术语学、词典学理论进行双语术语编纂作了有益的尝试。一些学者将术语编纂作为术语学的组成部分,例如冯志伟(1997,2011)《现代术语学引论》、郑述谱(2003)《俄罗斯当代术语学》。

这一时期术语编纂的另一个特点是将术语编纂与计算机技术、互联网等相结合,突出表现为非传统纸质术语词典(术语数据库、术语知识库等)的兴起,这在术语编纂的原则、方法、步骤等方面都引起了革命性的变化,本书最后一章将对此加以论述。

第二章 方法论基础

第一节 哲 学

按照使用范围的不同,科学学将研究方法大体上分为三类:哲学方法、一般科学方法和本学科方法三类。

现代科学体系中的任何一门科学在源头上都与哲学存在某种关联,哲学是“科学中的科学”。受篇幅所限,本节不可能全面讨论哲学对术语学的影响,只选取与术语编纂关系比较密切的范畴理论、科学语言两个方面加以论述。

一、范畴理论

哲学上的范畴是反映各门科学共同规律的最普遍、最基本的概念。通常来说,范畴是认识的起点。现实世界的各类客体可依据特征划入不同的范畴之中,小的范畴结合而形成更大的范畴,由此类推,从而最终形成若干大类。范畴之间又彼此关联,构成范畴体系。

在哲学史上,有关范畴和范畴体系的研究很多,其中影响最大的当推亚里士多德(Aristotle)和康德(Kant I.)。古希腊哲学家亚里士多德在《范畴篇》中提出十类基本范畴,它们是:实体、数量、性质、关系、地点、时间、姿态、状况、活动、遭受。① 德国哲学家康德划分出量

---

① 这里所用译名参见亚里士多德. 范畴篇 · 解释篇. 方书春译. 北京:商务印书馆,1986。

的方面、质的方面、关系方面和样式方面四类基本范畴，而每一个基本范畴又分为三个子范畴。量的方面分为统一性、多样性和全体性三个子范畴；质的方面分为实在性、否定性、限制性三个子范畴；关系方面分为附着性和自由性（实体和状态）的关系、原因性和依靠性（原因和结果）的关系、共存性（劳动者和手动者之间的交互关系）三个子范畴；样式方面分为可能性—不可能性、存在性—不存在性、必要性—偶然性三对子范畴。①

亚里士多德、康德的范畴理论不仅在哲学界产生过很大的影响，也成为术语学划分和构建学科概念体系的基础。当然，哲学范畴和术语学范畴之间存在本质区别：前者面向整个现实世界和普遍性思维，适用于所有学科；后者面向现实世界的某个片段和科学思维的某个部分，只适合某个或几个学科，术语学范畴是哲学范畴在某个领域的具体化。洛特认为，在技术领域中，基本的范畴类别包括过程（现象）、技术对象（材料、工具、零件等）、性质、数量（参数、几何图形等）、度量单位。坎杰拉基（Канделаки Т. Л.）认为行业词可分为十类范畴：事物、过程、状态、方式、性质、数量、度量单位、学科领域、职业或行业名称。杰尼索夫（Денисов П. Н.）指出，世界图景中最主要的范畴是时间和空间，其他的基本范畴还有功能、集合（数学领域）、对称、部分对称、模型、结构、系统、条理、（逻辑）项、特征、区分、同一、矛盾、整体性等。可以看出，学科、领域的特点不同，划分出来的范畴名称和数量存在某些差别，但其中多数范畴都是根据哲学范畴提出或引申而来的。

体系性或系统性是认识活动的基本特点，范畴是构建认识体系和学科知识体系的重要方法。每个范畴都可能成为概念体系的一个基本方面，它们常常位于概念体系的顶层，由此出发向下建立层级关系。现实世界的系统性反映到思维世界并通过语言世界表达出来。在科学领

① 这里所用译名参见齐良骥. 康德的知识学. 北京：商务印书馆，2000。

域,这种系统性要更强一些。术语编纂的根本任务在于建立某个学科的术语体系,其背后的依据是科学认识、科学思维的系统性。在系统化术语编纂中,范畴和范畴体系是术语编纂者首先要考虑的问题,它们也是术语词典各个部分组织起来的原则和基础。譬如,《汉俄英情报学词典》的编者将情报学概念体系划分为 48 个范畴,包括:科学活动、研究 · 知识、情报学(一般术语)· 情报机构、图书馆事业(一般术语)· 图书馆、反映 · 认识、情报、符号、概念 · 判断 · 逻辑推演、语言 · 词等,而每个范畴内部的术语再按层级进行编排。在构建术语知识库过程中,范畴体系同样也是组织学科知识体系的重要手段,并借此创建学科知识本体(ontology)。

二、科学语言

根据所研究基本问题的不同,西方哲学在历史上划分为本体论、认识论和语言哲学三个时期。在以古希腊哲学为代表的本体论时期,哲学家主要思考存在的问题,语言并不是哲学家关注的焦点,在这一时期的科学交流中希腊语独占统治地位。随着罗马帝国的兴起,拉丁语逐步取代希腊语成为科学交流的工具。在此后的一千多年时间里,情况基本没有什么改变。在有些科学领域,拉丁语作为统一的科学语言一直沿用到 19 世纪。

与哲学认识论阶段如影随形、同步前行的是学科的分化和民族语言的崛起。前者在增强科学体系性的同时,也使得学科之间的隔阂越来越大,新的学科总是试图建立自己的表达系统,于是,不同学科研究者之间交流的障碍也随之增加了。后者则使得各民族之间的交往变得越来越困难,这种情况先是在日常生活领域出现,随后又扩展到科学领域。语言的分化愈演愈烈,哲学家对此忧心忡忡。有些哲学家甚至提出:很多哲学问题得不到解决,其根源不在于哲学本身,而在于语言自身的模糊和混乱。经验主义的创始人、英国哲学家培根(Bacon F.)曾对自然语言的缺陷提出批评。他在《新工具》一书中提出：在人的头脑中存在着四种假象，妨碍人们认识事物的真相，“市场假象”是其中最为麻烦的一种。“人们相信自己的理性管制着文字，但同样真实的是文字亦起反作用于理解力……而每当一种具有较大敏锐性或观察较为认真的理解力要来改动那些界线以合于自然的真正区划时，文字就拦在路中来抗拒这种改变。因此，我们常见学者们的崇高而正式的讨论往往以争辩文字和名称而告结束；按照数学家的习惯和智慧，从这些东西来开始讨论本是更为慎重的，所以就要用定义的办法把它们纳入秩序。可是在处理自然的和物质的事物时，即便有定义也医治不了这个巨病；因为定义本身也是文字所组成，而那些文字又生出别的文字。”（转引自徐友渔、周国平、陈嘉映、尚杰 1996：101－102）因此，人们开始考虑在自然语言之外，建立另外一种语言充当科学交流的工具。德国哲学家莱布尼茨（Leibniz G. W.）就曾做过一些尝试，他试图创立一门形式化的数理语言。

19 世纪末 20 世纪初，哲学发生“语言转向”，语言成为哲学家关注的焦点。建立科学语言的思想在语言哲学，尤其在逻辑实证主义那里，得到继承和发展。德国哲学家卡纳普（Carnap R.）认为“物理学语言”是真正科学的语言，而维也纳学派和逻辑实证主义的创始人石里克（Schlick M.）也主张建立一种可以精确计算的科学语言。他们相信：科学思想只能用精确的语言才能表达，这种语言的形式和内容是完全对应的，没有自然语言的模糊和歧义现象。科学语言思想随之成为术语学、术语标准化的理论基石。

需要指出的是：哲学里说的科学语言与语言学中的科学语言既有相同之处，也有不同之处。前者不是自然语言的组成部分，它包括的范围更广，几乎等同于某个学科的知识体系以及这个学科本身。科学的表达系统，即术语体系只是科学语言的一个组成部分。（尼基季娜 Никитина С. Е. 2010：8－31）

第二节　逻　辑　学

逻辑学是研究思维形式和规律的科学。逻辑学是古希腊哲学的重要组成部分,也是现代哲学的一部分。逻辑学与术语编纂有着非同寻常的联系,因为逻辑学是西方科学认识体系形成的基础,而术语是这种科学认识的产物,术语编纂的一些基本原则都来自逻辑学。本节着重从以下四个方面进行说明。

一、概念、客体与语词

逻辑学认为,概念是思维的基本形式之一,它由一组特征构成。

概念不是凭空产生的,它是对客观世界认识结果的抽象和概括。客体存在于客观世界之中,是人们认识和实践的对象,客体具有各种各样的属性。概念和客体之间是反映与被反映的关系。科学概念是在精确反映客体本质属性的基础上形成的。

概念必须借助语词才能确定和存在。概念和语词是内容和形式之间的关系,概念是语词的思想内容,语词是概念的表达形式,而术语则是表达和记录科学概念的载体和工具。科学学创始人之一贝尔纳(Bernal J. D. 1983：706)曾经说过:"科学必须发展它自己的一系列用语,包括作为科学一般用语的数学在内。它需要逻辑和对于理解新事物时制订新方法的本领。不论各项科学观念来历怎样,除非它们能得到一种适合于它们的语言,就不能散布出去,或固定下来。这种语言可以是几何性质的或数学性质的,也就是符号性质的,或者又可以是按照特别意义而运用的普通语言,就是靠发展一套科学行话。在这两种情况下,'语言'的目的都是把一套关系建立起来,让所有内行人都同样地了解。"

同时,客体是现实世界的组成部分,概念是思维世界的基本单元,而术语是科学语言的组成部分。现实世界、思维世界和语言世界之间的互动关系是现代术语学的理论基础。术语编纂也与它们有着不可分割的联系,术语编纂者描写科学语言中的术语,记录和确定思维世界中的概念,指涉现实世界中的客体。

二、概念、判断与推理

逻辑学把认识分为感性认识和理性认识两个阶段,前者包括感觉、知觉和印象,后者包括概念、判断和推理。

科学思维属于认识的理性阶段。将理性认识的单位对应于语言层面,与概念相对应的是语词,与判断相对应的是语句,与推理相对应的是复句或句群。请看《中国大百科全书·语言文字》中的一个例证:

> 句子和分句都是主谓结构,只有句子结尾有较长的停顿,分句结尾的停顿较短。

上面的三句话构成一个推理,它包括三个判断:“句子和分句都是主谓结构”,“句子结尾有较长的停顿”,“分句结尾的停顿较短”。其中,“句子”“分句”等是概念。

一般来说,科学概念是通过术语来表达的,因此在上述例句中,称谓相应科学概念的“句子”“分句”是语言学的术语。术语编纂的对象是称谓科学概念的语词单位(字、词、短语或词组),与判断相对应的句子、与推理相对应的复句或句群不应该是术语编纂的对象。

三、概念的联系性

客观世界中的客体是互相联系的,反映客体属性的概念也不可能孤立存在。逻辑学将概念之间的关系分为四类:等同关系、包含关系、交叉关系、全异关系。表达科学概念的术语之间也具有这四种基本关系,例如绝对同义术语称谓同一个概念,可以构成等同关系;属概念和种概念之间则是包含和被包含的关系等。

除一些通用科学或技术词典外，绝大部分术语编纂的范围仅限于一个学科或领域，其术语之间在形式和内容上具有联系性。构词联系和派生关系是术语之间的形式联系，术语之间的内容联系则反映概念与概念之间的联系。术语编纂的主要任务是在构建学科或领域概念体系的基础上形成术语体系。

四、关于定义的一般理论

定义是揭示概念内涵的逻辑方法。按照不同的依据，逻辑学把定义划分成为公理定义、发生定义、经典定义（属加种差）、内涵定义、外延定义、操作定义、真实定义、语词定义等。

下定义应该遵循一定的规则，主要包括：1）定义应该准确，要反映概念在体系中的确切位置，定义项和被定义项之间能够互换；2）概念应该适度，紧扣概念的外延，不可过宽或过窄；3）定义项中不能直接或间接地使用被定义项，即避免使用循环定义；4）定义中慎用否定词或否定表达；5）定义中使用的概念应该比被定义项简单；6）定义应该简洁，避免冗长的定义等。

逻辑学中有关定义的理论对术语编纂具有指导意义。在国际标准和相应的国家标准《术语工作——原则与方法》（ISO 704：2000，GB/T 10112—959）中，有一部分内容是与定义相关的，其中不少内容与上文是一致的。另外，该标准文件还强调属加种差定义是首推的术语定义类型，其他定义类型是在属加种差定义无法清楚地揭示概念内涵且满足一定条件下使用的。有关术语定义方面的内容将在第七章加以论述。

第三节　系　统　论

系统论是研究系统的一般模式、结构、性质和规律的理论。系统论通常被看成系统哲学的一个组成部分,本章第一节术语编纂的哲学方法中对此已有所涉及,这里再略加补充。

系统是同类事物按一定的秩序和内部联系组合而成的具有某种特性或功能的整体。通常,组成系统需要几个"部件":一是要素。就是这里说的"同类事物"。单个的事物成不了系统,而构成系统的要素必须是同类的,"风马牛不相及"的事物构不成系统。二是联系。堆放在一起的木料,在它们没有做成家具之前,彼此缺乏联系,构不成系统。三是结构。结构保证要素相互联系成为一个整体,常说系统不是组成要素的简单加和,这就是结构起作用的结果。四是功能。功能保证系统与外部环境的联系,系统是开放的,它要不断与外界进行信息或能量的交换。

从系统论的观点来看,某个学科领域使用的词汇总体上构成一个系统,其中最主要的构成要素是术语。现代术语学认为,专业词汇的组成要素除了术语之外,还包括名称、专名等,它们都是术语编纂的对象。

术语之间既有形式方面的联系,也有内容方面的联系。前者主要体现为构词、派生关系等,后者反映术语所称谓的概念之间的关系,主要包括属种关系、整体部分关系、联想关系。

属种关系是一种逻辑联系,其基础是相似性。种概念除了继承属概念的所有特征外,至少还有一个区别特征。例如,"清音是发声时声带不振动的辅音","清音"的属概念是"辅音",前者具有后者的所有特征并同时具有"声带不振动"这一区别特征。由于种概念比属概念包含更多的特征,它在概念层级中处于更低的位置,所以又被称为下位概念,其属概念则是上位概念。整体部分关系是一种本体联系,其基础是相邻性。例如,"舌叶指舌头紧接着舌尖的那部分",这里,"舌头"是整体概念,"舌叶""舌尖"是部分概念。联想关系是由时间或空间上承接构成的,"面粉"和"面包"之间是材料和产品的关系,"手术"和"医生"是动作和操作者之间的关系。材料与产品、动作与操作者之间构成联想关系。

借助属种关系、整体部分关系、联想关系，术语构成的系统呈现为一种层级结构，它包括纵向垂直结构和横向水平结构。术语系统的结构可用树形图、支架状图等更直观地显示出来。

术语系统的功能在于呈现和确定相应的概念系统。它是个开放的系统，信息和能量交换体现在三个方面：1）术语系统之间进行交换，某个术语系统的要素可能进入其他术语系统，实现再术语化（reterminologization）；2）术语系统作为整体同专业词汇的其他子系统进行交换；3）术语系统作为整体同整个词汇系统之间的交换，术语可以通过去术语化（determinologization）进入通用词汇之中，通用词汇也可以通过术语化（terminologization）成为术语系统的要素。在术语编纂中，术语的系统性主要通过条目的排列方式来展现。

术语系统可以是简单的，即由属种关系、整体部分关系、联想关系之中的一种构成；也可以是复杂的，同时包括以上三种联系。在现代科学体系中，复杂术语系统占绝大多数。总的来说，学科领域的范围越广、包含的术语数量越多，术语系统就越复杂。很多时候，大学科的术语系统具有复杂性质，但其中某个具体领域的术语系统却相对简单；选取某个范围确定的领域入手，往往更容易建立术语系统。

在术语词典中直观展示复杂术语系统是很困难的。术语编纂者往往要事先确定若干范畴，将术语划入不同的范畴之中，在各自范畴内建立相应的术语系统。这样的话，每个范畴都相当于一个子系统。很多术语词典都是按照这个方法编写出来的。

还有一个问题是关于“系统”和“体系”的，两者常常不加区别。但有学者认为：系统包含体系。一个学科的术语组成的系统只有一个，但却有不同的体系。语言学术语整体上是一个系统，但结构主义、转换生成语法、认知语言学都各有自己的术语体系；而同属结构主义中的不同学派，如布拉格学派、丹麦哥本哈根学派、美国描写主义学派也各有自己的术语体系。人文科学的很多学科中,术语系统是庞杂的,术语体系更加具体,不同的学派、流派甚至研究者个人都可能提出各自不同的术语体系,它们往往是并存的。人文科学的术语系统难以标准化,原因大致于此。

第四节　信 息 技 术

广义上的信息技术指利用各种技术设备或手段(如电子计算机)等采集、表征、处理、传输、交换、管理、组织、存储、检索……信息或数据的技术。“信息技术”这一概念的使用不过是最近三四十年的事情,在此之前,“信息论”或“情报学”等概念似乎更为人们所熟悉,它们作为一门科学出现于20世纪四五十年代。学界一般把美国人香农(Shannon C. E.)于1948年发表的一篇文章作为信息论的开端,并将信息论、系统论、控制论合称为“三论”。

但在信息论产生之前,信息分类和组织的问题实际上已经产生。从事类似工作的,一是词典编纂者,二是文献管理者。与词典相关的问题前面已经提到,后文还有论述。这里主要说说文献管理的问题。

1876年,一个名叫杜威(Dewey M.)的美国人受培根知识分类思想的启发,发明了一种文献分类系统。他把所有资料分成10大类,赋予每类一个代码,如0代表总论,1代表哲学,2代表宗教,……,9代表地理、历史及辅助学科。大类可分成若干次类,并分别赋予一个2位代码;次类可再分出小类,并分别赋予一个3位代码;小类还可再分出更小的类,并在3位代码后用小数表示。这套系统曾被很多国家的图书馆所使用,美国国会图书馆至今仍使用这种文献分类法。

现代术语学同文献管理或文献学的关系十分密切。维斯特本人就是一位文献管理方面的专家。他曾担任奥地利文献协会的负责人,还为文献目录制定过一套内容广泛却又容易使用的规则,这套规则得到联合国教科文组织的好评。(邱碧华 2001: 30－33)直到今天,文献分类系统仍是术语词目组织和系统排列的主要方法之一。

1946 年,人类第一台电子计算机的问世引起了信息管理领域的一场革命。在那之前,信息的采集、编辑和加工、储存、提取主要靠人工完成。就词典编纂、术语编纂来说,卡片发挥着至关重要的作用。在编写《牛津英语词典》时,例证卡片就多达几百万张。这种传统的信息管理方式有诸多不便,如容易丢失和损坏(易受潮、易腐烂、易燃等)、信息容易出错、存储不便、不易编辑、更新速度慢等。处理这种程序相对固定的工作恰恰可发挥电子计算机的优势。信息技术应用于术语编纂最显著的成果是术语数据库,第一个术语数据库诞生于 20 世纪 60 年代末,并很快得以推广。术语数据库的诞生使得术语编纂从纯粹的语文性劳动变成综合性工作。这项工作的参与者不再仅限于语言学家,计算机专家、软件工程专家、信息管理专家也开始参与其中。

最近二三十年,在信息技术领域,出现了一些新的概念,如"知识管理""知识工程""知识本体"等。从这些概念中包含的"知识"二字可以看出,知识的组织、结构、表征越来越受到重视,而这也是术语编纂新的发展方向。这是因为,术语在知识的组织和传播中的作用是无可替代的,开始出现类似"术语是人类知识的基因""术语是人类科学知识在语言中的结晶""术语是凝集一个学科系统知识的关键词"等等说法。因此,自 20 世纪 90 年代以来研发的众多知识本体系统中,术语知识库是其中的重要组成部分。同时,在术语数据库的基础之上,术语知识库成为新的"宠儿",后者已将数据管理提升至知识管理的高度。

在当今的科学技术系统中,信息技术无疑是一支新的生力军,它对术语编纂的影响越来越大,使得术语编纂有跨出语言学,走向多学科交叉的趋势,由于不同学科背景的专家都有志于在此一显身手,语言学家原先的优势地位已经大大减弱。同时,在以知识管理为核心的信息技术中,术语编纂正扮演着越来越重要的角色。

第五节　标准化理论

标准化指制订和贯彻标准以统一产品、零部件、工艺、图纸、代号等技术要求为主要内容的有组织的活动过程。标准化的主要对象包括：工业产品的品种、规格、质量、等级，其设计、生产、检验、包装、储存、运输及使用的技术、方法或要求；有关环境保护的各项技术要求和检验方法；建设工程的设计、施工方法和安全要求；有关的技术术语，符号、代码和制图方法。

在以上关于标准化内容和对象的文字描述中，可以看出：术语只是标准化对象的组成部分。总体来说，标准化活动更多与技术、生产等领域相关，这与标准化的起源不无关系。

标准化是近代科学技术发展的结果，它是伴随机器大工业时代的出现而出现的，最初的动机是提高生产效率和促进国际贸易。1798年，美国人惠特尼（Whitney E.）运用样板和量规批量制造可替换性的零部件，为大规模生产开辟了新途径。19 世纪，交通运输的发展和生产规模的扩大为更大范围的标准化提供了条件。1895 年，英国的一家钢铁公司在《泰晤士报》发表一封公开信，反映英国当时桥梁设计的钢梁和型材尺寸规格不统一，呼吁工程设计人员改变这种状况。1900年，该公司又把一份主张标准化的报告交给英国铁业联合会。第二年，世界上第一个国家标准化组织——英国工程标准委员会宣告成立。1906 年第一个国际标准化组织——国际电工技术委员会宣告成立，随后的 20 年间，荷兰（1916）、德国（1917）、美国（1918）、法国（1918）等 20 多个国家都成立了相应的标准化机构。在这一基础上，另一个国际标准化组织——国际标准化协会（国际标准化组织的前身）于 1926 年成立。除此之外，世界上还有其他国际性、区域性、地方性的标准化组织或从事标准化工作的其他行业组织，如国际电信联盟（International

Telecommunication Union,简称 ITU)。正如上文所说,组织性是标准化很重要的特点。

从产品和技术的标准化到术语标准化是标准化理论的重要突破。在国际标准化组织和国际电工技术委员会中,都有专门负责术语工作的委员会。其中,大家对国际标准化组织第三十七技术委员会应较为熟悉。该委员会制订和公布一系列术语工作方面的国际标准,例如:《术语工作——概念和术语的协调》(ISO 860:1996)、《术语工作·词汇·第1部分:理论与应用》(ISO 1087—1:2000)、《术语工作·词汇·第2部分:计算机应用》(ISO 1087—2:2000)、《术语工作·原则与方法》(ISO 704:2000)、《面向翻译的术语编纂》(ISO 12616:2002)等。

现代术语学的创始人维斯特、德列津都曾参与术语标准化工作,两人曾是国际标准化协会的发起者和领导者。标准化曾是术语工作中占主导地位的方面,规范性术语学和术语标准化从内容上是近乎等同的。在我们看来,狭义的术语编纂更多与术语标准及其他术语规范词表的制订有关,其指导原则和方法基础正是来自上述术语工作方面的标准文件。由于国际标准化组织的影响力,这些标准文件不仅在国际层面,而且在区域层面、国家层面、行业层面等都得到很好的贯彻和实施。

如果说在工程、技术领域更习惯使用"标准化"这个概念,那么语言学家更常用"规范性"这一说法。在术语学中,标准化和规范化是近乎同义的概念,两者可以互相替换。这里有个很有说服力的例子:维斯特那部奠定现代术语学基础的论著,德语标题是"Internationale Sprachnormung in der Technik, Besonders in der Elektrotechnik"。该书译成俄文时,译者未将 Sprachnormung 直接译成 нормирование языка(语言规范化),而选用的是 стандартизация языка(语言标准化)这个术语。

在工程、技术领域,规范性术语编纂的成果是各种术语标准;在科学领域,类似的成果则是各种规范术语词典。而且,术语编纂者在描写型术语编纂中也往往强调所编词典的规范性,这有助于提高词典的权威性。换句话说,规范性似乎是词典这类工具书的某种内在规定性。从语言层面上说,术语规范也是国家语言文字规范的重要组成部分。在我国,术语标准化和规范化已经被赋予法律地位。《中华人民共和国国家通用语言文字法》规定:“外国人名、地名等专有名词和科学技术术语译成国家通用文字,由国务院语言文字工作部门或其他有关部门组织审定。”

第六节 语言学

术语编纂是具有语文性质的工作,它同语言学及其很多分支学科都有关联。其中,与其最直接相关的语言学学科应当是词汇学、词典学和术语学。

一、词汇学

词汇学有广义和狭义两种不同的理解。前者包括与词汇相关的所有研究,词典学、术语学都被认为是广义词汇学的一部分;后者只研究词的内部结构和意义、词的形成和发展等。本小节主要论述狭义的词汇学对术语编纂的影响。

首先,术语是语言词汇系统的组成部分。语言被认为是一个复杂的系统,或者说是“系统的系统”。语言单位的各个层级,如语音、词汇等都分别构成系统。词汇系统可以指一种语言词的集合,也指某领域、集团、作品,甚至某个人使用的词的集合。这样来看,词汇也是“系统的系统”,它由数量众多的子系统组成。根据来源,将其分为固有词、外来词;根据用途,将其分为书面语词汇和口语词汇;根据使用范围,将其分为全民性词汇和非全民性词汇(使用受限的词汇)。地域方言、社会方言都是非全民性词汇,后者又包括行业词(主要是行业术语)、行业俚语、黑话、隐语等。描写全民性词汇是语文词典编者的任务,描写行业词汇主要是术语编纂者的任务。可见，将行业词作为词汇系统的一个子系统划分出来，词汇学家已经提出来了。同时，词汇学还指出各子系统可以相互交叉和渗透，行业语的词汇可以进入到全民语词汇之中，如“报应”“菩萨”“大千世界”“闭关”“彼岸”等原本都是佛教词汇，现在已成为全民语词汇；全民语词汇也可能转变成行业词汇，如“联想”“长城”等等。可以说，这些理论成为术语学后续研究的基础，也是术语编纂中确定条目范围的一个重要理论依据。

其次，词汇学确定术语作为词汇单位的基本性质。词是语言里最小的、可以自由运用的单位。在语言单位的基本层级系统中，词处于中间的位置，词由语素（或词素）构成，句子由词构成。但是，在连贯话语中把词分离和确定出来并不那么容易，确定什么是词是语言学家十分关注的研究题目，因为词与词之间的界限并不总是很清楚的。确定汉语中字、词、词组之间的界限至今仍是词汇界研究的重要问题之一。词汇学家提出以下确定词的标准，如确定的意义、稳定的结构、自由使用、造句的材料等。确定术语的界限也面临同样的困难。理论上说，术语是某个专业领域中一般概念的词语指称。术语是语词，换句话说，是词或者短语。但在术语编纂实践中，确定短语型术语和临时术语组合之间的界限并不那么容易。例如，“发音”是语音学的一个基本术语，“发音器官”“发音部位”“发音方法”也是语音学术语。但在英语中，“发音部位”的常用表示法有三个：place of articulation，point of articulation，position of articulation。虽然三者的构成方法相同，理应都被看成术语，但实际情况是：有的术语编纂者将三者都看作术语，有的只将 place of articulation 视为术语，而将另外两个视为术语的临时组合而排除在术语词典之外。如果对“发音器官”“发音部位”“发音方法”再加以扩展，可以构成“主动发音器官”“基本发音部位”“发音方法特征”等等，它们还是不是术语呢？不同编纂者给出的答案就更会不一样了。区分术语短语还是术语的组合，术语学家所用的方法也是从词汇学借用而来的，它们包括：称谓一个概念（确定的意义）、具有熟语性（稳定的结构）、能够重现（自由使用）等。术语的词汇性质使得术语编纂和词汇学的分支学科，如词汇语义学、构词学、熟语学、称名学等都有关系。

最后，描述术语语义性质的一些基本术语来自词汇学，如单义性、同义现象、多义现象、同形现象、等值等。尽管这些术语用在术语学、术语编纂中时，被赋予了一些新的内容，这是由术语作为科学概念表达手段的特性决定的，但这些术语的基本内容却是在词汇学中就已经确定好了的。

二、词典学

词典学是研究词典等工具书的设计、编纂、使用、评论和历史等的学科，研究内容主要包括词典编纂理论和词典编纂实践。这两部分都对术语编纂产生重要影响。词典编纂理论对术语编纂的影响体现在术语词典的类型和结构两个方面。

词典的类型是词典学理论研究的重要内容。自谢尔巴以来，很多词典学家致力于建构一个完整的词典类型体系，而他们用来划分词典类型的参量数量和内容差别很大。类型划分同样是术语编纂的核心理论之一。有学者曾指出术语编纂理论发展的若干方面，其中首要的方面就是建立专业词典的稳妥分类和类型。建立这一类型体系所需的参量大多来自词典学，本书第四章将对此展开论述。

在词典学中，框架结构（megastructure）表示辞书的结构布局或架构，通常包括宏观结构（macrostructure）和微观结构（microstructure）两部分。词典的宏观结构除正文外，还包括前言、目录、凡例、索引、插页、附录、后记等。我们可以将其与术语标准的结构作一比较。表 2－1 是国家标准《标准化工作导则 · 第 1 部分：标准的结构和编写规则》（GB/T 1.1—2000）给出的术语标准总体结构：

表 2-1 术语标准的总体结构

结构要素类型	要素的排列	要素中允许的内容
资料性概述要素	封面*①	名称
	目录	
	前言*	条文 注 脚注
规范性一般要素	名称*	名称的文字
	范围*	条文 图 表 注 脚注
	规范性引用文件	引导语 引用文件 脚注
规范性技术要素	术语和定义 符号和缩略语 要求 …… 规范性附录	条文 图 表 注 脚注
资料性补充要素	资料性附录	条文 图 表 注 脚注

① *表示必备要素。

续 表

结构要素类型	要素的排列	要素中允许的内容
规范性技术要素	规范性附录	条文 图 表 注 脚注
资料性补充要素	参考文献	引用文件 脚注
	索引	

从表2－1可以看出，术语标准的总体结构大体上相当于词典的宏观结构。组成两者的要素中，正文、前言、目录、索引、附录是相同的。词典宏观结构的插页一项，在总体结构中的第三列“要素中允许的内容”中已有提及。总体结构中不包括凡例和后记，而范围、规范性引用文件是宏观结构中所没有的。总的来说，术语标准的总体结构和词典的宏观结构是接近的。如果比较术语词典和其他词典的宏观结构，相似程度会更高。

词典的微观结构包括条头（字头、词头）、注音、词类注、专业注、语域注、修辞注、释义、译义、例证、例证出处、插图、信息箱、注解、符号、同义词、反义词、参见系统等。术语标准的条目结构，除了前面提到的条目编号、优先术语、对应词和定义等基本要素外，还包括缩略形式、许用术语、符号、拒用和被取代的术语、专业领域、定义、概念的其他表述形式、相互参见、示例、注等。比较后可以发现：大部分要素是相同的。词典微观结构的有些要素，如语域注、修辞注，术语标准的条目结构中没有列出，这与术语标准化对象的一般特性，如修辞中立、用在书面语之中等有关。对描写性术语词典和语文词典的微观结构进行比较，可以发现：它们的微观结构基本相同，只有某些要素，如注音、词类注等，术语词典不如语文词典做得系统。这是由于所描述对象的性质、编纂目的等差异造成的。

词典编纂实践对术语编纂的影响体现在总体步骤、工序组织等方面。杜比钦斯基(Дубичинский В. В. 1998: 99 - 101)把一般词典的编纂分成七个步骤: 组建编者队伍→制订词典草案→制作词典卡片(或建立数据库)→在词典草案规定的原则基础上挑选词表并根据编者班子所认可的方法系统安排词汇信息→研究词条的结构→对所选词汇单位进行词典释义→提交出版。列依奇克(Лейчик В. М.)则把术语词典的编纂分成六个步骤: 查阅文献→为所提供的术语制作卡片→挑选术语并交由专家编辑→建构概念示意图→制作按字母排列的卡片→挑选等值术语。(转引自杜比钦斯基 1998: 91)不难发现,两类词典在编纂步骤上有一些相同之处。一般词典编纂的有些步骤,如组建编者队伍、制订词典草案、提交出版等步骤,列依奇克未曾提及,但对于术语编纂同样不可或缺。两类词典编纂步骤唯一实质性的区别在于: 术语编纂者需要在制订按字母排列的术语卡片之前建立概念示意图。这是术语学方法在术语编纂中的体现。遗憾的是,很多术语词典在实际编纂中竟缺少这一至关重要的步骤。我们期望,随着术语编纂相关理论的普及,这一状况会得到根本的改变。

三、术语学

术语学是研究术语组成、意义与使用等的科学。它产生于 20 世纪 30 年代,最初兴起于奥地利和苏联,后扩展到德国、捷克斯洛伐克、加拿大等国,到 60 年代末 70 年代初成为语言学的一个分支学科。有学者认为: 术语学与术语编纂的关系与词汇学和词典学的关系相近。如果说词典学是词汇学的应用学科,那么术语编纂是术语学的应用学科。在现代术语学的学科体系中,术语编纂也常常被认为是应用术语学的一个重要组成部分。从这个意义上说,术语编纂直接依托的学科,恰恰

是术语学。(郑述谱 2008：1－7)

首先，术语学规定了术语编纂的原则和方法。在《普通术语学和术语编纂导论》一书中，维斯特将从术语学角度研究语言的特点概括为三个方面：术语学要从概念的研究出发，术语学只限于研究词汇，术语学要进行共时的语言研究。其中，"从概念的研究出发"又被看成是术语学研究最基本的特点。维斯特(2011：6)在解释第三个特点时强调："对于术语学来说，概念系统是一门语言中最重要的东西，概念系统是基于语言建立的。"基于术语学的上述特点，术语编纂在很多方面形成了自己的特点。这些特点常被拿来与一般词典编纂的特点作比较。请见表2－2：①

表2－2 词典编纂与术语编纂的比较

比较的内容		词典编纂	术语编纂
收词对象(语言变体)	通用语言	是	否
	专用语言	是(专用词典编纂)	是
主题领域	各个知识领域	是	否
	特定领域	很少	是
	使用系统分类法	否	是
工作方法	以词为基础	是	否
	以概念为基础	很少	是
呈现给读者的方式	按字母顺序排列	是	是(重新编排之后)
	按叙词类别的结构排列	很少	是

① 该表格取自欧洲术语操作框架建议项目(Proposals for an Operational Infrastructure for Terminology in Europe，简称 POINTER)，该项目由来自奥地利、保加利亚、法国、德国、希腊、意大利、斯堪的纳维亚国家、西班牙、瑞士、挪威和英国的术语组织完成，详见 http：//www.computing.surrey.ac.uk/ai/pointer/。

续 表

比较的内容		词典编纂	术语编纂
条头词/条头术语	封闭类别	是	否
	开放类别	是	是
条目的呈现	多义词(或术语)/同形异义词(或术语)	列入同条	单独列条
	同义词	单独列条	列入同条
目标	规定性的	否	是
	描写性的	是	是

在表2-2中,术语编纂的一些特点还不为学界所公认,只有在进行规范性术语编纂时,它们才会体现出来。不少术语词典仍是按照一般词典的方法编写出来的,它们在学科领域中的术语整理、传播、教学等领域起着不可低估的作用,但在建立学科概念体系以及当前方兴未艾的知识发掘等方面,按照上述术语学方法进行的术语编纂明显更有优势。

其次,对术语语言特性的全面认识有助于提高术语编纂的科学性。这包括以下几个部分:1)厘清术语与词的关系。术语学继承词汇学的思想,形成了两种几乎相反的观点:以洛特等为代表的学者认为"术语是特殊的词",他们坚持术语具有不同于普通词的特性,努力在两者之间划出一条界线,这是典型的"工程专家的"观点。另一种观点是"语言学家的"。维诺库尔(Винокур Г. О.)有句名言:"术语不是特殊的词,而是具有特殊功能的词。"换句话说,普通词和术语之间不存在泾渭分明的界限,任何一个词都可能成为术语。经过长时间的争辩,到了20世纪70年代,语言学家的观点开始为更多术语学家所接受。2)专业词汇子系统的内部构成。词汇学以研究词汇系统中的通用部分为主,对于专业词汇的内部组成,词汇学家给出的清单数量和名称往往不同。术语学在词汇学基础上,将此向前推进了一步:从系统的角度看,专业词汇可以分为术语、名称、行业俚语、行业口语等；从概念发展的角度看，专业词汇可以分为历史术语、旧术语、初术语、准术语等。术语学还对专业词汇各个部分的地位、特性和相互关系作了分析。在这个子系统中，术语处于核心地位，是常体，其他部分则是与之相对的变体。术语编纂的对象，不仅包括术语，还包括专业词汇的其他类别。3）区分语言术语和言语术语。现代术语学诞生之初，结构主义语言学处于鼎盛时期，维斯特提出术语学要进行共时的语言研究，这显然受到索绪尔思想的影响。随着语言研究从规定转向描写，术语学家开始关注在文本中使用的术语。术语条目的选取不再纯粹依靠术语编纂者的主观经验，而是来自使用中的科学语言。术语编纂的文献不仅包括术语标准、术语词典、参考书，还应包括学术论文、专著、文集，甚至访谈、录音等。当前，语料库的规模已达到以亿为计算单位，不同类型的电子专业文本随处可见，各种检索、标注、统计软件功能更加强大，言语术语在术语编纂中的地位更加突出。4）划分术语使用的不同领域。术语是否应该单义，学科领域中能否允许多义、同义现象存在等，这些问题一直困扰术语学家。解决的方法在于划分术语使用的不同领域，包括确定领域、使用领域、生成领域等。术语在不同的领域执行不同的功能。在确定领域中，术语的作用是沉淀和凝结专业认识的结果，这需要尽力统一科学概念的表达，减少分歧。术语编纂属于确定领域。在生成领域，术语的作用是促进专业思维的发展，这里恰恰需要“不同的声音”，追求一致会禁锢，甚至扼杀新思想的出现。科学家的个人创作属于生成领域。

再次，术语编纂使得术语学更为系统和科学。以维斯特、洛特等为代表的术语学论著被奉为经典，他们开创了术语学这个领域，但这还算不上真正意义上的科学。很多学者认为，20世纪90年代以来，西方术语学发生了一系列重大转变，其中之一是本体转变。这一转变是从术语编纂领域开始的，它和之前提到的术语管理的转变和语言学转变共同推动当代术语学走向系统和科学。这再次表明：一个学科的理论部分和应用部分是互相补充、互为推动的。理论研究的成果在应用部分得以体现,应用成果又反过来推动理论向前发展。术语学理论和术语编纂之间的良性互动恰恰表明两者之间的内在逻辑性和联系。

第七节 其他学科

除了上述学科外,术语编纂还与下列学科有着或多或少的联系,它们包括:

一、科学学

科学学是研究科学和活动方式的规律性,研究科学活动的结构、动力和社会制度,以及在社会、思维、物质的领域内各种科学的相互作用的一门学问。简单地说,就是研究科学的科学,"科学学"的说法最早是由波兰社会学家兹纳涅茨基(Znaniecki F.)在1925年发表的《知识科学的对象和任务》一文中首先提出的。

在西方学术界,对于"科学"一词,有狭义和广义两种理解。前者仅指自然科学,后者指一切探求知识的活动,包括自然科学、技术科学、人文科学和社会科学等。将广义的科学划分为若干领域,具有某种社会约定性,因为自然科学、技术科学、人文科学之间有着某种内在统一性,它们之间并不存在绝对的界限;也有某种必要性,因为不同领域的认识对象、方法、工具、思维方式等存在某种差异。不同科学领域的差异也通过各自的科学表达系统反映出来,这大致可分为以下三种情况:1)类似数学和数理逻辑等"纯"科学中创造概念、定义的术语,自然科学中确定现实相应特征的术语,两者是思维过程的产品,并通过少数广泛使用的语言来实现,其表达主要来自这些语言和古希腊语、拉丁语这两门死的语言。2)与应用相关的专门技术术语,从来源上与某种文化、一种语言或一组语言联系在一起。3)在与宗教、法律、制度、社会规范相关的领域中，不仅某种语言的术语，而且每个集体乃至同一语言的不同民族使用的术语都是特殊的。

根据以上描述，我们可以大致看到科学术语、技术术语和人文科学术语之间的差别。而且，术语的差异不仅体现在这些大的科学部门之间，而且存在于科学部门的内部。例如，法律和经济学同属于社会科学，但其术语性质并不完全相同。术语编纂者在看到科学语言普遍共性的同时，还要兼顾各个学科术语体系自身的特点。

二、符号学

符号学是研究符号和符号系统特征的科学，该学科的研究对象是各种不同符号系统的集合。现代符号学的创始人是索绪尔和美国学者皮尔斯（Peirce C.）。

术语是一种符号，各门语言、各个学科中使用的术语总体上是一个符号系统。按照索绪尔的语言符号观，符号是能指与所指的统一体。那么，术语的能指是其各种表达形式，其中主要是语言表达，术语的所指是科学概念。按照语义三角理论，语词通过概念指向现实世界的客体。如果再把第四个要素——人加进来的话，术语符号研究的是语词、概念、客体和人之间的相互关系。应当注意：这里的人不应当是个体，而是社会的人。由于术语是非通用的语词，作为术语符号要素的人通常是学科领域的专家。（郑述谱 2004：8－9）

不同符号要素的相互关联形成符号学研究的各个方面。其中，语构研究符号和符号之间的关系，语义研究符号、符号指称的事物和关于事物的概念之间的关系，而语用则研究符号和符号使用者之间的关系。术语编纂者的任务是在研究上述方面的基础上组织术语系统。传统的术语编纂者对语构和语义十分看重，随着术语学从规定转为描写，语用的地位更加突出。从这方面看，术语编纂是编纂者与使用者之间的信息交互过程，术语编纂者应该根据使用者的知识水平、实际需求等组织术语系统。现代词典编纂贯彻的“用户友好”这一原则在术语编纂中同样是需要的。

按科学学对科学研究方法三个层次的划分组织术语编纂的上述方法,可以形成术语编纂的方法体系,其基本结构如表2－3所示:

表2－3　术语编纂的方法体系

科学研究方法类型	术语编纂的方法
哲学方法	哲学
一般科学方法	逻辑学、科学学、系统论、信息管理、符号学……
本学科方法	标准化理论、词汇学、词典学、术语学……

应当强调的是:术语编纂的方法体系是开放的。除了上文列出的方法外,还可能受其他科学研究方法的影响。现代术语编纂不可能不受到数学的影响,从文本中提取术语需要用到概率、统计等方面的知识,数学可以说是自然科学领域中的哲学。“三论”之一的控制论,它是研究信息的收集、存储、传输和处理的一般规则的科学。受控制论的影响,术语学是一个可按计划合理控制的领域,而某个学科的术语集合被看成是一个动态的、可自行调控的稳定系统。控制论方法强调要对调控对象的内部规律有更深刻的认识与把握,同时要顺应这些内部规律对整个系统进行管理与调控。这对于术语学、术语编纂从规定转向描写起到了积极推动作用。(郑述谱 2003b:57)术语编纂还受到认知科学的影响,它引起术语学界对术语、术语体系等一系列基本概念的重新思考,并把术语编纂同知识工程、人工智能等领域联系在一起。

第三章 对象与来源文献

第一节 术语、术语集与专业词汇的语义辨析

术语、术语集和专业词汇这三个概念之间的界限还是清楚的：术语是术语，术语集是术语集，专业词汇是专业词汇，单从字面上看似乎不太容易混淆。即便从所称谓的概念出发，三者之间的关系在理论上也相当清楚：术语是术语集的成员并同后者一起作为专业词汇的一部分。但在实际运用过程中，情况却复杂得多。

国家标准《术语工作·词汇·第1部分：理论与应用》(GB/T 15237.1—2000)对“术语”的定义是“在特定专业领域中一般概念的词语指称”。这是对术语标准化的、或者狭义的定义，我们姑且称之为术语$_1$。实际使用中的术语外延往往被扩大，指某个或几个学科中的专门用语，即术语$_2$。下列例句中的“术语”已经体现出这种扩大化趋势。

1）写说明书的第三个误区，是不善于把技术的专业的**术语**转换成一般人都能够懂得的通俗语言。①

这里的“术语”不再仅限于特定专业领域中称谓一般概念的语词，开始接近非通用词的意思。而在下面的例句中，术语的外延还有被进一步扩大的可能。

2）1990年元旦，在小油灯下生活过多少辈的下西渠人，终于见到了人类

① 本节例句皆来自北京大学中国语言学研究中心语料库：http://ccl.pku.edu.cn:8080/ccl_corpus/index.jsp?dir=xiandai。

文明的象征——电灯,人们的生活**术语**也随之改变了,不用说拿火柴,点油灯,说“开灯”,不说吹灯,说“关灯”。

此处的“术语”指特定范围内使用的语词,即术语$_3$,这是一种比喻和泛化的用法,因为例句中的“开灯”“关灯”并不是科学语言中使用的词。

西语中的 terminology 同样是个多义词。在上面的国家标准中,terminology$_1$ 被定义为“专门语言中的一组指称的集合”,与之对应的汉语术语,我们姑且称为术语集$_1$。而 terminology$_2$ 被定义为“研究各专业领域中术语的结构、形成、发展、用法和管理的学科”,terminology$_2$ 实际上表示术语学或术语科学。

也许我们不必太在意 terminology$_1$ 和 terminology$_2$ 的同义关系,因为它们所对应的汉语表达明显不同。而且,术语集$_1$ 和上面的术语$_1$ 之间是集合和个体的关系。但汉语缺乏表达数量范畴的形态标记,术语集$_1$ 和术语$_1$ 之间的差别常常被淡化。例如:

3)初霜日为气象专业**术语**,指在一年中的下半年,地面最低温度低于或等于 0 摄氏度的第一天。

4)就拿假借来说,这原是一个古老的**术语**,在它的里面蕴含着两个不同的概念,一个属于文字学,一个属于训诂学。

5)今年的训练营将首创篮球英语课程,结合基础英语会话和篮球专业**术语**的课程以帮助运动员在赛场内外更好地沟通。

6)依照专利法和本细则规定提交的各种文件应当使用中文。中间有统一规定的**科技术语**,应当采用规范词。外国人名、地名和**科技术语**没有统一中文译文的,应当注明原文。

例句 3)到 6)中,前两个例句中的“术语”表示个体概念,相当于术语$_1$;后两个例句中的“术语”表示集合概念,相当于术语集$_1$,也就是说,在例 5)、6)中,该用术语集$_1$ 的地方却被术语$_1$ 占据了。

类似的情况还有很多。对国际标准“Terminology work—Principles and methods”(《术语工作・原则与方法》,ISO 704—2000)及其两个汉语译本中 terminology 的汉语译名的对应情况进行统计和比较,结果显示：在原文中，各种语法形式的 terminology 共出现 31 次，其中 21(带冠词的 terminology 和复数形式)处相当于 $terminology_1$。它们在译文中的形式如表 3-1 所示：

表 3-1　不同译文版本中“带冠词的 terminology”和“terminologies”译名对应情况统计

译文版本	带冠词的 terminology	terminologies
A 版本	术语(9 次)、术语集(3 次)	术语(4 次)、术语集(5 次)
B 版本①	术语(3 次)，术语集(6 次)，所有术语(1 次)	术语(5 次)、术语集(2 次)

在另外一些情况下，术语集还表示以下两个不同的意义：

$术语集_2$：某个学科、领域或学者使用的专业词汇总和。

$术语集_3$：术语系统(与 terminological system 同义)。

再来说说专业词汇。它同样有广义和狭义两种用法。狭义的专业词汇，即$专业词汇_1$，和$术语集_2$ 相当，有的语言学词典在解释学术意义上的“专业的”时，用的就是“术语的”。$专业词汇_1$ 除了包括$术语集_1$外，还包括名称(集)、$术语_2$(历史术语、旧术语、初术语、准术语等)、行业俚语、行业口语等。广义的专业词汇，即$专业词汇_2$ 指语言词汇系统中非通用词的集合，即所有学科的$术语集_2$ 的总和。

我们之所以不惜篇幅对上述三个词语加以如此仔细的辨析，是因为术语、术语集、专业词汇本身表示多个意思且处于十分复杂的相互关系之中，而它们可能成为不同性质术语编纂的对象。例如，在跨学科的技术词典或科学词典编纂中，术语通常指$术语_2$，术语集通常指$术语集_2$，专业词汇则指$专业词汇_2$；而在带有规范性质的领域或学科术语编纂中，术语指$术语_1$，术语集指$术语集_1$，专业词汇则指$专业词汇_1$。

① B 版本是从文件的第 5 部分开始翻译的，带冠词的 terminology 和 terminologies 出现的次数略少于 A 版本。

第二节 作为术语编纂对象的术语

不可否认,在任何一种术语工作产品中,术语占绝大多数。那么,这些术语是怎么挑选出来的呢?有没有统一的标准和依据呢?对若干术语词典条目进行分析之后,我们发现:即使存在这样的标准和依据,它们也具有很强的主观性。

拿术语的词类语法类别来说。有的词典,如库布里亚科娃(Кубрякова Е. С.)主持编写的《认知科学术语简明词典》、尼基季娜主持编写的《修辞学术语实验性的系统详解词典》中,条目无一例外都是名词性的。但同样是语言学领域的词典,阿赫玛诺娃(Ахманова О. С.)的《语言学术语词典》中有不少形容词条目,例如:аудиовизуальный[视听(法)的],бранный(骂人的),вербальный(语词的),имплицитный(隐含的,内隐的),книжный(书面的),локальный(方位的),разговорный(口头的),темпоральный(瞬间的),функциональный(功能的),эксплицитный(直观的,外显的),экстралингвистический(超语言学的)等。而在哈特曼和斯托克编写的《语言与语言学词典》、克里斯特尔(Crystal D.)编写的《语言学与语音学词典》中,除了名词、形容词条目外,还有动词条目,但两部词典的处理略有不同:前一部词典直接用动词列条,如 encode(编码),decode(解码)等;后一部词典有时用动词列条,有时把动词和相应的动名词一起列条,如 represent(ation)[表征(表征式)],borrow(ing)[借用(借用形式)],codification(codify)(编集成典),circumscription(circumscibe)(标界),copying(copy)(复写,拷贝)等。在后一部词典中,还发现为数不多的副词条目,如 top-down(自上而下),bottom-up(自下而上)等。数词也可能进入术语词典,如《英汉体育词汇》中的条目 tenth of a second(十分之一秒),eleven(足球队;美国式足球队;曲棍球队),seven eighth(七锋八卫制)等;《体育词典》中的条目“三三(围棋着法之一)”“二点五(排球用语)”“四二二(足球阵型之一)”等。

非名词性的术语不仅出现在术语词典中,甚至被收入术语标准之中。国家标准《信息技术·词汇·第1部分:基本词汇》(GB/T 5271.1—2000)中,除了名词术语,也有形容词术语,如“自动的(automatic)”“输入的(input)”“输出的(output)”“联机的、在线的(online)”“脱机的(offline)”“虚拟的(virtual)”“离散的(discrete)”“数字的(digital)”“字母数字的(alphanumeric)”“用户友好的(user-friendly)”;动词术语,如“存取(to access)”“自动(to automate)”“计算机化(to computerize)”“下载(to download)”“上载(to upload)”“登陆(to log on,to log in)”“注销(to log off,to log out)”“编程(to program)”“除错(to debug)”等。

称谓科学概念的术语是否必须为名词,这在术语学界尚存争议。在术语编纂实践中,从上述词典所列条目所属词类的情况来看,答案似乎是相当明确的:在学科领域的术语集合中,名词性术语占主导地位,但也有形容词、动词及少量副词、数词等词类的术语。非名词类的术语在术语词典中所占的比例:一方面,与学科术语本身的性质有关。在音乐术语中,由副词构成的术语数量可能要多于其他学科。如在巴尔琴科娃(Барченкова М.Д.)和奥西片科娃(Осипенкова А.Т.)编写的《英俄音乐术语词典》中,以下表示音乐节律、演奏风格的术语标注的词性都是副词,例如“adagio[(慢速)柔板]”,“abruptly(突然地;急促地)”,“aloud(大声地;高声地)”,“brave(雄壮豪迈地)”,“da capo(从头再奏)”,“decide(坚定地)”,“fast(快速地;有力地)”,“presto(急板)”,“prestissimo(最快,最急板)”,“solo(独奏)”,“vibrato(揉弦)”等。另一方面,与术语词典的篇幅、编纂原则和方法等有关。

前面说过,术语常常被视为语言词汇层级的单位。这里的词汇应当从广义上理解。汉语的术语不仅包括词,还包括字、短语(词组)。将字和短语作为术语收入术语词典中时,往往要加一些限制。术语字要称谓某个科学概念,能独立使用,如中医里的“阴”“阳”“气”“虚”“实”

等;术语短语要具有某种熟语性,能够反复使用,如中医中的“天人相应”“辨证论治”等,以便区别大量的临时性术语组合。然而,区分术语词、术语词组的界限在理论上尚有争议;对术语编纂者来说,把握的尺度也不相同,前文关于“发音器官”“发音部位”“发音方法”在不同术语词典中的不同处理已经能够说明问题。确定哪些是术语短语,哪些是临时组合,过去很大程度上要靠编者的语言学知识、词典修养、语感以及参考同领域其他权威词典的做法等。而且,有些术语学者认为:在术语编纂实践中,把对术语的理解仅限于词汇单位是不合理的。“super-”,“mini-”,“macro-”,“micro-”,“meta-”与“超(级)”“巨型”“小”等前缀,“-ment”,“-ing”,“-ism”,“-ology”与“器”“机”“性”“学”等后缀不仅十分常用,而且意义比较稳定,也应算作术语词典的条目。鉴于“术语”这一说法本身的缺陷,在西方术语工作以及术语编纂中,学者们已经开始使用“术语单位”(terminological unit)这一说法。从术语编纂角度来看,这一做法有其可取之处。在汉普(Hamp E. P.)主编的《美国语言学术语词典》中,编者将后缀“-fix”作为条目收入。在《语言学与语音学词典》中,收入了不少语言学中通用的前缀,包括“allo-”,“iso-”,“meta-”,“mono-”,“poly-”,“post-”,“pre-”,“proto-”等,分别表示“变体”“等、同”“元”“单”“多”“后”“前”“原始”等。它们也同术语词一样,代表语言学中的一个概念,具有相对稳定的意义。以下是该词典对几个前缀的释义:

allo-　指一个语言单位任何在形式上可见但并不影响其在语言中功能特性的变异。

iso-　方言学将此前缀用于表示可在地图(“语言地图”)上展示的各种语言信息的名词。

mono-　语音学和语言学用此前缀来指某一语言学概念的单一体现,与多重体现相对。

proto-　历史语言学用这个前缀指假设为证实形式/语言的祖先的语言

形式/语言状态,例如原始印欧语,原始罗曼语等。

该词典还将一些字母缩写列作条目。如"A"表示"形容词(adjective)""副词(adverb)"或管辖与约束理论中"主母(argument)"的缩写,"C"表示管辖与约束理论中"标句语(complementizer)"的缩写,"L"表示双重语体中"低层变体(low)"和音系学中"低调(low)"的缩写,"t"表示"语迹(trace)"的缩写等。

不仅那些小于词的语言层级单位可能成为术语编纂的条目,大于词的语言层级单位,例如句子,也能成为术语词典的条目。如瓦海克(Vachek J.)《布拉格学派语言学词典》的俄译本中把"Лексика——это система"(词汇是系统)和"Фонология и фонетика——две науки или одна"(音位学和语音学是两门还是一门科学)等列做条目。特拉斯克(Trask R. L.)编写的《历史与比较语言学词典》中也有类似的句子型术语条目,如"Yesterday's syntax is today's morphology"(昨天的句法是今天的形态)等。条目"Once a language boundary, always a language boundary"(一朝为语界,永远为语界)在形式和内容上都可视为复句。编者认为它是格莱斯(Grice H. P.)提出的术语,传达的内容为:两种不同的语言不可能合为一种。出现上述句子型术语单位的一个主要原因是相应的概念尚未找到合适的表达。一般来说,认识过程的最后一个步骤是为概念寻找合适的名称,这说明概念的形成早于名称。也有术语学家表示过类似的看法,即作为确定概念的手段,定义的出现一般要早于术语,而定义在语言层面一般表现为句子。

再有,作为术语编纂对象的术语理应为语言单位,即语言术语。与语言术语相对的是言语术语。语言术语和言语术语是根据使用范围划分出来的,前者出现在确定范围,是术语系统的要素,后者是实际使用中的术语。譬如,某个学者或在某个作品中使用的术语,在其没有被广泛接受之前,只能算作言语术语,是不属于术语编纂范围之内的。但实际上,不同编者区分语言术语和言语术语的标准并不是完全统一的。

如戚雨村等编写的《语言学百科词典》就收入了不少《马氏文通》中的术语,如"止词""内动字""司词""加词(加语)""同次""同动字""传信助字""两商句"等。它们是《马氏文通》的作者马建忠提出来的,有的术语现在已经不用,如"同次""同动字",或被其他术语所替代,如"止词——宾语""内动字——不及物动词""司词——介词宾语""加词(加语)——同位语""传信助字——语气助词""两商句——(选择关系的)联合复句"。类似的个人术语在这部词典中还有一些,例如:

古今语　汉扬雄用语。指古今通用的词语。……

连及之辞　表示并列关系的连词。清刘淇《助字辨略》卷五"及"字条:"《史记·五帝纪》:'东至于海,登丸山,及信宗。'此及字,连及之辞也。"

形体单位词　汉语词类名。陈望道用语。指日常点计事物或动作的个体习惯中形成的形体单位,如"条(街)"……

考虑到这部词典的百科性质,编者收入一些言语术语也有其合理性。

第三节　术语编纂的其他对象

在专业词汇中,除狭义角度理解的术语之外,还包括名称、专有名词、俗术语、旧术语、初术语、新术语等,它们也都是术语编纂的对象。

一、名称

名称在英语中用 nomen 表示,它是名称集的组成部分。

非学术意义上的名称集和术语集近乎同义。《牛津英语词典》(网络版)对 nomenclature 的解释如下①:

名称集　名词(集合名词)

① 材料来自 http://www.oxforddictionaries.com/definition/english/nomenclature?q=nomenclature。

1) 事物名称的划分或挑选,尤其在科学或其他学科之中,例如林奈的动物名称系统。名称集最重要的一条规则是实体的名称应当清晰明确。

2) 特定专业领域的名称系统,例如学生们发现很难辨识的化合物名称系统。

3) 用于某人或某物的正式术语,例如"customers"与最初的术语"passengers"之间,前者是首选。

奥若戈夫(Ожегов С. И.)与什韦多娃(Шведова Н. Ю.)编写的《俄语详解词典》(网络版)将 номенклатура 解释为①:

1) 某专业内使用的名称或术语集合或清单。例如地理名称集、药品名称集。

2) [集合名词]职务名册或职务一览表,例如党内职位名录。

前一部词典的义项2)、3)和后一部词典的义项1)大体相当,这也是 nomenclature 或 номенклатура 最常用的意义,而且两部词典都用 term 或 термин 为其释义。

但是,《牛津英语词典》的义项1)将"名称集"与"事物名称的划分或挑选"联系起来,而给出的例证恰恰是"the Linnean system of zoological nomenclature"(林奈的动物名称系统)。这与西方科学史上的传统,即前面提到的拉瓦锡、林奈等对化学、植物学、动物学名称系统的整理和系统化原则不无关系。将用作这一意义的名称集纳入科学视野之中,并将其与术语集区分开来的是两位英国的学者——惠威尔和穆勒(Mill J. St.)。其中,惠威尔在《归纳科学史》中的如下论述堪称经典:"我称用于描写自然历史对象的术语系统为术语集,同时,名称集指种名的集合。"穆勒则指出:拉瓦锡等对化学语言的改造在于引入新的名称,而不是新术语。

几十年之后,将两位英国学者的思想引入术语学并加以继承和发扬的是莫斯科语言学派的重要代表和俄罗斯术语学的"经典"人

① 见 http://dic.academic.ru/dic.nsf/ogegova/128154。

物——维诺库尔和列福尔马茨基(Реформатский А. А.)。当然,俄罗斯术语学界对如何区分术语集和名称集,不同学者的意见也是不同的。有的学者坚持惠威尔和穆勒的思想,将名称集的存在局限于生物学、化学等几个学科之中;有的学者认为名称称谓学科概念体系最底层的概念;还有学者接受维诺库尔和列福尔马茨基的观点,提出名称具有术语所没有的"形式标记",即表示名称序列的数字、字母或数字、字母组合,或具有比喻用法的通用词。(郑述谱 2005: 197-198, 2006: 4-8; 吴丽坤 2009: 61-71)如"长征三号甲/运载火箭""Intel4004/芯片""苏 27/战斗机""东方红 2 号/试验通信卫星""Java/语言""93#/汽油""325R/水泥";"图 154(飞机)""神舟九号(飞船)""天宫一号(目标飞行器)"等。

在术语编纂中,名称进入词典条目的理由并不如术语那么充分,这表现为:从理论上说,名称不直接称谓科学概念,而是通过所对应的术语与概念间接相关。例如,微软公司提供的"Windows 98 操作系统""Windows Me 操作系统""Windows 2000 操作系统""Windows XP 操作系统""Windows 2003 操作系统""Windows 2007 操作系统""Windows Vista 操作系统"等应算作名称。虽然这些名称之间具有一定的系统性,但它并没有术语系统性那么强。如果将上述某个名称拿去,并不会对整个计算机技术术语系统产生实质性的影响;但假如没有"操作系统"这一术语,计算机及其零部件组成的整个术语就可能要重新建构。从实践上说,名称往往与处于概念系统底层的种概念相关,因此对于任何一个学科领域来说,它们的数量是十分庞大的,这使得它们并不能全都进入术语词典之中,语言学术语词典一般不收类似"连接词 который""后缀-ние""后缀-ба""前缀 вы-""前缀 про-"等名称。

有些术语编纂者有意无意地把术语和名称区分开。在几位德国人编写的一本名为《鲨鱼和鳐鱼》的儿童科普书籍中,后附两张专业词汇列表：一张为术语表，包括25个术语及其释义，例如：

本能 先天就具有的，通过一定的刺激被触发的行为。

变温动物（冷血动物） 身体温度会随着环境发生改变的动物，包括两栖动物、爬行动物和鱼类。

哺乳动物 恒温动物，胎生，雌性哺乳动物产下幼崽后，会用自己的乳汁哺乳幼崽。

……

恒温动物 总是能够保持同样身体温度的鸟类和哺乳动物。通过皮毛、羽毛或皮下脂肪层，保持身体热量。

另一张是名词索引，其中60多个词汇基本上是名称，它们没有释义，例如“长尾鲨”“锤头鲨”“大白鲨”“虎鲨”“护士鲨”“灰鲨”“鲸鲨”“牛鲨”“食人鲨”“睡鲨”“赞比西鲨”“鳐鱼”“魔鬼鳐”“清洁鱼”等。

但是，从另一个角度来说，术语和名称之间并不存在绝对的界限。随着科学认识的发展，概念会逐渐被细化，名称也可能因为区分出种概念而变成属概念，它们就有可能进入术语条目之中，例如上面提到“Intel4004芯片”“Java语言”已经被一些计算机术语词典收入。此外，学科领域中除了与客体相关的名称之外，还有一些与本学科理论、学说、原理、规则等相关的元名称（meta-nomenclature），它们常常是借助提出者、首创者或发明者的名字构成的，例如“达姆斯特德定律”“格拉斯曼定律”“格里姆定律”“弗纳定律”“齐夫定律”“卡茨-波斯塔尔假说”；“杜姆删除”“乔姆斯基附加”“傅里叶分析”等，它们一般不会被排除在术语词典之外。在这些名称的背后，也有与本学科相关的知识。请看《现代语言学词典》对“卡茨-波斯塔尔假说”的释义：

Katz-Postal hypothesis 卡茨-波斯塔尔假说 美国语言学家卡茨（Katz J.）和波斯塔尔（Postal P.）于1964年在其论著《语言描写的综合理论》中提出的关于**转换**特性的假说，对于后来有关**句法**和**语义**分析的关系的讨论有很大影响。这一假说的要点是，所有转换都不改变**意义**（都是**保持意义**的转

> 换)。就**乔姆斯基**(Chomsky N.)在《句法理论要略》中阐述的**语法模型**而言,以上假说等于认为,只要两个句子的意义有差别,它们的**深层结构**就有差别;因此,从深层结构的考虑出发,一个句子的语法意义可以演绎出来,然后为**语义部分**提供输入。按这一观点,取消改变意义的转换后将简化语义**规则**的功能。当然,句法中有些方面存在这一规则的明显**反例**(如**疑问尾句**,**连词**的引入等),引起后来对这一假说和其他动因类似的假说是否有效的许多讨论。为了使这一假说适用于那些反例,持这一假说的人花了很大力量来修订原来的分析(通常是在涉及的**底层结构**中添入额外**成分**)。

在"卡茨-波斯塔尔假说"的释义中,它与词典的其他条目如"转换""句法""语义""意义""保持意义""乔姆斯基""语法模型""深层结构""语义部分""规则""反例""疑问尾句""连词""底层结构""成分"等相关。

二、专有名词

根据所称谓客体数量的多少,逻辑学将概念划分成三类:一般概念、部分概念、个别概念。在科学语言中,一般概念用术语表示,部分概念用名称表示,个别概念则用专名表示。自弗雷格(Frege G.)以来,专名及其与概念和客体的关系是哲学家热议的话题之一,但这不是本节论述的重点。

在词汇学的分支学科中,专名学是以专名为研究对象的一门学科。它将专名分成不同的种类,如:人名,如"张三""李四""王五"等;地名,如"北京""上海""莫斯科""华盛顿"等;神的名称,如"玉皇大帝""王母娘娘""太上老君"等;天体名称,如"银河系""太阳""金星""地球""木卫二"等;公司(或机构)名称,如"苹果""百度""平安"等;商品名称,如"宝马""奔驰""长城(汽车品牌)"等。

术语和专名的区别在于:术语称谓的普通概念可以"以一行万",指称客观世界的同一类别的客体;而专名称谓的单一概念只能"以一当一”,指称客观世界中的唯一客体。在一个学科领域的概念体系中,专名同样处于底层,概念至此不能再往下细分。从这个意义上说,专名和名称有类似之处。

但是,术语和专名的界限又不是绝对的。术语可以转化为专名,例如美国人的“奋进号”宇宙飞船就是用“Endeavour”来命名的,俄罗斯人用“огонёк”(星火)命名杂志,作为商品名称的“联想”也是由术语而来的。专名也可转化为术语,1946 年第一台电子计算机发明的时候,被命名为“ENIAC”(Electronic Numerical Integrator and Computer 的缩写,埃尼阿克),这在当时应该算个专名,因为它指称的对象是唯一的,但由其发展而来的“电子计算机”今天已经成为计算机科学术语。俄语“Катюша”原来表示人名,后被用到军事上,表示一种火箭炮。同样,“江”在古代专指长江,现在指所有的江;“河”在古代专指黄河,现在指所有的河。

专名是术语编纂的对象。布鲁诺(Bruno F. J.)编写的《心理学关键术语词典》中有不少人名,如“阿德诺”“阿奎那”“巴甫洛夫”“柏拉图”“弗洛伊德”“高尔顿”“华生”“康德”“罗杰斯”“洛克”“马斯洛”“皮亚杰”“亚里士多德”“詹姆斯”等。《英汉体育词汇》中,也有不少机构、赛事名称,如“ACCUS”(Automobile Competition Committee for the United States,美国汽车比赛委员会),“Bicycle Polo Association of Great Britain”(英国自行车球协会),“ISM”[Institute of Sports Medicine,(英国)运动医学研究所],“WAGC”(World Amateur Golf Council,国际业余高尔夫球理事会),“ISC”(International Softball Congress,国际垒球大赛),“Long International”(长距国际赛),“Target World Championship”(世界射箭锦标赛),“Wimbledon Lawn Tennis Championship”(温布尔登草地网球锦标赛)等。各类语言学词典或多或少都收入表示语言学理论、流派、学术组织等名称的专名,如“弗斯语言学”“索绪尔语言学”“哥本哈根学派”“莱比锡学派”“伦敦学派”“国际语音学会”“欧洲生成语言学学会"等。

专名不仅出现在一般术语词典中,也出现在术语规范文件中。全国科学技术名词审定委员会(以下简称名词委)公布的《海洋科技名词》中的条目包括"太平洋""大西洋""印度洋""北冰洋""渤海""黄河""东海""南海"等专名。

术语词典中收入专名,因为它和术语一样,用在某个(有时是几个)专业领域之中。专名的背后也有一定的内容。以下是《心理学关键术语词典》中条目"华生"的释义:

> 华生是**行为主义**的创始人,1915 年被推选任美国心理学会主席之职。……他认为,**弗洛伊德**(Freud S.)的理论纯属集愚顽之见于大成,并且在**心理学**的其他主要流派看来,他的理论用处极小。
>
> 思辨哲学和主观心理学的研究之路笼罩着重重浓雾……。行为主义是心理学的一个派别,它坚持认为,**意识**这个概念对于描写**行为**,解释行为和控制行为,既无关紧要,也无用处。
>
> ……信息研究的目的是要能够预报有机体对某一特定**刺激**要做出什么**反应**。这种信息学有时又叫做 S－R 心理学(即刺激-反应心理学)。而对于**思维**,对于**情感**,或者对于通常称之为"精神"的那些东西,他是不怎么注意的。
>
> 华生特别受到了**巴甫洛夫**(Павлов И. П.)和**桑代克**(Thorndike E.)的影响。因此,他很强调**学习**这个普通概念的重要性。行为,并非来源于**本能**,或者说并非来源于什么其他特定的先天的东西,而是通过条件反射后天获得的。……

从上面不完全的引述中,与"华生"相关的其他条目有"行为主义""弗洛伊德""心理学""意识""行为""刺激""反应""思维""情感""巴甫洛夫""桑代克""本能"等。

三、俗术语

俗术语,也称民间术语,指关于某个概念的大众化称谓,而相应的术语是学术称谓。例如：

表3-2　术语、俗术语对照表

俗术语	术语
土豆	马铃薯
老头儿鱼	鮟鱇
打嗝儿	嗳气
抱	孵化
冷血动物	变温动物
安眠药	催眠药
打官司	诉讼

同术语相比，俗术语一般更为形象，命名的特征一般不是区别性的本质特征，而以物理特征为主，如“老头儿鱼”以形态特征命名，“打嗝儿”以音响特征命名，跟用作动物术语的“鮟鱇”和医学术语的“嗳气”相比，几无学术性可言，因此俗术语多用在口语中。俗术语常有地域差异，例如“马铃薯”，不同的地区分别叫“洋芋”“山药”；“八角茴香”，南方人称之为“八角”，北方人称之为“大料”。

俗术语通常不进入术语词典之中，但有些术语编纂者也会收入个别的俗术语。《语言与语言学词典》中把“Adam's apple”列作条目：

> **Adam's apple 喉结［俗称］**　喉（Larynx）的前部，也就是喉咙前部的凸出部分。成年男子的喉结从外面可以看得见。

另外，罗兹韦泽夫（Розвезев А. М.）编写的《Китайско-русский русско-китайский словарь компьютерной лексики》中，“компьютер”所对应的汉语说法为“电脑，计算机”，“电脑”这个俗称排在术语“计算机”之前。而且，该词典的中文译名也是《汉俄俄汉电脑术语词典》。

在规范性术语编纂中，如果收入术语相应的俗称形式，一般会加以标注。名词委公布的学科名词中，俗术语是用俗称表示的。例如“酒窝”是“笑靥”的俗称，“建筑 CAD”是“计算机辅助建筑设计”的俗称，“回光返照”是中医术语“假神”的俗称。

进入术语词典的俗术语一般都是流传很广的，较为常用的说法。

四、旧术语

旧术语包括两种：一种是所称谓的概念已经过时，不再使用，例如“以太”“燃素”等。它们是科学发展特定阶段提出的说法，其称谓的概念被后来的科学所抛弃，它们也随之退出科学的历史舞台。类似的旧术语还包括“公社”“三反五反”“斗私批修”“造反派”“右派”等社会政治术语。二是所称谓的概念被新说法所替代，例如“白血球”“北辰”“本草”“赛璐玢”等，已分别被“白细胞”“北极星”“中药”“玻璃纸”等替代。

旧术语往往也是术语编纂的对象。《语言与语言学词典》中就收入若干旧术语，例如：

Anthropophonics 发音心理学　这是博杜恩·德·库尔德内使用的旧术语，指人的发音器官具有发音的总潜力。现在一些语言学家又重新使用这个术语。

Glossology 言语学　过去对于语言学(linguistics)或语义学(semantics)的术语，现已废弃不用。

Glottology 语言学　语言学(linguistics)的旧称。

Grammeme 法位　法位(tagmeme)的旧称。

有时，一个多义术语所表示的若干意义中，某个或某些意义不再使用，而其他意义仍然使用。例如《语言与语言学词典》中的“mute”：

(a) 哑音符，五音符。某一个词中不表示语音的书写符号。

(b) 塞音。一个已废弃的术语，用以表示塞音(stop)。

其中，表示“塞音”的“mute”是旧术语。再如，在马特维耶娃(Матвеева

T. B.)编写的《语言学术语大词典》中,“lexicon”表示两个意义: 1) 词典的旧称,18 世纪到 19 世纪前半期很常用……;2) 词汇……。

在规范性术语编纂中,收入的旧术语会被标识出来。名词委公布的学科名词中,曾称指的是被淘汰的旧术语,如“蓝藻”是“蓝细菌”的曾称,“爱奥尼亚柱式”是“伊奥尼亚柱式”的曾称,“唇裂术后畸形、继发性唇裂”是“唇裂术后继发畸形”的曾称。

旧术语进入术语词典,大体上因为: 1) 旧术语偶尔出现在学科的文献之中,被研究者提及。2) 旧术语重新进入学术视野之中,被再次使用。3) 旧术语有多个意义,其中某个或某些仍在使用等。

五、初术语

初术语指称谓的概念内容不够稳定,形式上较为冗长的术语。同术语相比,初术语无法满足简短性的要求。前面提到,术语词典中有一些句子型的术语,它们带有初术语的性质。随着认识的发展,初术语有可能发展成为一个术语。

不妨把“Yesterday's syntax is today's morphology”(昨天的句法是今天的形态)与“linguistic cycle hypothesis(语言循环假说)”作一比较。《历史与比较语言学词典》对后者的解释为:

> The hypothesis that linguistic elements tend to develop over time in a cyclical manner, being created, integrated, reduced and finally obliterated, which renewal feeds new elements into the cycle. Many versions of this hypothesis have been advanced, but a global summary looks something like this: discourse strategies become syntactic structures; syntactic strutures become morphological markers; morphological markers become phonological alternations; phonological alternations become obliterated, requiring renewal. (一种假说,语言要素在一段时间趋向循环式发展,即创造出来、整合、衰微然后最终消失,其重建会给新循环提供新要素。这个假说有多个版本,但总的来看好像如此: 语篇层级成为句法结构,句法结构成为形态标记,形态标记成为语音变

化,语音变化消失,需要重建。)

从释文可知,"昨天的句法是今天的形态"只是"语言循环假说"的一种具体情况,后者比前者更为抽象和概括,应当被看作一个术语。

除此之外,术语词典中还有另一种并列结构的初术语,如"abrupt or interrupted versus continuant"(突发音或中断音对延续音),"anterior versus non-anterior"(前部音对非前部音),"checked versus unchecked"(停顿对不停顿),"compact versus diffuse"(聚集对分散),"connecting consonant or vowel"(连接辅音或元音),"consonantal versus non-consonantal"(辅音性的对非辅音性的),"continuant versus non-continuant(stop)"[延续音对非延续音(塞音)],"coronal versus non-coronal"(舌面前音对非舌面前音),"covered versus uncovered"(隐蔽音对非隐蔽音),"lateral versus non-lateral"(边音对非边音);"chain and choice"(链和选择),"competence and performance"(语言能力和语言行为),"culture and language"(文化和语言),"langue and parole"(语言和言语),"thought and language"(思维和语言),"topic and comment"(主题和述题),"word and paradigm WP"(词与词形变化),"item-and-arrangement"(项目和配列);"high, low, back"(高、低、后)等。与术语称谓一个明确的概念不同,这些初术语形式上更像两个概念的组合。这从编者对这些名称的解释中能看得很清楚:

Abrupt or Interrupted versus continuant 突发音或中断音对延续音　以频谱分析为基础的区分性特征,语音学中的一对基本的对立概念……

High, low, back 高、低、后　区别性特征语音学最近理论中关于舌位的声腔特征……

Chain and choice 链和选择　这两个概念是从数学和信息论中借来的,表示两条轴,各种语言单位按这两条轴排列……(哈特曼、斯托克《语言与语言学词典》)

初术语进入术语词典的依据在于:它们称谓的概念较为基本,且暂时没有合适的术语表达。

六、新术语

新术语称谓的概念是专业领域中新近出现的。同术语相比，新术语形式还不够稳定，发生变化的可能性较大。比如"深层结构（deep structure）"是转换生成语法中的重要概念，由美国语言学家乔姆斯基最早使用，但在不同理论体系中，该术语本身也发生一系列变化：如在《句法理论要略》中，"深层结构"被用来专指"底层结构（underlying structure）"，有时又用来指"深远结构（remote structure）"等。

术语编纂者对新术语向来比较重视，新兴的或处于发展阶段的学科尤为如此。如果一部术语词典不断再版的话，编者总会根据需要增加一些新术语，克里斯特尔编写的《语言学与语音学词典》就是很好的例子。第一版时，编者只收词条 1 000 余条，再加上词条内还有一些包含词目在内的短语 1 000 多条，总共 2 000 多条；第二版和第三版分别增加了 200 多条和 300 多条；第四版时又增加了 600 多条，使主条达到 1 400 多条，另加条目内的短语 1 400 条和特殊涵义、搭配等 1 200 条，总共有 4 000 条术语；第六版时，收入的术语又有大幅度增加，达到 5 000 多条。新收术语中大部分是新术语。编者在第二版序言中提到："具体而言，新增词条可以说大多是反映（相对）晚近的发展，如 70 年代后期的转换语法（例如过滤条件、约束、X-杠句法），一些取代转换语法的语法（例如合一表征语法、概化短语结构语法），音系学理论，语用学，话语分析和篇章语言学。"（克里斯特尔 2000：9）第三版序言中又指出："给予特别关注的是管辖与约束理论的术语和体现当代音系学研究特点的大量新增术语，特别是节律音系学和自主音段音系学的术语。"（克里斯特尔 2000：11）第四版序言再次指出："仅非线性音系学一个领域就增加好几十条，语义学条目的增加量大致相同。……从这一版新增粗体术语中选列一些术语如下，读者可以体会到新术语的基本风貌：

bootstrapping（自推），bracketing paradox（加括两难），charm（粲），cognitive metaphor（认知隐喻），connectionism（连接主义），……，optimality theory（优选论），percolation（弥散），procrastinate（拖延），qualia（物性），under-specification（不完全赋值），unification（统一）。”（克里斯特尔 2000：13）

新术语具有易变动的特征，规范它们显得更加重要，以免出现新术语的泛滥。名词委在各学科名词审定工作中也会选收一定数量的新术语。例如，在审定第二批计算机名词时，注重收集和审定了有关计算机网、因特网及其应用、计算机安全保密、多媒体技术等热门名词，包括“网虫”（surfer），“随身计算”（wearable computing），“数据手套”（data glove），“密钥流”（key stream），“密钥管理”（key management）等。（张伟 2005：25）新术语的收入有时还兼顾社会文化因素。由于我国在特高压交流输电技术、特高压直流输电技术领域处于世界领先地位，电力名词中收录了反映这些先进技术水平的名词，如“超高压”“特高压”“高压直流”“特高压直流”等。（辛德培 2009：8－10）名词委还按照一定的工作程序，陆续审定和公布一批科技新术语，如《第一批天文学新名词》（1991）、《第二批天文学新名词》（1994）、《第三批天文学新名词》（1997）、《信息科技（一）因特网及其相关的名词》（1997）、《物理学　部分新名词》（1999）、《地球物理学　部分新名词（一）》（2000）、《天文学　空间天文探测器》（2001）、《第九批天文学新名词》（2007）等。

新术语反映学科发展中的新事物、新概念、新理论，理应成为术语编纂的对象，但编者对其应保持相对谨慎的态度。正如一位编者指出的那样：“当然不是所有这些新术语都适合收入。只有那些除创立者外别人也继续使用、并确定已规约化的术语，本词典才予以收录。因此我在收录时相当谨慎，作为粗略的衡量标准，一个术语我必须见过两次、其中一次为非创立者所用，才予收录。”这也不失为一个实用的标准。

第四节　术语的来源文献

一、文献的类别

确定和挑选术语编纂的上述对象,需要借助一定的文献。国际标准化组织第 37 技术委员会颁布的国际标准《分类词汇编制指南(方法举隅)》(ISO/R 919：1969),把术语词典最常用的文献分成三类：其中第一类是术语出版物,主要指术语词典和术语方面的出版物;第二类是非专门的术语出版物,包括各类教科书、百科全书、商业目录、论文等;第三类是某一领域概念或客体的分类表。

国家标准《标准编写规则　第一部分：术语》(GB/T 20001.1—2001)指出术语标准搜集资料的类型主要包括：1) 法律、法规、标准等权威文件;2) 教科书、科学论文、科技期刊等学生团体普遍公认的文献;3) 小册子、说明书、零部件目录、报告等常见但未必得到公认的资料;4) 工作组成员和专家提供的资料;5) 术语数据库;6) 术语词表、词典、百科全书、叙词表。同时,应认真研究该领域内一切相关的资料,并尽可能找到有用的示例、插图、概念体系和术语。

贝尔根霍茨和塔尔(1995：90－96)在《专业词典学手册》一书中指出,基于经验的专业词典编纂的材料来源包括三类：一是专家的知识,主要是百科的和专业的知识。同时强调,专业词典不能只由某个专家自行编写,应合几人之力或向同行请教。二是现有的文献,主要包括工具书、学术论文和著述。三是文本,主要指专业性的语料库。结合以上三类材料是专业词典最可靠的编写方法。

格里尼奥夫(2008：79－83)将文献分成两大类：一类是"集中式"的,另一类是"散落式"的。前者包括以下几类：一是术语词典。它们是最显而易见的文献。其中,详解术语词典是最重要的文献,而术语标准和推荐术语集是最可靠的文献。二是机用信息和频率词典。它们的重要性在于包含术语使用频率，且将术语之间的系统关系直观展现出来。三是翻译词典。它们对于翻译型和教学型术语编纂十分有用。四是百科全书，特别是专业百科全书。它们是相当可信的文献，且包含来源（词源、提出者、出现年代等）、语义（定义、同义关系、上下位关系等）等信息。五是教学材料，指参考书、教材等。它们是非常有用的文献，不仅包含通用的术语，还可用于整理学科术语，因为教科书会给出术语的定义、术语和概念之间的关系及其他信息。六是产品名录、分类大全等。它们是很有价值的文献，其中包括很多专业名称，且专业词汇是按系统排列的。后者指专著、期刊和论文集中的论文。它们是对前者的重要补充，因为包含新术语和个人使用的术语。编者可以通过摘要、主题索引表等收集其中的术语。

盖德认为，术语词典的文献主要包括以下十类：一是专业领域内重要学者和有实践经验的专家撰写的专著和论文，它们是术语词典的基本文献；重要的大学教材，它们在文献中占有重要位置，因为给出概念和术语清晰明了的定义；百科全书、专业性百科全书和专业词典中的术语，当某个领域尚未出版国家标准和行业标准时，百科全书条目是编者确定有争议术语或挑选基本和常用术语的依据。二是各类辅助性质的文章，如著作及论文摘要、述评、对专利和发明进行说明的材料等。它们是术语词典的重要文献，因为能把专业领域使用的术语以浓缩、集中的形式展示出来。三是该领域业已公布的国家标准和行业标准。四是其他规范文件，如推荐术语集等。术语词典不仅可以把这些文件推荐使用的术语作为基本术语，还可以参照所提供的术语定义、同义术语等信息。如果需要收录专业领域的新术语，定期出版的《新术语手册》是必不可少的文献。五是生产标准分类目录手册。它们是术语词典的重要文献，分为全国性的和行业性的两种。手册对科技研究各领域的方向、对象进行整理、规范，按系统或字母顺序进行排列。表 3－3 是职业

分类目录手册中的一部分(括号内为参考译文):(转引自盖德 1986:18-19)

表 3-3 技术行业分类大全的一部分

Наименование профессии(职业名称)	Кодовые обозначения(编号)	
	Группы профессий(职业组别)	Профессии внутри группы(组内职业)
Литейные работы(铸造工作)	02	——
Автоклавщик литья под давлением(压铸热压工)	02	01
Вагранщик(熔铁工,熔炉工)	02	02
Выбивальщик литья(脱模工)	02	03
Заливщик металла(金属浇铸工)	02	04
Кокильщик-сборщик(铸型装配工)	02	05
Литейщик на машинах под давлением(加压铸造铸工)	02	06
Модельщик выплавляемых моделей(可熔模型塑型工)	02	07
Модельщик по металлическим моделям(金属铸模模型工)	02	08
Сварочные работы(焊接工作)	02	——
Газорезчик(气割工、气切工)	03	01
……	……	……
Электросварщик ручной сварки(手工电焊工)	03	07

《俄汉科技大词典》就收入上述部分表示职业名称的科技词汇。与生产标准分类目录手册相近的文献包括工业零件名录、工业样品目录、名称手册、商品和零件批发价格清单等。六是分类栏目大全。它们在术语词典文献中占有重要地位。专业栏目大全经常包括某领域基本方面的系统化清单、最重要的客体和过程类别。表 3-4 是机械制造分类栏目大全的一部分(括号内为参考译文):(转引自盖德 1986:21)

与生产标准分类目录手册类似,术语词典编者从分类栏目大全不仅能够得到专业术语,还能通过栏目序号、研究客体的方面、十进制分

表 3－4　机械制造分类栏目大全的一部分

Порядковый индекс рубрики（栏目序号）	**Наименование рубрики**（栏目名称）	**Аспект** рассмотрения объекта（研究客体的方面）	Индекс УДК（十进制分类号）
2	Подъемно-транспортное оборудование（起重运输设备）		
0	Общий раздел（通用部分）	А	621.83
1	Лифты и подъемники（电梯与起重机）	Б，Ж，И，Н	621.876
2	Краны и крановое оборудование（起重机与起重设备）		621.873
2.1	Мостовые краны（桥式起重机，桥式吊车）		
2.1.1	Козловые и полукозловые краны（高架起重机与单脚起重器）	Б，Ж，Н	
2.1.2	Портальные и полупортальные краны（港口起重机与半高架式起重机）	Б，Ж，Н	
2.1.3	Перегружатели мостовые（桥式装卸机）		
2.2	Стреловые краны（臂架起重机）		
2.2.1	Башенные и консольные краны（塔式起重机与悬臂起重机）	Б，Ж，И，Н	

类号等获取其语义特征。七是信息查询叙词表，即信息自动处理时方便信息查询的词典，它们是至关重要的文献，因为能揭示术语之间的语义关系。对于术语编纂而言，信息查询叙词表的优势在于：一方面，它们是基于期刊摘要、提要、分类栏目大全、十进制分类号等编写出来的。其次，它们包含其他文献所没有的术语，因为运用其他的专业文献，比如科研工作总结报告、科研与实验设计工作总结报告、使用者对信息查询系统的具体问询、部委文件等。八是行业频率词典。它们不仅提供单个术语的使用频率，还能提供其他文献未关注的新术语。九是企业生产中的现行文件。它们是术语编纂，尤其是技术术语编纂中非常重要的文献，因为能呈现企业所属领域的次语言。例如，规范查询文件中包含资产、零部件类型、材料、设备、工具、劳动力、干部、产品等信息及

其名称。此外,大量术语和名称出现在某个部门设备安装与维修指南、设备使用手册、技术文件指南等之中。十是员工关于企业生产方面谈话的录音材料、当地报纸的简讯、广播和采访的录音材料等。它们是术语词典的补充文献。

除上述文献,各种专业语料库、术语语料库和知识库、网络术语词典、专业电子文献等在术语的挑选和确定中发挥着越来越重要的作用。

二、对文献的评价

对收集到的文献,要进行甄别,有选择地使用。即便对那些被认为相当可靠的术语标准,也要采取谨慎的态度。收入标准的术语有时并不符合对术语的基本要求,如简短性、单义性等,例如国家标准《信息技术・词汇・第25部分:局域网》(GB/T 5271.25—2000)的术语“带碰撞避免的载波侦听多址访问网络”“带碰撞检测的载波侦听多址访问网络”,这样过于冗长的术语在术语编纂中要慎收。对于双语或多语术语词典,还要考虑术语的等值问题。

在以规范为主的术语编纂中,对文献或资料要进行评价。国家标准《标准编写规则・第一部分:术语》(GB/T 20001.1—2001)对资料的评价提出以下要求:1)过时的资料中,术语和定义可能不太可靠;2)作者宜是该领域内公认的权威;3)资料中的术语不应只反映某个学派的观点;4)对于现有的词汇集,应考虑它是否是按照有关国家标准规定的、公认的术语工作原则和方法制定出来的;5)应明确所引文献是否为译文。若为译文,应先评价译文的可靠性。除非在特殊情况下,不应使用译文。

名词委在名词审定中对所用文献资料提出科学性、代表性和权威性的要求。坚持科学性原则,就是所选材料要坚持唯物主义,遵循客观规律,能经得起科学实践的检验。各学科领域都不同程度地存在伪科学文献,这就需要“去伪存真”,尽量将非科学或伪科学的文献从所选文献中剔除出来。以生命科学领域为例，曾引起广泛关注的“生命能”“冷融合”“新细胞学说”等均被证明是伪科学，相关文献也应排除在我们选择范围之外。坚持代表性原则，就是要确保所选取的资料能覆盖到该学科领域的各个分支学科，能较好地体现学科知识体系；不遗漏任何一个分支学科或研究方向。例如，编写《大气科学名词》时，所选资料当覆盖大气、大气探测、大气物理学、大气化学、动力气象学、天气学、气候学、应用气象学等主要分支学科领域的主要知识点，这样才能保证选词具有代表性。坚持权威性原则，是因为有时同一主题、同一程度的文献也很多，就要有选择、有取舍。这时著者是否权威，作品是否为名著就是取舍的要点了。只有充分了解该学科的知名人士及重要著作，才能做出合理的判断，才能从中挑出权威和可靠的文献。应尽可能从国内外权威单位或高信誉度机构的出版物中选择名词，从国内外权威性书刊中选择名词，从国内外权威专家编著的书籍、撰写的论文，以及由他们主编的期刊及文献资料中选择名词。值得注意的是，学术界也存在这种情况：不知名的作者为了提高知名度而采用各种优惠条件以实现与知名者的合作，而一些知名者只是挂名而已，与文献主题、知识内涵毫无关系。在筛选文献时，应充分考虑这种情况。此外，选取资料还必须客观、公正。不可只选择那些与自己观点一致的文献。（王琪 2012：15－16）

三、文献的数量与使用

编写一部术语词典所需的文献数量首先取决于所涉及学科领域的文献总量。通常，传统、基础学科比新兴学科的文献要多得多。格里尼奥夫凭借自己的经验，给出计算文献的公式，即 N＝0.625Vsp。其中，N 表示所要加工的文献，Vsp 表示图书馆各年收藏该学科（领域）资料的平均数。具体来说，对于一部收录 1 000 到 2 000 个条目的术语词典来说，1 000 部文献足够用了。编写教学术语的话，文献数量还可以大幅度减少；如果编者已使用现有的详解词典、信息词典以及教材的话，文献的总体数量可以减少90%。如果使用语料库的话,按张志毅先生(2012:8)的想法,用于词典编纂的语料库的字节数量跟词典条目数之比,较合适的量应为10 000:1。例如,4亿字的平衡语料库,对于编一部收词4万条的辞书较为适用。对于单语术语词典,贝尔根霍茨和塔尔指出:美国学者曾用50万词次的语料库编写基因工程术语词典,其规模已足够用了。此外,《中国机电工程术语数据库》收录中、英、俄、日、德、法六种文字的名词及中文定义的词条4.4万条,包括20余万个记录,数据库尚在不断完善之中,为机械工程名词的审定工作提供了极大的方便。

在编纂成果中如何体现所用的文献,编者所采取的方法是不同的:相当一部分术语词典不注明参考文献,但这并不表示这些词典在编纂过程中没有参考其他文献。有些作者在词典的最初几个版本中列出了参考文献,但在新的版本中删去了文献,如前面提到的克里斯特尔的《语言学与语音学词典》。相当一部分作者选择在词典前言或编纂说明中列举若干最为重要的参考文献,其他则一笔带过,例如《英汉教育词汇》《英汉教育技术词典》等。也有一些编者将所参照的文献列举出来,这是更值得提倡的做法,因为这可以增加编纂成果在读者心中的权威程度。不过,列举的文献数量多少不一,并不能总与格里尼奥夫前面提到的公式相对应。例如,《汉俄英情报学词典》共收术语3 000多个,所列文献只有26部,其中词典19部,专著5部,国家标准2部。《实验性的系统详解修辞学术语词典》共收术语106个,所列文献达144部,其中学术期刊、论文集论文65篇,专著50部,词典(含条目)29部(条)。而且,上文提到的文献类型中,专业词典(主要是行业术语词典)、论文、著作、标准等占绝大多数。其他类型的文献只在极少的情况下才被使用。

第四章 参量与类型

第一节　词典类型与术语编纂

一、词典类型理论发展概述

词典类型是词典学理论中的一个核心问题。首先提出这一问题的是谢尔巴。他在 1940 年的那篇名为“词典学一般理论初探”的重要论文中,依据六个“理论上的对立面”区分出以下词典类型:学院型词典和查考型词典、百科词典和普通词典、大全型词典和一般词典(详解词典或翻译词典)、一般词典(详解词典或翻译词典)和概念详解、详解词典和翻译词典、非历时型词典和历时型词典。随后十几年中,对此问题的研究大多是对谢尔巴的补充和修正。

20 世纪 60 年代,两位美国学者马尔基尔(Malkiel Y.)和西贝奥克(Sebeok T.)开始运用区分特征划分词典类型。前者给出的区分特征包括:1)领域,即所收集词汇的数量和范围,具体包括所收词汇的完备程度、语言数量、描写方法;2)应用,包括年代(共时还是历时)、词条排列、材料的安排(客观的、规范性的还是随意的);3)元语言(字体、符号、例证、标注、释义)。后者则划分出作者、文本的使用、词汇挑选原则、材料的一致性、词族排列原则、注重形式还是意义、词条排列方法等 17 条原则。

20 世纪 70 年代,捷克词典学家兹古斯塔(Zgusta L.)根据区分特征划分出以下五组词典:历时(历史和词源)和共时,一般(规范、查考、科学院)和专业(方言、行业、俚语等),单语和双语,教学词典(正音法、正字法),超大型、大型、中型和小型。兹古斯塔对后来的词典类型划分产生较大的影响。同一时期,法国词典学家杜布瓦兄弟(Dubois J. , Dubois C.)提出划分词典类型的三个标准：使用语言的数量(双语、多语和单语)、词汇描写深度(收词多而描写不深、收词少描写深入)、信息的性质(语文、百科)。另一位法国词典学家雷伊(Rey A.)提出划分词典类型的七组区分特征,包括：1) 信息来源;2) 描写的语言层级(语素、词位、熟语);3) 词汇的挑选(所有的词、某个社会文化或主题词层等);4) 词典的宏观结构(词条的排列);5) 描写的详细程度(释义、插图、元语言等);6) 附加信息(搭配、词源、修辞等);7) 例证。同一时期,对词典类型进行多层次描写的是俄罗斯学者蔡文(Цывин А. М.)提出了八个详细的分类图,其中包括词典左右项的相互关系、条目排序、条目组成、挑选条目性质等。①

词典类型划分常常以词典描写的参量为依据,戈罗杰茨基(Городецкий Б. Ю.)区分了二十个参量,加克(Гак В. Г.)认为有三个基本参量和十个辅助参量,卡劳洛夫(Караулов Ю. Н.)曾列出一张包括六十七个参量的清单,还有些学者给出的词典描写参量甚至多达上百个。

在上面提到的词典类型体系中,术语词典通常不被看作独立的一类词典,而是归入概念词典、大全型词典或专科词典之中。当然,有的学者认为：专业词典是相对于普通(语文)词典而言的,术语词典的地位因此变得更加独立一些,这或许与这类词典庞大的出版数量相关。

---

① 有关词典类型发展历史详见 Гринев С. В. Введение в терминографию. Москва: ЛИБРОКОМ,2009: 155 - 192.

二、术语词典类型参量

20 世纪 70 年代，学者们开始探讨某一类词典内的类型划分问题，其中也包括术语词典。

谢尔盖耶夫(Сергеев В. Н.)提出划分术语词典的三个标准：1) 按条目组成，分为一般型和领域型两种；2) 按大小，分为完备型和简编型两种；3) 根据语言，分为单语和多语两种。佩图什科夫(Петушков В. П.)对其进行补充，认为在条目组成中应再加上非常专业型的术语词典，同时还要考虑读者群，由此可区分出供大众使用和供专家使用的两种术语词典。

列依奇克等认为划分术语词典类型可以从内容和用途两个角度出发。按照内容划分出多领域型(百科)和单领域型两种，它们又分别可能是单语型(详解)和翻译型(双语或多语)。此外，描写术语词典、频率术语词典以及术语要素词典、缩略语词典也是从内容角度区分出来的。从内容方面来看，还有各种混合型的术语词典，如详解翻译词典。按照功能，术语词典分为用法型、规范型和教学型三种。

在术语词典分类研究过程中，学者们逐步形成了自己的参量系统。

盖德在《科技词典编纂基础》一书中认为词典分类的参量主要包括：1) 描写对象；2) 用途和使用者类别；3) 结构；4) 容量；5) 所选词汇；6) 语言数量；7) 描写单位形式上的性质；8) 对过时术语的处理；9) 规范性。这些参量也可用于划分术语词典的类型。但他言尽于此，未作展开。

列依奇克选取六个区别特征划分术语词典的类型，它们是：1) 按照主题范围，将其分为多领域术语词典、领域术语词典与窄领域术语词典。2) 以词条内容为区别特征：① 按词条左项(条目词)内容，将其分为术语词典和术语要素词典；② 按照词条右项内容，将其分为翻译术语词典、详解术语词典、术语手册、术语列表(词汇表、主题词表)。3) 按照条目排列顺序，将其分为按字母顺序排列的术语词典、不按字母顺序排列（按词族或字母与词族相结合排列）的术语词典与按统计数字排列的术语词典。4）按照功能与用途，将其分为整理型术语词典、规范型术语词典（术语标准、推荐术语集）、科普型术语词典、教学术语词典、信息型术语词典（信息查询叙词表、分类目录手册或大全）、系统型术语词典（术语系统词典、频率词典、倒排词典）。5）按照包括的语言数量，将其分为单语术语词典、双语术语词典、多语术语词典。6）按照创新程度，分为新术语词典。

格里尼奥夫曾数次（1988，1995，2008）谈及这一问题，并使用“定位”（ориентация）表示术语编纂中划分词典类型的依据，主要包括：1）主题定位，据此划分出（科学、技术）通用术语词典、多领域术语词典、领域术语词典、窄领域术语词典。2）时间定位，据此划分出术语词源词典、历史术语词典、新术语词典。3）语言定位，据此划分出单语术语词典、双语术语词典、多语术语词典。4）用途定位，据此划分出翻译术语词典、参照型（详解）术语词典、教学术语词典、用于信息处理的术语词典。5）使用者定位，据此划分出一般性术语词典和专业化术语词典。6）功能定位，据此划分出整理型术语词典和规范型术语词典。7）规模定位，据此划分出大型术语词典、中型术语词典和小型术语词典。8）条目呈现原则定位，据此划分出按形式排列（按字母顺序、按词族排列、按频率排列、按年代排列、倒排等）的术语词典和按主题排列的术语词典。9）语言描写水平参量，据此划分出语音词典、正字法词典、构词词典、句法词典和语义词典。

在分析农业领域术语词典的基础上，科马罗娃（Комарова З. И.）提出以下术语词典的类型：1）按语言数量，将其分为单语术语词典、双语术语词典、多语术语词典。2）按照基本任务，将其分为释义术语词典、翻译术语词典、系统术语词典。3）按照所反映的知识领域范围，将其分为多领域术语词典、领域术语词典、窄领域术语词典。4）按照特定用途，将其分为概念术语词典、频率术语词典、倒排术语词典、教学术语词典。5）按照是否具有定义，将其分为百科术语词典、详解术语词典、不带定义的术语词典。6）按照词表的组成，将其分为大型术语词典、中型术语词典、小型术语词典。7）按照总的用途，将其分为人用术语词典、机用术语词典。8）按照条目排列顺序，将其分为按字母排序的术语词典、按词族排序的术语词典、字母-词族排序的术语词典、每个组成部分排序的术语词典、意念术语词典、层级关系术语词典。9）按照规范性程度，将其分为规范术语词典、标准化术语词典。10）按照术语现代性程度，将其分为新术语词典、历史术语词典。

我们注意到：在描写划分术语词典类型的依据时，学者们使用的说法不一，或用“区分特征”，或用“定位”。总的来说，它们都属于参量，其中有些参量来自词典学。当然，术语词典类型划分中使用了一些新的参量，这与术语编纂的特点有关，并且证明：划分一般词典类型的参量并不总是适合于术语词典。例如规模参量，通常来说，收词量超过10万以上的属于大型词典，收词量在4到10万之间的属于中型词典，收词量在1到4万之间的属于小型词典。术语词典的收词数量并不是编者所能控制的，这与所面对学科领域的具体情况有直接关系。据统计，有机化学中的化合物数量达上百万之多，而有的学科领域就要窄得多。收录语言学术语和用语的语言学术语词典，收词数量大多在1万左右，这反映该学科的发展现状。以规范为主的术语词典，包括术语标准中，条目数量大多在200到300个左右；如果超过这一数量，就要拆分成几个标准文件。词典的介质参量（纸质、机器、网络）或许不是划分一般词典类型的基本参量，但对术语编纂却是十分重要的，因为术语数据库在当代术语编纂活动中发挥着越来越重要的作用。

至于几位学者关于术语词典类型参量之间的差异，可从以下三个方面解释：首先，学者们面对的知识领域不同，这些领域的发展水平也不相同，这会影响术语编纂产品的数量和种类。其次，新的术语词典不断出现,原有的类型体系也随之加以扩充和丰富。最后,术语编纂归根结底是一项应用活动,类型理论有时要顺应其实践取向。

在编写同一类型词典时确立呈现信息的最佳方法、统一词典编写的结构和工序,这对术语编纂特别重要,这正如格里尼奥夫(2008:156)所说:"首先,大部分术语词典是由领域专家编写的,他们未经过词典学训练,这使得他们未必能找到最佳的词典学解决办法。成型的做法可以让专家们全力解决内容方面的问题,不必分心考虑其他次要问题。其次,统一同类词典中术语信息的呈现方法能够让使用者从一部词典转到另一部词典时不至于'摸不着头绪'。最后,研究和生产的大规模自动化、研发大量的计算机系统需要使用术语,这要求专业词汇在词典中按最佳的、统一的方式呈现。"

以下几节我们将从几个重要的参量出发来论述由此引出的术语编纂类型。为了行文的方便,我们用"术语词典"这一表述指称各种术语工作产品,而暂不考虑理论上前者只是后者的一个基本类型。

第二节　主 题 参 量

主题参量指词典编纂所涉及的领域范围。语词词典很少涉及该参量,因为其所面对的对象是全民性词汇或其中的某个层级,如成语、歇后语等,如《现代汉语词典》是"以记录普通话语汇为主的"。根据主题参量,可以划分出通用术语词典、多学科(或领域)术语词典、学科(或领域)术语词典、子学科(或子领域)术语词典等。

通用术语词典通常面向整个技术或科学领域,分为通用技术术语词典和通用科学术语词典,如《十一种语言技术术语词典》《俄汉一般科学词汇词典》。这样的词典并不是若干领域术语词典的简单相加,而应该收入相应学科门类中基本的、常用的术语,比如教材中出现的术语。同时,为了标明选词范围,有的编者会标注术语所属的具体领域。

多学科(或多领域)术语词典面向相邻或相关的几个学科或领域，如《法语修辞学与诗学术语词典》《语言学与文学术语词典》。这些学科在来源、研究对象等方面十分相近，术语的交叉和渗透相当普遍。实际上，语言学和文学、诗学都可归入语文学这一综合学科之中。多学科(或领域)的术语编纂可以分学科(或领域)进行，如《语言学与文学术语词典》，这样可以明确术语在相应学科(或领域)中的位置，但在所有学科(或领域)中使用的术语往往较难处理；也可以不分学科(或领域)，统一编排，其优势和不足与前一种情况相反。

学科(或领域)术语词典面向某个具体的学科或领域，如《语言学术语词典》《地质辞典》等。它们主要收录或描写特定学科领域的术语集合，但也收录该学科领域从其他学科领域借用的术语、部分科学或技术通用术语，因为任何学科领域都不可能是封闭的，往往需要借用其他学科的理论、方法和概念。马特维耶娃主编的《语言学术语大词典》前言中就列条范围作了说明。

词典的主题界限为：

——语言学和言语学的基本概念，如语言、言语、文本(篇章)、信息、交际情景等；

——科学学的一般概念，如方法、功能、实验、对立等；

——俄语语言体系科学描写的概念，如音位、词、后缀、复合句、词序等；

——与俄语在个别层级中使用有关的概念，如辅音组的简化、超句统一体、言语的功能意义类型等；

——现代修辞学概念，包括：1）修辞学方法，如古语词、新词、修辞同义、语法修辞学等；2）功能修辞学；

——篇章语言学的概念，如微型篇章、篇章主题、语篇空间、语篇情态性(表现力)等；

——文本体裁概念，如报告、随笔、口头故事、提纲等；

——交际礼节理论概念，如规范、言语交际特征、交际错误等；

——语言文化学概念，如观念、语言个性、形象等；

——现代演讲术概念，如演说家、篇章的论题、论据等；

——语用学概念，如言语行为、（有意识的）言语活动、言语动作（或行为）、话轮等。（马特维耶娃 2010：4－5）

学科（或领域）术语词典在术语编纂中占有十分重要的地位，它们是其他类型术语编纂的基础。同样重要的还有子学科（或子领域）术语编纂，它们面对的是学科或领域中的某个分支或部分。语言学中有理论语言学、应用语言学、修辞学、词汇学、语法学、语义学、词典学等诸多分支学科，它们都有可能成为术语编纂的单独对象，康蒂纽姆（Continuum）出版社 2007 年以来设计出版了一套语言学关键术语词典，除一本《语言学关键词》外，还包括《语用学关键词》《二语习得关键词》《符号学关键词》《句法及句法理论关键词》《翻译研究关键词》等。子学科（或子领域）术语编纂的必要性是显而易见的：首先，一部学科（或领域）的术语词典不可能收入所有子学科（或子领域）的所有术语。阿赫玛诺娃的《语言学术语词典》中收入的专名学术语仅 20 多个，远少于该领域实际使用的术语数量，那些未收入该词典的术语对于研究者来说未必不重要。其次，在学科（或领域）术语编纂时，有些新兴子学科或子领域可能被忽视，但它们的术语往往是变化最快的，也最容易发生混乱，因此需要在新的学科（或领域）术语词典出现之前将其收集并统一起来。名词委组织编写的《语言学名词》没有收入心理语言学、世界诸语言等方面的术语，曾有专家呼吁将这些方面的术语单独编纂，以便在将来的审定中增补进来。最后，子学科（或子领域）术语编纂的范围较小且更为确定，编者会更容易建立相应的术语系统和概念体系，从而确定哪些术语更为基本、更为重要，这有利于增加学科（或领域）术语编纂的科学性。因此，术语标准化通常都是按领域进行的,且范围较大的领域要划分成若干更小的领域,这样有助于建立概念层级并理顺概念之间的关系。例如信息技术术语标准系统由基本术语、局域网、电子邮件等30多个部分组成。类似的术语编纂有时同时面向几个相关的子学科(或子领域),如《语言学术语与概念:普通语言学与社会语言学》《语言学术语与概念:词汇、词汇学、熟语学与词典学》。

除上述类型的术语词典外,还有两类术语词典与主题内容有关:一种是某个学派、流派的术语词典,如瓦海克的《布拉格学派语言学词典》。这类术语编纂与地点参量也有关系,因为学派、流派常常与某个地域(地区、国家、城市等)有关,如结构主义语言学的三个流派,即捷克布拉格语言学派、美国描写主义语言学派、丹麦哥本哈根语言学派。不过,对于术语编纂而言,地点参量不是至关重要的。根据同一语言的不同变体,如英式英语和美式英语,可以编写出不同的语词词典,但地点参量在术语编纂中的作用是相对有限的。即便那些根据地域特征划分出来的学术流派,其思想也具有某种跨地域性,其成员也可能来自不同的地区或国家。如布拉格语言学派的研究者除来自捷克、斯洛伐克外,还有来自苏联、德国、法国、丹麦、荷兰等国的学者。另一种是某个代表性学者的术语词典,如恩格勒(Engler R.)的《索绪尔语言学术语词典》、冯春田、梁苑、杨淑敏等撰稿的《王力语言学词典》。这两类术语词典的重要性不言而喻,学派、流派、代表人物会形成自己的术语体系,其中不仅包括数量可观的新术语,还有对已有术语的重新界定等。

第三节 条头类型参量

所描写语言单位属于哪个层级是一般词典类型划分非常重要的参量,由此可以区分出构词词典、语词词典、熟语词典(成语词典)、句子词典、语篇词典等。如前文所述,作为绝大多数术语词典描写对象的术语包括语素、词、词组或短语。从语言单位的类型来看,有三类术语词典值得关注:

第一类是术语要素组成的词典。术语要素(терминоэлемент)是洛特提出的术语,指派生术语中意义相对确定的结构要素。术语要素可能是词根,也可能是词缀。很多术语要素是国际通用的,因为主要来自希腊语和拉丁语。在阿布拉莫娃(Абрамова А. В.)编写的《带定义的术语要素词典》中收入"авто-(ауто-)"(来自希腊语,表示自动),"алло-"(来自希腊语,表示别的、其他),"би-"(来自拉丁语,表示双),"гео-"(来自希腊语,表示地),"милли-"(来自拉丁语,表示千分之一),"зоо-(зо-)"(来自希腊语,表示动物),"лингв(лингво, линга)"(来自拉丁语,表示语言),"фот(фото, фос)"(来自希腊语,表示光线)等。大部分术语要素是单义的,但也有一些多义甚至同形现象。前缀"ре-"表示以下三个意思: 1)重做的行为,例如"регенерация"(再生),"реконструкция"(重建);2)相反的行为,例如"регресс"(退步);3)反对,反作用,例如"реакция"(反应)。多义术语要素的各个意思之间有关联,而同形术语要素之间缺乏意义联系,术语要素"про-"属于同形术语,其中"про¹-"来自希腊语,表示"在……之前",例如"прогноз"(预报),"программа"(节目单);"про²-"来自拉丁语,表示"代替",例如"проректор"(副校长)。

第二类是缩略语词典。由于科技领域中的缩略语数量十分庞大,缩略语词典十分常见,例如《英汉汽车缩略词词典》等。在巴拉诺娃(Баранова Л. А.)编写的《外语缩略语词典》中,编者收入俄语从其他外语借入的缩略语1 000余条。词典对每个条目的描写相当系统,包括: 1)缩略语条头;2)拼写或用法变体;3)使用领域标注;4)发音和重音特点;5)借入方式和所来自的语言;6)来源;7)展开形式;8)翻译或释义;9)参见信息;10)派生词;11)例证。其中,第1)、

5)、6)、7)、8)是必备信息,其他是可选信息。以下是该词典中词条DVD的主要内容:

> DVD/dvd[ди-ви-ди] сокр. < англ. Digital Versatile Disc >—цифровой универсальный диск. Данное название было утверждено в 1999 г., до этого аббревиатура DVD расшифровывалась как Digital Video Disc—цифровой видеодиск, что вводило в заблуждение, поскольку на DVD можно записать как видео, так и другие данные.
>
> Производные: дивишка, дивишный(разг.)
>
> ……DVD/dvd,英语 Digital Versatile Disc(数字通用光盘)的缩写,该名称是 1999 年通过的,此前缩略语 DVD 解读为 Digital Video Disc(数字激光视盘),这可引起误解,因为 DVD 不仅能记录视频,也能记录其他资料。派生词有:дивидишка(影碟机),дивидишный(影碟机的)[(用于口语中)……]

第三类是同专业词汇某个词层有关的词典,如历史术语词典、新术语词典,这与时间参量结合在一起。

第四节 时间参量

共时研究是术语学理论的一条基本原则。术语编纂一般也是以共时角度描写特定阶段的术语体系和概念体系,体现特定发展阶段的科学认识水平的。不同时期出版的同一学科(或领域)的术语词典在条目和内容上会有很大变化,其差别程度有时比语文词典还要大。拿语言学来说,1960 年出版的《语言学名词解释》和 2011 年出版的《语言学名词》相比,前者共收术语 545 条,后者共收术语 2 939 条,两部词典中共同的条目仅有 280 余条。也就是说,前一部词典中超过一半的术语被"淘汰"了。留下的术语中,很多内容也发生了变化。如"母语"这一术语,在前一部词典中是历史比较语言学术语,指具有亲属关系的语言所共有的一种原始语;在后一部词典中是社会语言学术语,指人在幼儿时期自然习得的语言。叶斯帕森(Jespersen O. 1988: 493 - 494)说过:

“任何一门不是停滞不前而是不断前进的学科，必须经常地更新或修改其术语。寻找新术语不仅是为了新发现的事物，如 radium（镭），ion（离子）的需要，而且是为了用新方法重新思考旧事物而产生的新概念的需要。传统的术语往往禁锢着研究家们的思想，从而可能阻止卓有成效的发展。诚然，一套固定的术语如果其中每个术语的意义对每个读者来说都是清晰明了的话，这套术语便大有裨益。但是术语的固定如果仅仅是指使用同样的字眼而其意义却随着情景或具体作用的不同而发生的话，就有必要决定这些术语最恰当的意义是什么，否则就要使用新的术语。”因此，术语编纂是某个学科或领域当下所使用的科学语言总体状况的反映和记录。

然而，这并不意味着时间参量对术语编纂不重要。首先，科学语言当前的情况要受到前一个阶段的影响，术语词典中会收入部分旧术语、历史术语。其次，新术语、历史术语也会成为独立编纂的对象，例如《文学艺术新术语词典》《社会科学新术语词典（英德法俄日汉对照）》《中国古建筑术语词典》。新术语的规范化工作一直受到重视，如苏联翻译中心出版的《新术语手册》，名词委不定期发布的科技新名词。再次，某一历史阶段的学科或领域术语也是术语编纂的对象，如《美国语言学术语词典（1925—1950）》《11 至 18 世纪俄语外交术语词典》等。在前一部词典的前言中，编者写道：“然而，时期被定在 1925 到 1950 年。尽管这个时段，像历史书和图书目录一样，带有主观性质，但它们又恰恰适合，因为这与我们想要反映的那个时段有重要的有机联系。1925 年是以美国语言学会活动的第一年和会刊《语言》的问世为标志的。美国语言学会与其以后的活动对于美国语言学研究后来选择的那个方向具有决定性的意义……。从术语的角度说，尽管如预先估计的一样，概念结构中的大部分可以追溯到萨丕尔（Sapir E.）和鲍阿斯（Boas F.）其他弟子的早期著作，并在 19 世纪通过惠特尼（Whitney W. D.）、伯克（Buck C. D.）从欧洲语言学借用很多术语；然而，那些‘美国’特有的术语，客观地说，是从《语言》创刊开始的……。1950 年是一个重要且合适的节点。如果 30 年代是目前在语言学及其分支学科音位学广泛使用的那些基本的并且是‘美国’特有的术语提出的时期，40 年代可以说是音位学术语的成熟期和形态术语的加工和完善期。”（汉普 Hamp E. P. 1964：9－10）[①]这段话表明编者在时期选择上的一些考虑。其他编者在编纂类似的术语词典时，不妨参照。总的来说，这样的术语编纂是历时性的，因为它展示了一个术语是如何在某个阶段提出来的，被其他术语所替代的；它同时也是共时性的，因为在释义中揭示了某个术语的价值，并借助参见信息揭示在某个作者使用的术语体系或某个时期与其相对的其他术语的价值。正如语言研究中的共时和历时方法一样，两者不是相悖的，而是共存的、互补的。

第五节　用途参量

用途定位指术语词典服务的对象，与其直接相关的是使用者参量。在划分术语编纂类型时，有的学者把两者单独列出，有的则将两者合并。这里采用后一种方法。

从该参量出发，术语词典总体上分为机用和人用两种。前者是通过计算机检索并供其使用的术语列表。机用术语词典被用于自然语言处理、机器翻译、主题检索、术语提取等领域，它是文本中专业信息的数据集合，一般由计算机执行某种程序后自动检索而来。机用术语词典是供计算机使用的，因此在列条的范围、顺序等方面都与人用术语词典有所区别。以下是计算机获得关键词词表中的片段：（相泽彰子 Akiko Aizawa，影浦峡 kyo kageura. 2001：4）

---

① 这段话译自美国学者汉普所编《美国语言学术语词典（1925—1950）》的俄译本。

表 4-1 机用关键词检索表的一部分

日语关键词		英语关键词	频率
キーワード	(keyword)	information retrieval	1
キーワード	(keyword)	keyword	39*
テキスト検索	(text retrieval)	information retrieval	1
テキスト検索	(text retrieval)	text retrieval	6*
テキスト検索	(text retrieval)	text search	3
検索指示語	(query term)	keyword	1
広域情報検索	(wide-area information retrieval)	information retrieval	1
情報検索	(information retrieval)	information gathering	4
情報検索	(information retrieval)	information retreival	1
情報検索	(information retrieval)	information retrieval	320*
情報検索	(information retrieval)	information search	5
情報収集	(information gathering)	information gathering	6*
情報収集	(information gathering)	information retrieval	1
文献検索	(bibliographic retrieval)	bibliographic search	1*
文献検索	(bibliographic retrieval)	document retrieval	11
文書検索	(document retrieval)	document retrieval	19*
文書検索	(document retrieval)	text retrieval	1

在表 4-1 中,机器检索出同一日语术语所对应的所有英语术语,包括拼写有误的形式,如 information retreival,这类词典一般给出各个术语的使用频率。

根据对领域专业知识了解程度的多少,术语编纂的读者群体大体上可分为四类:1) 专家,包括科学家、技术专家、领域专家。他们是学科领域的研究者,对学科领域非常了解,对术语知识的专业性、精确度、新颖性要求最高。2) 半专家,包括科技工作者、科技翻译工作者、文献工作者、标准化工作者、编辑人员、术语编纂者、科普记者等。他们不是学科领域的研究者,但在工作中经常接触术语,对学科领域相当了解,对术语知识的专业性要求较高。3) 非专家,主要包括术语爱好者、大学生等。他们具有科学常识,对个别专业领域有一定的了解,对术语知识的基础性、正确性要求较高。4）中小学生。该群体所掌握的科学知识很少，处在接受知识、学习语言阶段，对术语知识要求在学术性的基础上兼顾形象性、趣味性。考虑上述读者的差别，应该分别编纂面向专家、半专家、非专家、中小学生的术语词典。不过，不少术语词典的使用群体并不十分明确，既包括专家，也包括半专家和非专家。例如"本词典可供……等有关专业的科学技术研究人员、翻译人员、编辑、大专院校师生、情报图书工作者等作为工具书或参考书"，"供××工作者、教师和研究人员在运动训练、教学研究时参考查阅，也可供广大××爱好者了解相关的基本知识"等。尽可能扩大词典使用者范围的类似做法主要是出于商业目的的考虑。

尽管如此，人用的术语词典可以分成三类：概念描写词典、术语查询词典、教学术语词典。概念描写词典旨在建立并描写某一学科领域的概念系统。这类词典的收词未必很多，重在描写概念与概念之间的关系，大多带有系统性质，如尼基季娜的《理论与应用语言学词典》《修辞学术语实验性的系统详解词典》。后一部词典共收术语条目106个，除了释义、例证、引证等内容外，另一个重要内容就是对条头语义关系的描写。编者将术语之间的语义关系分为20多个类型：同义、准同义、对应关系、外延交叉、属种、整体-部分、实现的场所、常体-变体、参数-参数的体现者、基本（或典型）功能-表达功能的方式、语言对象-对象的元语言呈现、操作/言语活动-主题/参与者、操作-操作的初始对象、操作-操作的结果、工具/方法/方式、条件-推导的结果、层级-层级的单位、运用的领域、视角、其他。例如，条头 диалог（对话）的部分内容：

同义关系：диалогическая речь（对话言语），диалогический текст[2]①（对话语篇[2]），диалогическая форма речи/речевого взаимодействия（言语/相互言语行为的对话形式）；

① [2]表示术语的不同变体形式。

对应关系：монолог（独白），полилог[3]（多人谈话[3]）；

属概念：речь（言语），дискурс（话语），форма устной речи（口语），речевое взаимодействие（相互言语行为）；

种概念：спор（争论），дискуссия（讨论），беседа（交谈），внутренний диалог（内心对话），микродиалог（小对话）...；

所属的整体：дискурс（话语），речевая коммуникация（言语交际），разговорная речь（口语）；

部分：реплика（回答），диалогическое единство（话轮）；речевые акты（言语行为），формулы речевого этикета（言语礼节的固定程式），импликатура дискурса[4]（会话含义），интонация（语调），мимика（面部表情），жесты（手势）；

实现的场所：экстралингвистический контекст/ситуация（语言外情境/场景）；

变体：无；

常体：диалог[5]（对话[5]）；

参量：формальная связь（形式联系），повтор[6]（重复），семантическая связность（语义关联性），прагматическая связность（语用关联性），устная форма[7]（口语形式），（речевой）автоматизм（嘟囔）；

功能：общение（交流）；

…………

至于词典的使用者，正如编者所说的那样："该词典既面向语言学专家，也面向人文学科的专家。"另一类常见的概念描写词典是主题信息词表或叙词表（thesaurus），后文对此仍有论述。还有一些仅限于描写某个很窄领域的术语词典通常也不适合非专家使用，领域缩小意味着深度增加，就更接近专家或研究者所及的范围。

术语查询词典旨在提供条头的语音、语义、释义、等值词等信息，以便读者查询。绝大多数的术语词典都属于这一类型。

术语词典中相当大的一部分是为教学服务的，其中包括相当一部分术语查询词典，它们的读者群体为大学生、某领域的爱好者或初学者。还有一些术语词典是专门供中小学生使用的，如《中学历史名词词典》《中学生生物术语词典》《大中学生物理术语词典》，这类词典数量不多，应该提供某学科或领域的基础术语，例如《中学历史名词词典》以历史教科书中常见的历史名词和典章制度为主。《大中学生物理术语词典》共收入术语 1 400 多个，其中绝大多数是中学和高中各类物理课程中遇到的术语，也有学生学习物理教材必备的心理学、逻辑学、符号学、语言学等学科的几十个术语，词典还收入学习物理学科必备的度量单位、定理、实验仪器名称等，并配备相应的图例。

供儿童使用的术语词典更少。俄罗斯组织幼儿园老师编写过一部面向学龄前儿童的《铁路术语词典》，内容以铁路方面最常见的用语为主，包括"铁路""行李""铁路地图册""车厢""火车站""行李车厢"等，大部分条目都配有插图。该词典对"行李"的解释如下：

> **Багаж**-все то, что принадлежит пассажиру, его вещи. Такое же значение имеет это слово и во французском языке, откуда оно перекочевало в русский.（行李：旅客的所有东西，他的物品，这个词在法语中表示相同的意思，并从法语进入俄语之中。）

这比该术语在详解词典中的定义"按照行李运价运输的私人物品"要简单得多。[①] 更为常见的儿童百科全书也带有跨学科术语词典的性质。总之，这类词典应该与儿童所接触的领域密切相关，内容以知识启蒙为主，带有趣味性。

可见，绝大部分术语词典都不仅供某一特定群体使用：概念描写词典主要供专家使用，术语查询词典通常供半专家、非专家使用，教学术语词典可供非专家、中小学生使用。

机用术语词典和人用术语词典可以相互补充，机用术语词典要以几部人用术语词典为基础，而人用术语词典的编写也以信息查询叙词表等为材料。

---

① 见 http://www.modelzd.ru/slovar_zd_terminov/bagazh.html。

第六节 目的参量

与用途参量接近的是目的参量，目的实际上也是一种用途。在有些术语词典类型体系中，用途和目的往往结合在一起。这里考虑到术语的规范性原则和方法，将两者分开论述。依据目的参量，术语词典可分为规范型和描写型两种。

规范和描写是两种总体的术语编纂类型。在前者之中，术语标准是规范中的代表，是规范的规范。术语标准的制订除了遵循固定的程序和步骤外，其主体也是有限制的，事实上，只有国际标准化组织等少数标准化组织与其成员国的标准化机构才具有公布标准的权力。"准"术语标准也可以由公认的学术组织或国家授权的其他主管机构组织制订，这些文件不带有"标准"字样，它们在标准化没有涉及的领域代行标准的职责，因为标准化是有范围限制的，大多数术语标准集中在汽车制造、无线电、仪器制造与自动化、能源与电力设备、交通运输工具和包装等技术领域之中。"准"术语标准适用于除此以外的很多自然科学领域，它们公布的不是标准化的术语，而是推荐使用的术语。

主体在规范和描写的区分中起着至关重要的作用，由个人或几个人自发组织起来编写的术语词典基本上属于后者。但是，不少术语编纂者也声称其所编的词典是符合规范的。实际上，规范往往具有两种性质：一种是法律或国家赋予的规范，术语标准的规范性属于这一类；另一种是现实的规范，由个人或集体编写的权威性术语词典属于后一种，例如阿赫玛诺娃的《语言学术语词典》《布莱克法律词典》等。美国法院判决书常引用《布莱克法律词典》解释法律术语。据统计，仅1997—1998 年间，联邦最高法院的大法官仅在"开庭期"对《布莱克法律词典》第 6 版的引用达 61 次，对第 5 版的引用达 46 次。（屈文生 2009：117）在术语编纂中，法律标准和规范只在科学和技术领域存在，除此之外的广大人文和社会科学领域，现实规范通常是由权威性的术语词典执行的。除整理型术语词典外，相当多的术语词典是纯粹"描写"的，或者是列举型的。它们的任务是提供一份可供参照的术语清单。

这样，从目的参量出发，可以区分出标准型、规范型、整理型和列举型四类术语词典，它们有各自使用的领域。但这种划分是理论上的，规范和描写的界限并不是绝对的，这四类术语词典的界限也不是确定的，相邻的类别之间只存在程度上的差别。当然，在这个分类序列的两端，即纯粹的标准型和列举型术语词典之间，能发现一些明显的差异。

第七节　语种参量

不论一般词典，还是术语词典，语种都是划分词典类型的一个重要参量。据此可划分出单语、双语和多语术语词典。

单语术语词典描写的对象和条目使用同一种语言，如《经济学释义词典》《牛津语言学词典》《体育词典》等。这类词典通常带有释义，是双语或多语术语词典编纂的基础。

双语术语词典用一种语言列条，用另一种语言提供等值术语与释义，如《英汉应用语言学词典》《英汉教育技术词典》《英汉体育词汇》等。单语术语词典译成外语时，保留源语术语的条目，并给出外语等值术语及其释义，这是翻译型的术语词典，如哈特曼、斯托克著，黄长著译的《语言与语言学词典》；布斯曼（Bussmann H.）著，陈慧瑛等编译的《语言学词典》等。双语术语词典中绝大部分是单向的，上面提到的双语术语词典是外语术语在前，后为汉语术语或释义；有些双语术语词典是双向的，如《俄汉、汉俄对照语言学名词》《汉俄、俄汉电脑术语词典》。它们包括两部分：前一部分外语或本族语条目在前，后一部分则相反。通常情况下，以本族语为基本条目的双语词典和以外语为基本条目的双语词典数量是大体相当的。但在我国，外汉术语词典的数量要远多于汉外术语词典，其原因在于：一方面，各学科领域现阶段使用的术语绝大多数来自外语；另一方面，编写汉外术语词典的难度更大，对编纂者的要求更高。

多语术语词典提供两种以上语言的等值术语，如《汉俄英情报学词典》《多语对照语言学词汇（英法德俄汉）》《俄德英汉科学学词汇》《法英俄高棉语地理词汇》等。这类术语词典通常不包含释义，只提供等值术语。多语术语词典的编纂主要有三种方法：第一种是直接编写而成，即在一个条目中把要编纂的若干语言等值术语都列出来，如《多语对照语言学词汇（英法德俄汉）》《法英俄高棉语地理词汇》。编写这种多语术语词典的难度是很大的。曾有学者指出：每增加一种语言，编纂的难度不是以算术级数，而是以几何级数增长的。这是因为，编纂者需要预先对若干语言相应学科领域进行系统分析，以便确定哪些术语可以列作条目，它们的外语等值术语是什么。第二种是在多语或双语术语的基础上，再配上另一种语言的等值术语而成的，如《汉俄英情报学词典》和《俄德英汉科学学词汇》分别是以《俄英情报学词典》和《俄德英科学学词汇》为基础，再配上汉语术语编纂而成的。第三种不是严格意义上的多语术语词典，而是若干双语词典的组合，如《英汉·俄汉现代语言学词汇》《英法西德日俄与汉语对照图书专业词汇》。后者包括英汉、法汉、西汉、德汉、日汉、俄汉六个部分，相当于六部外汉图书专业词典。因此，不仅各个语言所列条目数量相差很大，从1 000多条到6 000多条不等，且各语种的词条相差也很大。

单语术语词典、双语术语词典和多语术语词典之间的界限并不是绝对的。如上文所说，有些双语术语词典是由单语翻译而成的，而多语术语词典是以双语或多语词典为基础，再配上另一种语言的等值术语编出来的。严格说来，它们还不是真正意义上的双语、多语术语词典，由于缺少对两种或多种语言术语系统的比较，充其量算是"准"双语或多语术语词典。而且，单语术语词典也不都是绝对"单语"的，有时会给出一种或多种外语等值术语或词源信息。比如《地质辞典（三）古生物·地史分册》中的部分条目给出英文、俄文等值术语，有时还附有拉丁文名称。

古植物学 paleobotany；палеоботаника　古生物学的一个分科，是研究地史时期植物的形态、构造、分类、分布及进化关系的科学。……

新属 new genus　拉丁文 genus novum 缩写 gen. nov. 指正式发表的新命名的属。……

这样的单语术语词典已经具有双语或多语术语词典的某些特征，已经是"潜在"的双语或多语术语词典，但又不是所有条目都有外语等值术语，如该词典中的条目"龙山群""云南统""四排阶""凉泉组"等。

第八节　介质参量

介质是一个新的词典编纂参量，它是随着计算机技术、网络技术的应用而出现的。据此可划分出纸质型、电子型、网络型三类。

纸质术语词典编纂具有悠久的历史，它在术语卡片的基础上编写而成，其中包含某个术语及其所称谓概念的相关信息，其内容一般包括：术语单位(条目)(同义术语)、上下文或定义、资料来源、来源的出版年代、术语的语法参数、专业领域、检索术语用的叙词。双语或多语卡片还应包括外语等值术语。表4－2是一张术语卡片的基本样式(迪比克 1990：60)：

表4－2　术语卡片样表

<table>
<tr><td>1 splice[剪辑]</td><td>2 MATEL 174</td><td>3 57</td><td>4</td><td>5 N</td></tr>
<tr><td colspan="5">6—— is the editing term meaning to join together two pieces of film so the one following the other. The splice is done at the frame line. Patch is another term of splice, but not in general usage.
[编辑用语，指把两段影片依次连接好。patch 与 splice 同义，但不常用。]</td></tr>
<tr><td colspan="5">7 editing[编辑]</td></tr>
<tr><td colspan="2">8 film editing[电影编辑]
television [电视]</td><td colspan="3">9 patch(not usual)[不常用]</td></tr>
</table>

在表4-2中,卡片中的1到9项分别代表:术语单位或条目、书刊出版的代号(摘自亨利·韦恩《电视生产》,纽约:赫斯汀出版社,1958:170)、来源出版年代(1957年)、用法标记(无标记)、词类(名词)、定义性上下文、上下文或定义中含义最深的叙词(editing)、专业领域(film editing,television)、同义术语(patch)。

20世纪60年代末70年代初,随着计算机技术的发展和普及,术语学家开始尝试运用计算机处理术语信息,各种类型的术语数据库应运而生。

20世纪90年代,互联网技术日新月异,网络术语词典得以迅猛发展。今天,想要查询某个领域的术语,只要在搜索引擎中输入关键词,就可能找到成千上万条记录。在信息技术高度发达的时代,术语编纂不再只是少数专家、学者的"专利",甚至可以说,每一个网民都可能成为下一个术语编纂者。在各类网站中出现的大量术语词典质量参差不齐,有的是某部纸质词典的电子版,有的是几部纸质词典的拼凑。但不可否认,也有不少真正意义上的术语编纂者,他们按照互联网的特点进行术语编纂,其成果在宏观结构、编排方式、互见信息等方面同纸质术语词典相比都发生了巨大变化,其主要特点表现在:1)更容易获取。在任何一个有网络的地方,都可以很方便地获取这些词典。2)查询更为方便。网络术语词典支持多种查询方式。3)条目之间通过超链接呈现立体结构,可以很方便地同时阅读若干相关条目。4)编纂目的和用途更为明确,编者会说明词典适用的群体。5)减少出版和印刷环节,编写成本大为降低。6)更新速度更快,他们随时接受阅读者的反馈,并迅速做出回应。

第九节　编排方式参量

上述参量是术语词典外的因素决定的,接下来的两个参量与术语词典的结构有关,算是术语编纂的本体参量。条目排列方式与术语词典的总体结构或宏观结构有关,据此可分出音序、形序、义序、聚合四类。

音序编排法中最常用的是汉语拼音字母编排法,即以《汉语拼音方案》的字母表顺序排列字头,同一字母的再逐一类比,定其先后;拼写完全相同的再按声调(阴平、阳平、上声、去声)排列;拼写和声调均相同则按笔画由少到多的顺序排列。其他音序编排法,如注音字母编排法、韵部编排法现在已很少使用。

形序编排法是按照条目的形式特征进行编排,常用的有字母顺序编排法、笔画编排法。字母顺序编排法是西语术语词典最常用的编排方式,如《油气术语词汇表》等。笔画编排法在汉语术语词典中也很常用,如《语言学百科词典》。该词典按照条目的笔画排列,首字相同的,字数少的在前,多的在后;字数相同的,再按第二字母顺序排列。另一种形序编排法是按照倒序编排条目,在术语编纂实践中用得极少。在有些术语词典中,编者对主导词相同的多成分复合术语采用倒排法,即将主导词(常为名词)排在最前面,修饰语后置。例如在《毒理学术语词典》中,以 КОНЦЕНТРАЦИЯ(浓度)为主导词的术语词组排在该词条后:

266. КОНЦЕНТРАЦИЯ(浓度)

267. КОНЦЕНТРАЦИЯ МАКСИМАЛЬНО ТЕРПИМАЯ(最高容许浓度)

268. КОНЦЕНТРАЦИЯ НАРКОТИЧЕСКАЯ СРЕДНЯЯ(半麻醉浓度)

269. КОНЦЕНТРАЦИЯ ПРЕДЕЛЬНО ДОПУСТИМАЯ(最大容许浓度)

270. КОНЦЕНТРАЦИЯ ПРЕДЕЛЬНО ДОПУСТИМАЯ В ВОДЕ ВОДОЕМОВ(饮用水中的最大容许浓度)

271. КОНЦЕНТРАЦИЯ ПРЕДЕЛЬНО ДОПУСТИМАЯ В ВОЗДУХЕ(空气中的最大容许浓度)

272. КОНЦЕНТРАЦИЯ СМЕРТЕЛЬНАЯ(致死浓度)

273. КОНЦЕНТРАЦИЯ СМЕРТЕЛЬНАЯ АБСОЛЮТНАЯ(绝对致死浓度)

……

277. КОНЦЕНТРАЦИЯ ЭФФЕКТИВНАЯ СРЕДНЯЯ(半有效浓度)

在这个局部范围内,即从267到277条目之间,词典采用非严格意义上的倒排法,但整个词典仍是按照字母顺序排列的。

义序编排法是根据条目之间的概念类别和相互关系进行排列的。义序编排法比音序、形序、聚合排列要更难一些,但对于术语编纂的意义更大。

义序编排法主要有以下三类方法:一是学科分类编排法,具体又可分为:1)按照子学科或子领域编排。名词委公布的《语言学名词》,共分为理论语言学、文字学、语音学、语法学、语义学与词汇学、辞书学、方言学、修辞学、音韵学、训诂学、计算语言学、社会语言学、民族语言学十三个分支学科,每个分支学科再划分出若干部分。理论语言学中包括学科、学派、理论与方法、核心术语、交叉学科术语五个部分,每个部分的术语按照一定的原则排列。以下是学科部分所列术语的一部分①:

01.01 学科

01.001 语言学 linguistics

01.002 理论语言学 theoretical linguistics

01.003 应用语言学 applied linguistics

01.004 普通语言学 general linguistics

01.005 历史语言学 historical linguistics

01.006 比较语言学 comparative linguistics

……

01.044 元语言学 metalinguistics

2)按照十进制文献分类法编排,例如《气象学词典》。该词典包括八个部分:实用气象学(方法、数据、仪器、预报和其他应用);大气的一般结构、力学和热力学;辐射和温度;气压;风;水汽和水汽凝结体;气候

① 这里主要讨论条目排列问题,条目的释义部分已略去。

学;各种现象和影响;每个部分由若干子部分组成,大气的一般结构、力学和热力学由大气的物理性质、组成和一般结构,大气的一般力学和热力学,大气环流,天气,大气形成和扰动五个部分组成,各部分还可细分,每个部分前面的编号与十进制文献分类系统中的学科编号一致。以下是该词典关于大气的一般结构、力学和热力学中的部分条目①:

551.51 大气的一般结构、力学和热力学

大气 Atmosphere

551.510 大气的物理性质、组成和一般结构

·10.3 密度

空气密度 Air density

等密度面 Isopycnic surface

等比容面 I sosteric surface

压容管 Isobaric-isosteric solenoid, Isobaric-isosteric tube

·10.4 大气的组成

空气 Air

晴空 Clear air

纯洁空气 Pure air—Clean air

……

·10.41 化学成分

行星大气 Planetary atmosphere

大气化学 Atmospheric chemistry

扩散平衡 Diffusive equilibrium

·10.42 不纯性度和微尘

污染空气 Polluted air

大气杂质 Atmospheric impurities

……

二是范畴分类编排法,如前面提到的《汉俄英情报学词典》。再如,

① 词典条目中的释义已被略去。

格里尼奥夫编写的《术语学术语历史系统词典》将收集的 3 245 个术语学词汇单位划分成客体、过程和状态、属性与数量三个范畴，每个范畴又包括若干子范畴。其中，客体范畴包括术语学分支领域和流派、专业词汇与词汇单位、术语组织、文件与信息，过程与状态范畴包括术语过程、现象和活动，属性与数量范畴包括术语与术语集的属性、术语编纂参量。子范畴内的术语再按照从一般到具体的原则加以排列。以下是客体范畴中术语学分支领域和流派子范畴中的部分条目：

ТЕРМИНОЛОГИЧЕСКАЯ ШКОЛА（术语学派）

· АВСТРО -ГЕРМАНСКАЯ ТЕРМИНОЛОГИЧЕСКАЯ ШКОЛА（奥地利—德国术语学派）

·· ВЕНСКАЯ ТЕРМИНОЛОГИЧЕСКАЯ ШКОЛА（维也纳术语学派）

· КАНАДСКАЯ ТЕРМИНОЛОГИЧЕСКАЯ ШКОЛА（加拿大术语学派）

·· КВЕБЕКСКАЯ ТЕРМИНОЛОГИЧЕСКАЯ ШКОЛА（魁北克术语学派）

· СОВЕТСКИЕ ТЕРМИНОЛОГИЧЕСКИЕ ШКОЛЫ（苏联术语学派）

·· МОСКОВСКАЯ ТЕРМИНОЛОГИЧЕСКАЯ ШКОЛА（莫斯科术语学派）

··· ТЕРМИНОЛОГИЧЕСКАЯ ШКОЛА Д. С. ЛОТТЕ（洛特术语学派）

··· ТЕРМИНОЛОГИЧЕСКАЯ ШКОЛА МГУ（莫斯科大学术语学派）

·· ЛЕНИГРАДСКАЯ ШКОЛА（列宁格勒术语学派）①

··· ТЕРМИНОЛОГИЧЕСКАЯ ШКОЛА ЛГУ（列宁格勒大学术语学派）

·· ГОРЬКОВСКАЯ ТЕРМИНОЛОГИЧЕСКАЯ ШКОЛА（高尔基术语学派）②

·· ВОРОНЕЖСКАЯ ТЕРМИНОЛОГИЧЕСКАЯ ШКОЛА（沃龙涅什术语学派）

· ЧЕХОСЛОВАЦКАЯ ТЕРМИНОЛОГИЧЕСКАЯ ШКОЛА（捷克斯洛伐克术语学派）

条目前的圆点表示层级关系，· 表示第一层级，·· 表示第二层级，以此类推。

---

① 列宁格勒是俄罗斯城市圣彼得堡的旧称。

② 高尔基是俄罗斯城市下诺夫哥罗德的旧称。

按范畴排列的术语词典中，主题词表占相对大的比重。收入其中的条目先按一定原则分成若干类别，即范畴，范畴内的术语再按语义关系排列。例如在弗莱尔（Флиер А. Я.）、波列塔耶娃（Полетаева М. А.）编写的《文化学基本概念主题词表》中，所有条目被分成若干组别，包括基本研究范式、文化的结构、文化客体、文化的社会类型、地区和跨地区的文化、文化教育、文化的历史类型、文化的功能、文化的手段、文化规范、文化传统、文化的符号学和文化过程。在基本研究范式中又区分出：

Позитивизм（实证主义）

Эволюционизм（进化论）

Цивилизационизм（文明论）

Диффузионизм（扩散论）

Функционализм（功能主义）

Структурализм（结构主义）

Постмодерн（后现代主义）

三是属种分类编排法，如《农药词汇（汉、英、俄、日对照）》《中国森林昆虫名录》。《农药词汇（汉、英、俄、日对照）》中依据防治对象、药源、加工剂型、作用方法等将农药分成十大类，如杀虫剂、非磷杀螨剂、特异性昆虫生长调节剂、杀菌剂、杀线虫剂、除草剂、植物生长调节剂、杀鼠剂、杀软体动物及其他有害物剂、其他农药。每类再分成若干小类，如杀虫剂分为无机杀虫剂、有机氯杀虫剂、有机磷杀虫剂、氨基甲酸酯类杀虫剂、河涌除虫菊酯类杀虫剂、其他有机杀虫剂、矿物油类杀虫剂、生物源杀虫剂、混合杀虫剂九小类。《中国森林昆虫名录》则是按照目、总科、科的属种关系编排的。

聚合编排法也就是字母和词族结合的编排法，它介于形序编排法和义序编排法之间。条目总体上是按照字母顺序排列的，而在同一主条目中把形态或语义上有关的条目都编排进来。聚合编排法包括两种方式：一是在释义中将相关条目陆续引出来，详解或百科术语词典可采用此编排法，如克里斯特尔的《语言学与语音学词典》、阿赫玛诺娃的《语言学术语词典》。《语言学与语音学词典》中的“语言学”条目中聚集了“历时语言学”“共时语言学”“历史语言学”“一般语言学”“理论语言学”“描写语言学”“对比语言学”“比较（或类型）语言学”“结构语言学”“分类语言学”“语言科学”“应用语言学”“人类语言学”“生物语言学”“临床语言学”“计算语言学”“批评语言学”“教育语言学”“行业语言学”“数理语言学”“神经语言学”“哲理语言学”“心理语言学”“数量语言学”“社会语言学”“统计语言学”等条目。二是在主条目下直接列出相关条目，如《英汉教育技术词典》。该词典中的“focus”条目如下：

focus 焦点，焦距；聚焦，调焦

~ for infinity 无限远聚焦

back ~ 后焦点；背景（较前景）清晰的照片

fixed ~ 定焦点，固定焦距

follow ~ 跟焦，跟镜头聚焦

front ~ 前焦点，物方焦点

lens ~ 透镜焦点；透镜聚焦

……

variable ~ 可变焦距

第十节 描写深度参量

描写深度与词典的微观结构有关。据此可划分出语音词典、正字法词典、句法词典等。但在术语编纂方面，很少出现上述词典类型。术语词典描写的是特定范围内的术语集合，但实质上是对术语与概念、概念与概念之间语义关系的描写，这使它或多或少具有语义词典的特征。不过，也有专门描写专业词汇词源的术语词典，如耶格（Eger A.）的《生

物名称和生物学术语的词源》。该词典对"medic"的描写如下：

medic—"拉"medicus，痊愈的，可治疗的；医师。例：medic-al（医学的）；medicine（医学，药物）；medico-dental（齿科的）。

从释义方式出发，术语词典可分为不带释义的术语词典、释义术语词典、百科术语辞典。不带释义的术语词典是术语词表，它们通常是双语或多语的，如《俄汉、汉俄对照语言学名词》《俄汉体育词汇》等。释义术语词典中带有对条目的定义、解释或说明，如《历史与比较语言学词典》《英汉汽车词汇简释》。百科术语词典带有对术语条目较为详细的描述和说明，如《语言学百科词典》《语言学大百科词典》《布拉克威尔管理经济学百科词典》。术语百科词典再往前迈一步，就会成为专业型的百科全书，如《剑桥语言学百科全书》《语言与语言学百科全书》等。

按照释义方式划分词典类型也具有约定性。带或不带释义之间的差别并不像看上去那么明显。有的术语词典总体上属于词表性质的，但对部分条目进行说明。如《英汉教育技术词典》总体上是翻译型的双语术语词典，但有些条目是带有释义的。例如，"button"（按钮，键），"pause button"（暂停按钮、暂停键），"review button"（复听按钮，复听键），"start button"（起动按钮，起动键）等，这或许跟这些按钮或键较为常用有关。

pause ~　暂停按钮，暂停键［在录音或录像、放音或放像过程中，按下此键可使磁带临时停止走动，但电路不变换，机器不关闭。暂停键松开，机器立即工作，不需要启动时的预热时间，可避免在磁带上录下交换痕迹，也可避免交换电路引起的噪声进入信号］

rewind ~　倒带按钮，倒带键［按下此键，磁带即离开磁头快速倒回］

start ~　起动按钮，起动键［录音机上松开暂停键的装置］

而且，几个条目的释义方式也不完全相同："pause button"是描述性释义，"rewind button"是操作式释义，"start button"则更像逻辑定义。释义术语词典、百科术语词典、专业百科全书释义部分的差别也不十分明显。释义术语词典常常包含百科性的内容,后两类术语辞书的条目内容也经常是从释义开始描写的。这正如克里斯特尔(2000：7)在《语言学与语音学词典》前言中所写的那样:“甚至到现在我仍然怀疑本书以‘词典’作书名是否合适。每个词条的定义部分,就本身而言,并不像人们预期的那样明晰,因此不得不另外附加许多话加上一些例子来说明术语的要义。大部分词条因而包含广泛的信息,诸如术语使用的历史背景、一个术语与相关领域术语的关系等。”该词典对“iconicity”[象似(性)]的释义如下：

> **iconicity 象似(性)** 有人认为是某些符号系统但不是语言的定义特性,指符号的物质形式与符号所指的实体的特点有密切的对应。这是动物信递的正常状态,例如在一种引起恐惧的环境里某一喊叫声表示恐惧。语言中只有少数语项可以说具有这种直接的象征(“象似”)特性,例如 cuckoo“布谷鸟的咕咕叫”和 growl“狗的嗥叫声”这样的象声词。

以上释文中,第一句是对条头的释义。后面的内容则带有百科性质。

通常来说,描写一部术语词典的参量不是一个,而是多个。《语言学与语音学词典》总体上是一部单语的、释义型的、共时描写性的、按聚合编排的、供教学使用的、纸介版的学科术语词典。《英汉教育技术词典》是一部双语的、不带释义的、共时描写性的、按聚合编排的、供翻译使用的、纸介版的领域术语词典。

按照参量在术语词典名称中出现的可能性,上述参量大体上可分为两类：一是必备参量,即必须在词典名称中出现的参量,例如主题参量。实际上,很多术语词典名称中只出现学科或领域名称,如前面提到的《语言学与语音学词典》《气象学词典》等。如果词典是双语或多语的话,语种参量也是必备的,例如《英汉法律词典》《英汉多媒体技术辞典》。另一类是隐现参量,只有编纂者意在突出某个参量时,它才会出现在词典名称中,例如《英汉汽车词汇简释》表明该词典带有释义,体现描写深度参量;《中学历史名词词典》指出该词典的用途。时间参量、用途参量、介质参量、目的参量等基本属于隐现参量。

第十一节　术语词典"原型"

在数量众多、类型纷繁的术语词典中,面向某个领域的、单语的、按系统编排的详解型术语词典最为基本,它是编纂其他类型术语词典的基础。

首先,面向某个领域是由术语的基本特性决定的。绝大部分术语只和特定的领域相关。而且,只有弄清楚各自领域内术语的意义之后,才能对术语的同义、多义、同形现象有全面的把握。通用型科学术语词典或技术术语词典的一个缺点在于:只列出某个术语在科学或技术领域最基本的意义,而未能将其意义与所用的学科、领域对应起来。使用者在这类词典中往往无法查到一个术语在所需领域内的确切意义。至于术语编纂可能涵盖的领域数量,有的学者认为在300个左右。但考虑到人类知识增加和更新的速度,现有的领域数量比这个要多得多。国家标准《学科分类和代码》(GB/T 13745—2009)中共列出62个一级学科或学科群、676个二级学科或学科群、2 382个三级学科。其中,每个二级学科,甚至很多三级学科都可以算作范围相对确定的领域,可以进行术语编纂。

其次,单语术语编纂要先于双语或多语,将双语词典等同于翻译词典的做法并不适用于术语编纂。很多时候,形式上相近的不同语言术语之间并不完全等同。换句话说,在一种语言中寻找另一种语言某个术语的等值术语,其基础不是直接翻译,而是概念的对比。确定和描写各自语言相应学科领域中的概念和概念体系是单语术语编纂的任务。

再次,系统性是术语编纂遵循的一条基本原则。通常来说,理解一个术语,需要知道它在系统中的位置,反之,了解一个术语在系统中的位置后,将有助于理解该术语。在一个按层级组织起来的术语系统中,术语总是处于上位、下位和同一层级诸多术语的包围之中。它同这些术语之间的联系和区别构成其内容的主体。从某种意义上说,术语编纂者描写的不是单个的术语,而是术语系统。对于那些尚处于发展阶段的学科或领域来说,构建完整的术语体系或许比较困难,很多术语编纂者采取的做法为:在概念关系相对确定的局部,用⇧、⇩、⇔等标识相应术语之间的关系。

最后,揭示概念内容最直接的方式是下定义。尽管一部术语词典中的所有条目很难都用严格的"属加种差"式定义来描写,但这是任何术语编纂者最常用、也是最愿意使用的释义方式。至于一般词典中常见的其他类型的定义(部分整体的、外延的、操作的)、各种描写、解释或注释、同义或反义关系等,在术语编纂中也允许使用,它们甚至和"属加种差"式定义组合在一起使用。总的来说,释义对于理解一个概念的内容是很有价值的。

第五章

双语术语词典与概念对比

第一节　科学思维与科学语言

一、国际化与本土化

无论在术语研究，还是在术语编纂中，常常会碰到这样两个词：一个是国际化（internationalization），另一个是本土化（localization）。国际化也可以说是全球化、世界化，本土化的另一种说法是本地化、民族化。两个词的字面意思恰好相反，但又同时作为对术语的要求：一方面要求术语具有国际性，另一方面又要求术语符合本民族的习惯。我们认为：应该辩证地看待这两种要求，它们分别来自不同的方面。国际化是以科学思维的普遍性为依据的，而本土化则是从自然语言的民族性来说的。

科学思维具有国际性。科学学专家贝尔纳（2003：226）指出："科学上的国际主义是科学最特殊的特征之一。"瓦托夫斯基（Wartofsky M. W. 1989：8－9）也说："科学……。不过，他又是属于一个讲着一种世界性语言的世界共同体；他在波士顿、东京、莫斯科、斯德哥尔摩、北京、新德里、达卡，都像在自己家里一样。尽管他自身具有种种个性，但他的调查结果、报告、发现，都必须接受其同行的普遍检验，这些同行们越过所有个人兴趣的壁垒，越过一切情趣，改造旧事物。"科学思维的国际性使其能够超越民族、国家的界限，来自某国、某地的科学成果能被他国、他人所接受，最终成为人类共同的成果。科学的国际性特征还表现在：后辈科学家能理解前人的科学成果，并进行新的创造。正如普赖斯（Price D. 1992：87）形容的那样："科学领域的贡献是日积月累的，就像堆垒起来的一摞砖块一样。每个研究者都按顺序先后放上各自所贡献的砖块，使其落在原始基础之上的、由技术和技巧所建立起来的、并且正沿着知识研究不断推进的前沿向上层伸展的智慧大厦，至少从理论上讲，永远存在下去。"科学的国际性和可继承性还表现在：身处异地的科学家在差不多同一时期能各自独立完成几乎相同的科学创举，科学史上由此引起的悬案并不在少数，例如牛顿（Newton I.）和莱布尼茨对微积分的贡献。

应当承认，学科性质不同，其国际性的强弱程度也不同。总体而言，自然科学比技术科学的国际性要强，而后者的国际性又强于社会科学，人文科学的国际性相对弱一些。这表现在：在人文科学中往往不是一种，而是几种思潮或学术流派同时存在，其中的一种或两种占据主导地位。但是，科学思潮或学术流派并不总是受到国家或民族界限的限制，甚至最初在某国、某地范围内产生的思潮或流派，也表现出突破地域限制的倾向，先是影响周边的区域，然后再向更远的地方传播。科学进入一个新的地区之后，往往受到当地风俗、人情、文化的影响，发生不同于发源地的某种变化，带上民族或地方色彩，但其精髓不会因地域变化而发生根本性改变。

如果科学是国际的，那么确定和传达科学知识的语言也应该是国际的。从理论上说的确如此，但当描记科学思想的符号选择不与某种人造的理想语言，而与某种自然语言联系起来时，这种国际性就大为减弱了，因为民族性是自然语言的特性之一。这正如萨丕尔（2002：186）所说："语言有一个底座。说一种语言的人是属于一个种族（或几个种族）的，也就是说，属于身体上具有某些特性而不同于别的群的一个群。语言也不脱离文化而存在，就是说，不脱离社会流传下来的、决定我们生活面貌的风俗和信仰的总体。"不可否认，自然语言中的"科学"部分还是相当国际的，术语的创造很多时候是借助希腊语、拉丁语完成的，后两种语言曾在过去的几千年中扮演科学交流工具的作用，但这种国际性还是有限的：一方面，它局限在与这两种语言保留着亲缘关系的语言之间。除它们之外，世界上还有其他具有自己科学传统的语言，比如汉语、阿拉伯语等。另一方面，即便在那些由希腊语、拉丁语演化发展而来的语言之中，国际性程度也是参差不齐的。在一个形式之下，有时被赋予不同的内容。例如，语言学中的"stylistics"（英语），"stylistique"（法语），"Stilistik"（德语），"стилистика"（俄语）发音上几乎相同，但其所指内容并不完全相同，或指"风格学"，或指"文体学"，或指"修辞学"。再如不同学术体系中的"功能"这一术语，形式几乎相同，内容却相差很多："function"（英语），"fonction"（法语），"Funktion"（德语），"функция"（俄语）。此外，同源语言的不少术语在形式上是不同的。比如，"科学"这一术语，英语用"science"表示，德语用"Die Wissenschaft"表示，俄语则用"наука"表示，它们是借助各自民族语言的词根构成的。

总的来说，在国际化和本土化之间，科学思维趋向于前者，而具有自然语言"基质"的科学语言从根源上是本土化的。如果把希腊语、拉丁语的影响排除在外的话，一个术语在被创造时是民族的。当然，民族烙印会随着科学思想的传播而逐渐减弱，但术语自身的民族文化基因并不会被磨灭。

二、客体表征与语言化世界

上文关于国际化与本土化的论述建立在这样一个前提之上，即思维世界与语言世界是二元的。术语学谈到类似的问题时，涉及的往往不局限于思维世界和语言世界，还有它们与现实世界这三者之间的关系。国际标准《术语工作——原则与方法》（ISO 704：2000）指出："概念不应与抽象的或想象的客体相混淆（即我们在特定的语境中观察具体的、抽象的或想象的客体，是客体在我们的头脑中概念化，然后把指称赋予概念，而不是把指称赋予客体本身）。对于本标准而言，客体与相应的指称或定义之间的联系是通过概念——一个更高层次的抽象——来建立的。”

这段话极富逻辑性，其中“概念化”“赋予”“相应的”“联系”等词把客体、概念、指称（或定义）之间的对应关系描述得相当清楚。把它们分别看成现实世界、思维世界和语言世界的基本单位，这段话实际上描述了三个世界之间的相互关系。这段话中两次用到代词“我们”，学术文本中的这一用法除表示谦虚外，还给人某种客观化的印象，意在将个人主观想法排除在外。但人的因素是不大可能被排除在认识过程之外的，甚至可以说，在这一过程中起主导作用的恰恰是人。客体、概念、指称之间的对应是通过人来实现的，个人、群体、民族的因素都会在其中产生影响。

笛卡尔（Descartes R.）有句名言“我思故我在”，说的是主体“我”对于认识现实世界“在”的影响。那么，人的因素会不会对科学认识结果产生影响呢？答案是肯定的。这里举两个例子加以说明。美国语言学家沃尔夫（2001：196－204）在分析霍皮语建筑术语后指出：霍皮语中有不少关于建筑物结构成分或材料的术语，如“地基”“墙壁”“门”“窗户”“砖坯”“灰泥”等，但却没有表示内部三维空间的名词，如“房间”“卧室”“大厅”“地下室”“阁楼”等，不过实际上霍皮人的房子分为若干房间，也不都是一层，且都有专门的用途。唯一一个与“房子”意思相近的词却没有主格和宾格，也就是说，它不是真正意义上的名词。霍皮人对建筑物的类型划分很细，但表示建筑物总称的词却很有限，严格说来只有一个。对某一学科术语体系的历时研究发现：那些表示总括意义的术语出现的时间要晚于具体意义的术语，因为前者需要更高层次的抽象和概括。俄语中也是先出现表示各种具体刑罚名称的术语，后出现法律这个总称的。这个例子说明：

处于不同历史发展阶段的人认识水平存在差异，他们各自所观察到的世界是不同的。身处异地的人观察到的世界也是不同的。如德国人杜登（Duden K.）编写的图解词典中，猪肉各部分的名称共有8个，而黑龙江商学院编的《烹调基本知识与来源》中表示猪肉各部分的名词共有18个，如“猪头”“血脖”“前肘”“腰脾”“里脊”“前蹄”等。两者相比，只有“猪头”部分是基本吻合的。前者中的“腿肉”相当于后者中“三岔”“拳头肉”“底板”“黄瓜肉”“蝴蝶肉”“后肘”“后踢”“猪尾”的总和。（李锡胤 2007：46）我国烹饪行业对食材划分相当精细，这方面的词语自然比德语要多。

不同民族对现实世界划分的粗细程度不同，因而形成不同的客体，反映到人脑中，形成的概念自然也就不同。而且，不同历史阶段、不同地域具有不同的思维模式和类型。从科学发展的角度来说，可划分出朴素思维、匠艺思维和科学思维三种类型。上文沃尔夫所举的例子恰恰反映了古代朴素思维的一些特点。不同地域思维差别最显著的体现在于东、西方思维类型的差异。一般来说，东方人注重整体和综合，而西方人注重抽象和推理，这对东、西方科学概念的形成有诸多影响。我国古代科学中很多数字型概念，例如中医的“十问”“八纲”“四气”“五味”“七情”“十八反”“十九畏”等，它们恰恰反映了东方思维中的整体性和综合性，这样的概念在西方科学中并不多见。

科学名称在命名时具有某种主观性。居里夫人（Curie M. S.）将发现的一种新元素命名为“Polonium”，意在纪念自己的祖国波兰，这在与其对应汉语名称“钋”中几乎看不出来。同样，第101号化学元素“Mendelevium”（钔）是根据俄国化学家门捷列夫（Менделеев Д. И.）的名字命名的，第112号化学元素的“Copernicium”（鎶）则是为了纪念科学家哥白尼（Copernicus N.）。如果上述名称的确定还有理据可循的话，那么下面的命名过程基本上是个人的、偶然的。如语言学术语“Spoonerism”（首音互换）表示偶然地或故意地把两个首音或音节互换位置,又被称为斯内本现象。它是根据某一牛津新学院院长斯内本(Spooner W. A.)的名字命名的,原因在于:他有一次故意把“Is the Dean busy?”(系主任忙吗?)说成了“Is the Bean dizzy?”(豆子头晕吗?)。曼德布罗特(Mandelbrot B. B.)用“Fraktal”命名“分形、分数椎”的过程同样有些偶然性。这个概念本来表示维数非整数的图形:直线不是分形的,因为它是一维的;云是分形的,因为存在凹陷或洞隙,维数介于二和三之间。正当曼德布罗特为这个概念寻找合适的名称苦恼时,他碰巧在儿子阅读的拉丁文字典中看到了形容词“fractus”(断裂的、不规则的),于是便有了上面的名称。

人们往往比较容易理解和接受从客体到概念的过程,但对于概念和名称,会产生疑问:两者不是同时产生的吗?科学术语不是已经将相应的概念包含在内了吗?如果把术语看成形式与内容两方面组成的实体,情况的确如此:借用索绪尔的术语来说,术语的形式是能指,是某种语音或文字符号;语言的内容是所指,是某个专门的科学概念。形式和内容互相依存,不可拆分。但从发生学的角度看,概念是先于指称存在的,正如前文所说,指称是被赋予到概念上的。科学认识中时常出现词不达意或词不尽意的情况,原因就在于此。费孝通(2006:231)在《乡土重建》中曾描述过这样的情境:“提出这些话是要说有时一个概念要找到一个恰当的名词去表示它是很困难的。我所要表示的是一个不限定于哪一段历史现象里表现出来的权力形态,而我们所用的那套名词却都带着历史意味的。所以我在没有找到比皇权更好的名词前,只能在这名词之后加上一个括弧,说明这种权力并不是一定指统一的中央权力。如果有人能想出比这个更恰当的名词,我是最先愿意放弃这名词的人。”

以上说的是一种经典或者传统的科学认识观,即认识始于客体,经过概念再形成指称。用近来十分流行的认知科学观看待这一问题的话,情境又大不相同了。我们不妨将两种认识观的区别用表格呈现如

下：(特默曼 1997：65)

表 5－1　传统认识观与认知科学认识观的比较

	传统认识观	认知科学认识观
现实——思维	由于人脑的分类功能，世界可被理解	世界(部分地)存在于人脑之中
语言——思维	语言的创造潜能被忽视	对世界的理解离不开对语言的理解
现实——语言	世界客观存在且可被命名	语言对于理解世界起作用

简单地说，两种认识观的区别在于：传统认识观将语言看成被动的接受者，认知科学认识观将语言看成能动的创造者。世界不仅是客观存在的，还是语言棱镜中的世界。使用不同语言的人能感知的不同世界，用认知科学的观点更容易解释得通，因为每个民族都有各自的语言世界图景。语言世界图景不仅与日常思维有关，也与科学思维有关，前者是朴素的，后者则是科学的。科学的语言世界图景与朴素的语言世界图景一样，也体现和反映本民族的认识特点。

因此，术语编纂实际上不只是与语言单位打交道。作为描写科学语言的一种方式和手段，术语编纂传递的是某种科学的语言世界图景，也必然要受到民族认知和思维特点的影响。当术语编纂限于某个民族或语言内部时，认知和思维中的共通部分是主要的，个体差异固然存在，但影响不大。但是，当术语编纂涉及两个或多个民族、两种或多种语言时，科学认识的民族特性就会横在中间，两种语言世界图景之间会有错位、甚至失位的情况。这里不单单是翻译的问题，即为源语的词找到合适的译语等值词；更重要的是对位的问题，即在各自系统中找到彼此对应的位置。我们相信：科学的语言世界图景不是松散的语言单位集合，而是一个有组织的结构整体。

第二节　概念对比

有位学者说过：双语词典的灵魂是语义对比。如果意义是普通词的内容，那么术语的内容是概念。在描述双语术语编纂时，上面这句话似乎可以改成：双语术语词典的灵魂是概念对比。

双语词典也被称作翻译词典，不少双语术语词典实际上是通过翻译编写出来的。这会带来两个基本问题：一是源语的一个术语对应译语的几个词；二是源语术语的对应译语并不总是术语。在《英俄音乐术语词典》中，"a battuta"（拍子；重拍）被译成"1）точно во времени；2）в заданном темпе。"这两个俄语译法显然不大符合俄语术语的基本要求，因为前置词短语很少用来构成俄语术语。

双语术语词典不同于一般双语词典，它本质上是一种语言某个学科术语体系与另一种语言相应学科术语体系的对应，而其背后则是两种语言相关概念体系的对应。双语术语词典的源语条目和译语条目之间应该是相应领域的术语。科学世界图景具有民族性，从概念对比的角度看，条目之间的对应关系有以下几种情况：一是 A ⇔ B，即一种语言的术语对应另一种语言的唯一术语；二是 A ⇔ B、C 或者 A、B ⇔ C，一种语言的术语对应另一种语言的几个术语；三是 A ⇔ ○，即一种语言的术语在另一种语言中找不到等值术语。

第一种情况在双语术语编纂中占绝大多数。这时，编者会将这个唯一的 B 作为 A 的等值术语收入双语词典之中。即便如此，A 和 B 的概念内容有时也不完全吻合，例如传播学术语"communication"与"传播"。后者是前者在该领域的唯一译名，且已被广泛接受。但二者是否完全一致呢？不妨对二者略作分析。威廉斯（Williams R.）在《关键词：文化与社会的词汇》一书中对英语"communication"的描述如下：

Communication 这个词自从 15 世纪以来，其现代的普通意涵已经存在。

最接近的词源为古法文词 communicacion。这个古法文词源自拉丁文 communicationem;它是一个“表示行动的名词”(noun of action),是从拉丁文 communicare 的过去分词演变而来,可追溯的最早词源为拉丁文 communis——意指“普遍”。因此,communicate 是指“使普及于大众”“传授的动作”。Communication 最初指的是这种动作。然而,从 15 世纪末期起,指涉物体的用法变成普遍:“a communication”。这一直是它的主要用法。……进入 20 世纪,随着其他传递讯息与维系社会联系的工具不断发展,communications 也可用来指涉这些媒介(media),例如:新闻、广播——虽然这一用法(在美国比在英国更早使用)在 20 世纪之前,并没有被确定。现在所通称的“传播工业”(communication industry)与“运输工业”(transport industry)有别。Communication 指的是报纸、广播里的资讯与观念;transport 是指载运人们与货物的交通工具。

要了解关于“传播系统”与“传播理论”方面的争论,我们有必要回溯到 communication 最初尚未定论的名词意涵——由“transmit”(传达、传递)这个动词所代表的二级意涵:单向(one-way)的过程与互相分享(share)的双向的过程。最接近的意涵——“是普及于大众”与“传递”可以指的是单向或双向,而单向或双向的词义选择通常是重要的。因此有人企图将这种相对立的片语——例如,manipulative communication(s)(操纵式的传播)与 participatory communication(s)(分享式的传播)——作一般的区分。(威廉斯 2005: 73-74)

再来看看汉语中的“传播”一词。任继昉、向和平(2004: 39-47)指出:“《北史·突厥传》:‘已敕有司,肃告郊庙,宜传播天下,咸使知闻。’白居易曾以《宣武令狐相公以诗寄赠,传播吴中,聊奉短草,用申酬谢》为题作诗。元辛文房《唐才子传·高适》:‘每一篇已,好事者辄为传播吟玩。’清袁枚《随园诗话》:‘一砚一铫,主人俱绘形作册,传播艺林。’20 世纪以来,‘传播’一词使用更广。‘传播’由两个近义词素并列构成,‘传’源自‘转’,可作传述、流传解,‘播’即为‘布’,表示布散。”

可见,英语“communication”和汉语“传播”是两种语言固有的词汇,皆表示某个动作,20 世纪以后进入传播学之中。研究表明:大众传播这一概念始见于 20 世纪 30 年代。汉语译名也在同一时期出现,最早的译者是台湾学者王洪钧。他在李茂政的《大众传播新论》序言中写道:“著者示余原稿,并谓余最早将传播中译引介国人,嘱为此书作序,亦寓‘寻根’之意。著者盛意,使余汗颜;惟自民国三十三年在美读书之际初译介‘传播’之名,迄今已有三十年,终见大众传播学在我国诸学术先进之倡行及青年精英努力下,卓然建立,诚学术界之盛事。”(任继昉,向和平 2004:41)

用“传播”一词传译“communication”,也不是天衣无缝的。“……严格说来,communication 一词译为‘传播’并不恰当。徐佳士指出:‘传播’只意味由给方到受方,而无互惠回报之意。其实,‘交通’和‘通讯’至少都说出了‘通’的含义,比‘传播’好得多了。但‘交通’因为使用多年,似乎指一件实体自一个地方送到另一个地方,提到这个名词,只联想到车、船、飞机等 transport。至于‘通讯’似乎又指对话、电报等电讯事业,意义被冻结,不足以代表所有的含义。……

所以,徐氏建议既然其他名词都不十全十美,便不比轻易抛弃通用的‘传播’旧名词,不如赋予‘传播’以新的意义,让它代表来往互通的过程。他要大家遇见或使用这个名词时,千万不要被它的字面意义所愚惑,而应‘想到’它所代表的新意义——想到一个很普通的英文字 communication。”(任继昉,向和平 2004:42)

“传播”与“communication”之间的不完全等同,至今仍为专业人士所提及。“汉语中的‘传’有流通之意,‘播’有扩散之意。但‘传播’这个概念在汉语中隐含有传者主导倾向,而英语 communication 更具有‘分享、共享’或‘互动’的意指。在汉语中,使用‘传播’一词时,研究者认为应更多赋予其‘分享’或‘互动’的含义。”(黄晓钟,杨效宏,冯钢 2005:16)“和传播紧密相关、有相似语源学出身的词,包括‘社区’、‘宗教教派’、‘共同性质’、‘地方自治主义’、‘共产主义’。相当于传播最初概念的印度语言,应该是'sadharanikaran'。从最简单的含义理解,传播是一种人类关系,涉及两个或更多人,这些人在一起分享、对话、交流,或仅仅是在节日或哀悼会上一起交谈。"(转引自陈力丹,易正林 2007:10)这些学者的观点与上述徐氏的意见是基本一致的。

关于以上"传播"与"communication"之间的关系的论述,旨在表明:两种语言中通常被认为是完全对应的术语,如果细细甄别的话,也能发现不对应的地方,就好比"communication"之中的"分享""互动"的含义并不为"传播"所具备一样。当然,非专业人士,甚至那些不对相关术语发展、演变细加研究的专家,是不会发现这些细微差别的。双语术语词典编者在碰到"传播"与"communication"之类的问题时,大可放心将其作为等值词加以收入。

在编写术语标准时,如果某一术语所指称的概念同另一语种对应词所称谓的外延不等同,而是相近的关系,应该在译语对应词前加≈,表示两者所称谓概念是近似而非等同的关系。其他术语编纂可以考虑参照此方法或其他类似方法,比如换另一种字体进行标识。

很多时候,一种语言的专业术语译成另一种语言的几个术语。"space"是天文学中的一个基本术语,表示"the area beyond the atmosphere(=air of the earth)"(地球大气层以外的区域)。它的中文译名不大统一,钱学森提出译作"航天",有的学者直译为"空间",港台地区更常用"太空"等。三者各有优劣,但无一与英语术语相对应:"航天"体现民族诉求和愿望,但属于动宾结构,与"space"的结构不符;"空间"与"space"结构相符,但容易与物理学等其他学科中的"空间"概念相混淆;而"太空"的学术性略显不足,尤其用于"space science""space technology"等短语中时,译成"航天科学(空间科学)""航天技术(空间技术)"比"太空科学""太空技术"更像术语。因此,在术语编纂中,无论选用上述译名中的哪一个,都不与"space"完全对等。这种非对应性还体现在:由"space"构成的术语词组中,有的译成"航天",有的译成

"空间",有的两者同时使用。"space shuttle"只译成"航天飞机","space station"译成"空间站","space physics"译成"航天物理学"或"空间物理学"两可。与之相关的另外一种情况是:源语几个专业术语译成目的语的同一个术语。比如生物学中的"loop"与"circle",两者都译成"环"。实际上,两个英语术语有所区别:"circle"是封闭,与汉语中表示"封闭圆圈"的"环"对应;"loop"是非封闭的,也译成"环"有欠妥当。(韩贻仁 2004:41)双语术语词典编者遇到这些情况,要先仔细分析两种语言内部同义术语的关系,发现彼此的异同之处,再尽可能找出表达两种语言最接近概念的对应术语作为条目。很多情况,对应关系无法建立或无法让编者满意,这时只得采取权宜之计,但编者最好在词典相应之处附以说明。

还有一种情况是源语术语在另一种语言中没有等值词。这有两种可能:一是源语术语称谓某个新概念,译语中尚未出现对应说法。二是源语术语称谓所在学科概念体系的特殊概念,在另一语言中找不到等值的词。索绪尔(1999:36)在《普通语言学教程》中区分出"langue"(语言)和"parole"(言语)这两个概念后,进一步指出:"应该注意,我们是给事物下定义,而不是给词下定义,因此,我们所确立的区别不必因为各种语言有某些意义不尽相符的含糊的术语而觉得有什么可怕。例如,德语的 Sprache 是'语言'和'言语活动'的意思;Rede 大致相当于'言语',但要加上'谈话'的特殊意味。拉丁语的 sermo 无宁说是指'言语活动'和'言语',而 lingua 却是'语言',如此等等。没有一个词跟上面所确定的一个概念完全相等。因此,对词下任何定义都是徒劳的;从词出发给事物下定义是一个要不得的办法。"这种情况使得有的编纂者不得不在术语词典中保留源语的术语。在《语言和语言学词典》中,"Langue and parole"是作为一个完整条头出现的。该词典中用法语术语做条头的例证还有"État de langue"(语言状态),"signifié"(所指,被表示成分)等。在特拉斯克编写的《历史与比较语言学词典》中,也有

些条头是由德语充当的,例如:

Auslautsverhärtung The German for final devoicing.(尾音清化的德语。)

Ausnahmslosigkeit Exceptionlessness: the German label for the "exceptionless sound laws" advocated by the Neogrammarians.(新语法学派提出的"语音规律无例外"的德语形式。)

Wellenthorie The German for wave model.(波形理论的德语。)

出现这种情况的原因在于:在某个学者或学术流派所提出的术语体系中,有些术语被赋予特殊的含义,其他语言试图用通常所谓的"对等"说法传译它们时,就会出现差错。

在双语术语编纂中遇到A对应○的情况,编者通常会根据自己的语言知识,从另一语言中找个相近的词来"顶替",这一做法有时是必要的;但从规范的角度看,常常是非常不妥,甚至有害的。类似做法会误让读者接受某个临时说法并加以传播,这就可能造成翻译上的"假朋友"。当后来的研究者提出更科学的说法时,"假朋友"就会横在中间。在这种情况下,更可取的做法是不译或试译。不译指保留源语术语不作翻译,此法常用在术语标准之中。国家标准《标准编写规则·第1部分:术语》(GB/T 20001.1—2001)中指出:"如果没有合适的对应词或未找到对应词,可以暂缺,暂缺处用五个小圆点·····表示",如:

01.04.06

程序设计学

en ·····

fr programmatique

研究和开发计算机程序方法和计算机程序语言的学科。

试译指在术语译文后加以说明,译名只是备选方案之一,以便其他人在此基础上提供更为科学的译名。

可见,双语术语词典具有翻译性质,但不完全等同于翻译术语词典。译名的等值只是形式问题,译名所称谓概念的对应才是双语术语词典的实质。这种对应的基础是各自语言内构建起相对完整的概念系统,也就是说,只有明确源语概念和译语概念在各自概念体系中的位置,这种对应才是可靠的。

第三节　概念体系对比的三个方面

前面多次提到,术语工作的一条原则是从概念到名称,即先确定概念,然后再赋予其适当的名称。因而,概念体系是建立术语体系的基础,当然也是概念对比的基础。国家标准《术语工作·概念体系的建立》(GB/T 19100—2003)中明确指出:"概念体系建设的目标是确立该领域概念体系的基本框架,明确概念之间的相关关系,从而进一步达到: a) 为术语的一致化与标准化提供基础;b) 为跨语种的概念对应提供帮助;c) 为术语定义提供帮助;d) 为术语规范化和新术语的定名提供依据。"在我们看来,概念体系对比可从学科范围、组成部件和术语场结构三个方面进行。

一、学科范围对比

概念体系是根据概念间相互关系建立的结构化的概念集合,换句话说,它是某种结构化的知识。一个学科或者领域的知识大致上分为核心和边缘两部分。这好比在平静的水面投入一粒石子,会形成一圈圈波纹,以石子落水的地方为中心向四周扩散,越靠近中心的地方波纹越紧密;离中心越远,则波纹越松散,直到与四周平静的水面合为一体。一个学科知识体系中的核心部分与学科研究对象关系最为密切,它是在学科发展过程中逐步积累形成的,相对比较稳定;而外围部分则与研究对象的应用关系较大,且往往与相邻或相关学科的知识体系交叉。学科知识体系中的核心部分基本上是跨民族的,而边缘部分更体现民族性。因此,确定一个学科在学科体系中的地位,弄清楚它同哪些学科相关联,便可划定一个学科的大致边界,这是概念体系总体比较的主要任务。拿术语学来说,由于研究传统和所属学派的不同,其知识体系的界限也不完全相同。下图5-1,图5-2分别是丹麦学者皮希特和俄罗斯学者列依奇克、舍洛夫(Шелов С. Д.)对术语学与相关学科关系的图示:

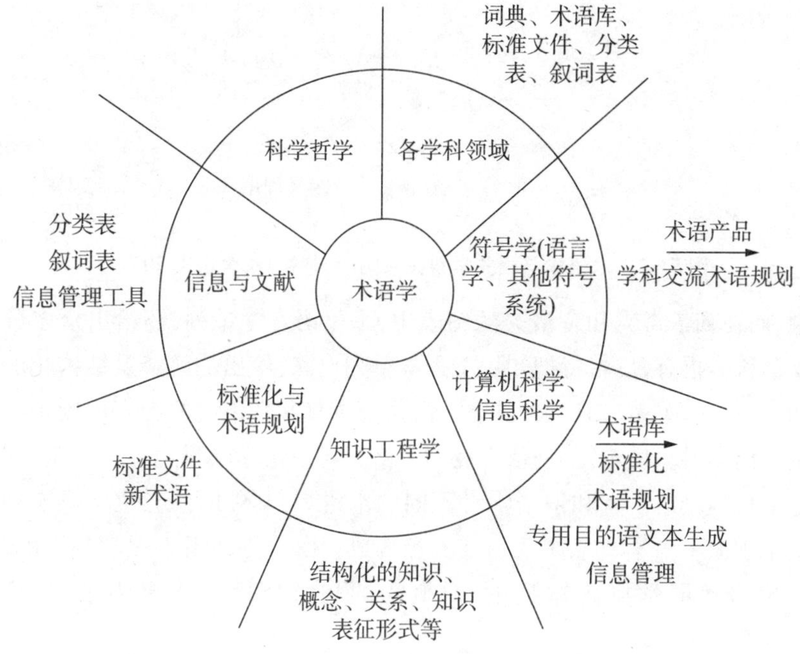

图5-1　术语学与相关学科关系图(皮希特2009)①

比较图5-1和图5-2,我们发现:所列举的学科清单中大部分是相同的,都包括哲学、符号学、信息科学与技术、标准化理论等;但划分的粗细程度又不相同。在皮希特的图表中,语言学被归入到符号学之

① 见 http://www.termnet.org/downloads/english/events/tss2009/TSS2009_HP-IntroductiontoTerminologyTheory.pdf。

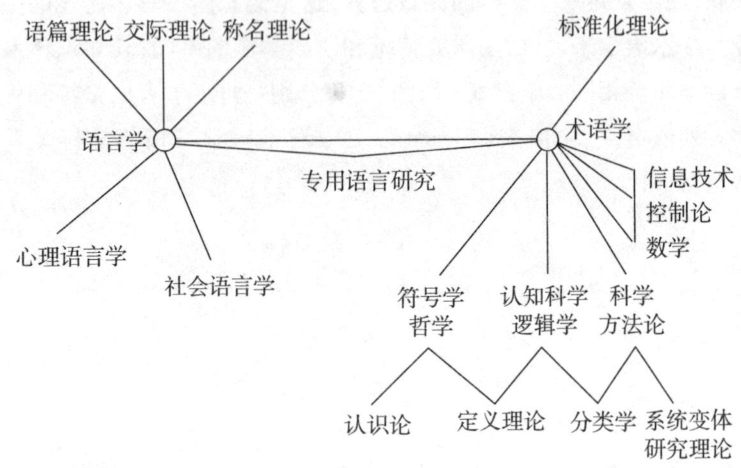

图 5－2　术语学与相关学科关系图（列依奇克，舍洛夫 2003）

中；而在列依奇克和舍洛夫的图表中，不仅语言学单列，还给出众多分支学科。再有，皮希特把知识工程学单列出来，给出的解释是结构化的知识、概念、关系、知识表征形式等，列依奇克和舍洛夫的图表中则未提及这门学科。皮希特、列依奇克和舍洛夫对术语学学科边界的划定，实际上代表德语学者和俄语学者不同的术语观，其中的差异也会影响到两个学派术语学概念体系的结构和构成。由于受知识工程学的影响，在德语术语学概念体系中，对概念的划分比俄语要更为细致，请见图 5－3：

在图 5－3 列出的清单中，个体概念、普通概念、具体概念、抽象概念、专业概念等俄语中也有，标准语言的概念与俄语的朴素概念这一说法相当，功能概念、对象概念在俄语中似乎未曾见过。而且，在德语术语学概念体系中，这些概念都有自己的定义，如（费尔伯 2011：307－308）：

现实概念：与一个现实对象客体对应的概念。

理想概念：与一个理想对象客体对应的概念。

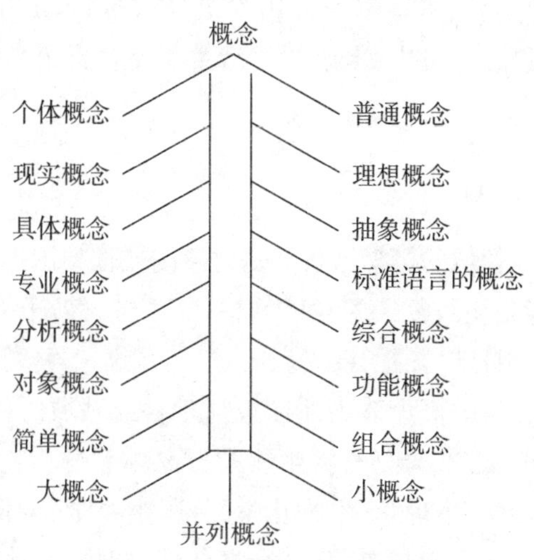

图 5－3　德语概念分类示意图

专业概念：界定了的概念，属于一个专业领域的概念。也叫作定义了的概念。

标准语言的概念：未界定的概念，在一个确定的符号情景里，它从符号含义中产生。也叫作未定义的概念。

对象概念：针对一个具体对象客体的概念。

功能概念：针对一种概念间关系的概念，如"与""或""否"等。

而在俄语术语学概念体系中，从语言学角度划分出来的术语类型比德语多得多。根据术语的形式可分出术语词和术语词组。术语词可细分为词根术语、带词缀的术语和复合术语。复合术语又包括重叠术语、多成分术语、黏着术语等。术语词组又可分为二成分术语词组、三成分术语词组、四成分术语词组等。根据术语的语义结构可划分出单义术语、多义术语、有理据术语和无理据术语。按照术语的来源可分为固有术语和外来术语。按照术语的区域分布可分为国际术语、区域术语、民族术语、地方术语等。根据通用性和公认程度可划分出公认术语、超地域术语、个人术语以及常用术语、不常用术语和偶用术语等。在德语术语学概念体系中,术语的类型主要是依据语义结构和特点划分出来的。

二、组成部件对比

面向学科或领域的概念体系不是树形图或框架图那样简单的二维结构,更多时候是相当复杂的立体结构,其中包含若干部分,它们又可能是一个具有自身结构的子系统。

基于知识体系的概念体系往往包括学科或领域的一般概念、各子学科或子领域的概念。比如,将生物学概念体系分为:生物学一般概念、细胞学、遗传学、生理学、生物化学、分子生物学、生物物理学、古生物学、微生物学、病毒学与噬菌体学、真菌性、植物学、动物学、昆虫学、人类学、生物学技术和方法等。各子学科或子领域再分成更小的类别,如细胞学分为细胞学研究方法与技术、细胞起源、细胞遗传学(见遗传学)、细胞形态学、细胞生物化学、细胞生理学、其他。对比这样的概念体系要注意两点:首先,划分出来的子学科或领域数量是否相同。对于生物学这样的基础性自然科学而言,一般问题不大。但类似文学、哲学等学科,中、西方的知识体系往往相差很远,其子学科或领域也不相同。在《中国大百科全书》中,中国文学和外国文学、中国哲学与外国哲学都是分开编写的。其次,某个术语所属的子学科或子领域是否相同。有时,一个术语同时属于几个子学科或子领域,这需要加以协调,例如,生物学中的细胞学研究方法与技术和生物学技术与方法、细胞遗传学和遗传学、细胞生物化学和生物化学、分子生物学等。名词委审定《语言学名词》时也遇到类似的问题:"词"可同时划入语法学(词法学)、词汇学和语义学、词典学、社会语言学等子学科之中。"清音""浊音"等术语可分别进入音韵学、语音学。遇到这种情况,要衡量术语在各子学科或领域概念体系中的地位。如果它在某一子学科或领域中是较为基本的术语，在其他子学科或领域是较为次要的术语，当其所称谓的概念基本相当时，应划入前者为宜；但如果该术语对于所涉及的子学科或领域都很重要，则应分别列入其中。

比较基于范畴类型建立的概念体系时，也应注意两点：一是划分出来的范畴数量是否相同，因为依据不同的标准，范畴的清单从几个、十几个到几十个不等。二是范畴多义性的问题，即一个概念可以划入几个范畴之中，汉语术语编纂应尤其重视这个问题，因为汉语缺少表达范畴意义的形式标志。"得分"这一术语可以表示动作，如"他投篮不太好，但可以抢篮板，阻挡对方投篮，用钩射投篮**得分**"；也可表示动作的结果，如"根据**得分**排出总名次"；还可以表示性质，即"用来得分的"，如"带球至对方球门前的**得分**区"。表示动作和结果意义的"得分"对应的英语术语都是"score"，表示性质的"得分（区）"又与"scoring（area）"对应。在术语标准中，隶属不同范畴类别的术语是分别列条的，见国家标准《信息技术·词汇·第1部分：基本术语》（GB/T 5271.1—2000）：

01.01.15 计算机化 to computerize

借助计算机进行自动化。

01.01.16 计算机化 computerization

借助计算机实现的自动化。

……

01.01.33 输出（数据） output（data）

从信息处理系统或部分系统中传出的数据。

01.01.34 输出（过程） output（process）

从信息处理系统或部分系统中传出数据的过程。

01.01.35 输出的 output（adjective）

用来修饰或说明输出过程的设备、过程或输入输出通道，或相关的数据或状态。

三、术语场结构对比

"场"原本是物理学的一个概念，后被借入到语言学中，主要用在语义学中。语义场表示以某一概括的语义为核心,同其他有关的语义所形成的语义范围。列福尔马茨基将其引入术语学之中,表示有语义联系的术语组成的集合。他曾经表示:术语集之中的每个术语都有自己的场,使之可以并且应该准确确定。由于术语称谓某个专业的概念,术语之间的语义联系实际上是概念之间的联系,术语场也就是某种概念场。某一学科领域的所有术语总体上构成一个场,因为它们之间或多或少都有一些联系;但严格意义上的术语场要小于学科领域的术语集合,甚至比范畴还要小一些。

双语或多语术语编纂要有一个前提,即所涉及语言的相关学科领域应先建立各自的概念体系。术语场的对比也应建立在各自语言已有的概念体系基础之上。以下是英语、德语、法语三种语言关于"航天器"术语场的树形图。(马尔丘克 1992:45-46)

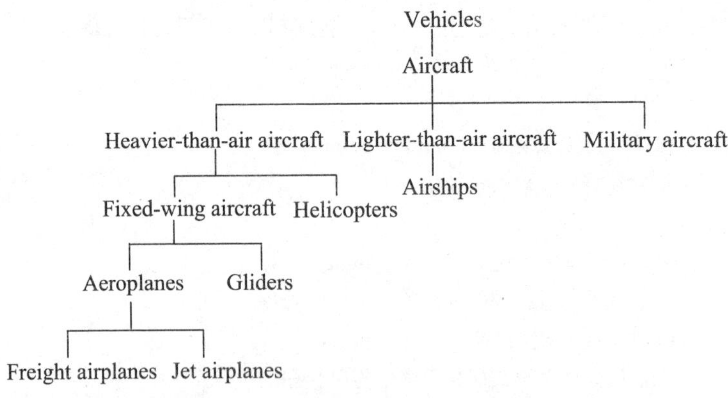

图 5-4 英语"航天器"术语场树形图

如果仅从翻译角度出发,上述术语之间的对应面临一些问题。例如,德语的"Flugzeug"表示飞机,相当于英语的"airplane";而"Avion"在法语中是固定翼飞机,相当于英语中的"fixed-wing aircraft"。但如果各自语言已经建立相应的术语场,情况就不同了。上面的树形图显示:三种语

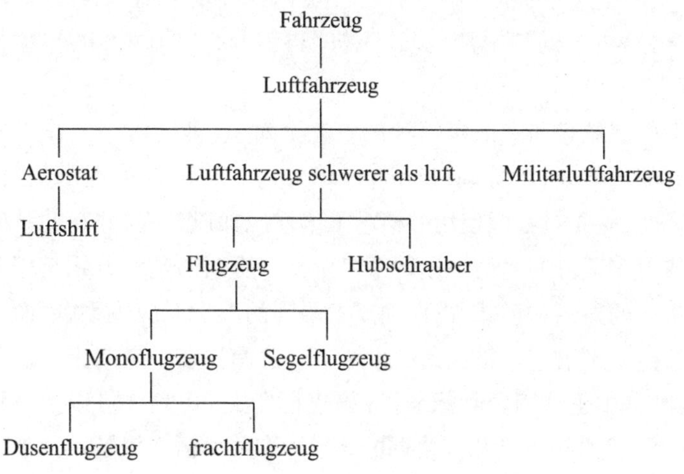

图5-5　德语"航天器"术语场树形图

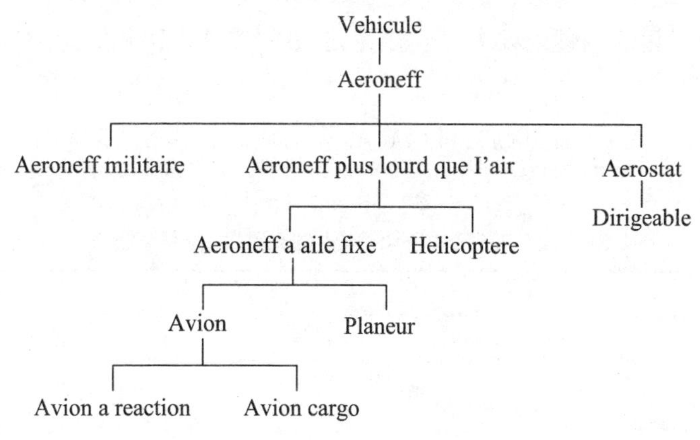

图5-6　法语"航天器"术语场树形图

言"航天器"术语场总体上十分接近,横向的水平结构和纵向垂直结构基本吻合,不同仅在于种术语的排列顺序上。"航天器"的上位术语是"运载工具",同时具有三个下位术语,即"重于空气的航天器""轻于空气的航天器""军用飞机"。"轻于空气的航天器"的下位术语是"飞艇”。“重于空气的航天器”的下位术语是“固定翼航天器”“直升机”，前者又分为“飞机”“滑翔机”，“飞机”再细分为“运输飞机”“喷气式飞机”等。

考虑到概念和术语跨语种的不完全对应，多语术语工作中要有一个独立的环节，叫作协调(harmonization)。“跨语言整理术语集，在进行协调时，先要对各国使用的概念汇编系统加以补充，并在此基础上对两种或更多语言的术语集进行系统对比。协调的基本方式是相互修正各自术语的内容和形式，以期确立术语间的准确对应关系，因而常常需要相互借入术语来丰富彼此的术语集。协调的结果是制定出规范的翻译词典，其中也包括国际标准。”(格里尼奥夫 2011：16)以上三种语言“航天器”术语场也是相互协调的结果。有些术语大概是从其他语言术语集借入的，如德语术语“Luftfahrzeug schwerer als luft”，法语术语“Aeroneff plus lourd que I'air”，“Aeroneff a aile fixe”，因为这些术语不太符合术语简洁性的要求，且与同一层级的其他术语形式上差别较大，很可能是为与英语术语对应而借入的术语。上文英语、德语、法语“航天器”术语场经过协调后，可以确定三种语言术语之间的对应关系，请见表5－2：

表5－2　英语、法语和德语“航天器”术语场对照表

序号	语种		
	英语	法语	德语
201	Vehicles	Vehicule	Fahrzeug
202	Aircraft	Aeroneff	Luftfahrzeug
203	Heavier-than-air aircraft UF Aerodynes RF Aviation 271[①]	Aeroneff plus lourd que I'air VA Aviation	Luftfahrzeug schwerer als Luft VB Aviatik
204	Fixed-wing aircraft	Aeroneff a aile fixe	Flugzeug

① 描述语之前的UF，SN，RT，NE表示它们之间的关系，以便在叙词表中查询信息。

续　表

序号	语　　种		
	英语	法语	德语
205	Aeroplanes SN fixed-wing, power, Heavier-than-air aircraft	Avion NE aeroneff plus lourd que l'air, populse, a aile fixe	Monoflugzeug D nur fur luftfahrzeuge mit befestingen Flugeln, die schwerer als Luft sind
206	Freight airplanes RT Freight 292	Avion cargo VA Fret	Frachtflugzeug VB Fracht
207	Jet airplanes	Avion a reaction	Dusenflugzeug
208	Gliders RT Gliding 275	Planeur VA vol a volle	Segelflugzeug BF Gleitflugzeug VB Gleitflug
209	Helicopters	Helicoptere	Hubschrauber
210	Lighter-than-air aircraft UF Aerostats	Aerostat	Aerostat
211	Airships	Dirigeable	Luftschiff
212	Military aircraft	Aeroneff militaire	Militarluftfahrzeug

第四节　多语术语编纂

多语术语编纂是双语术语编纂的另一种形式,其中至少包括三种语言。随着国际交往的密切,对多语术语词典的需求越来越大。有学者粗略地做过计算:如果学科、领域的总数为300个左右,世界上主要的语言为60种左右,那么可以编写出来的多语术语词典可达十几万部之多。但是,实际编写出来的多语术语词典数量远少于此。目前出版的多语术语词典中,涉及印欧诸语言的居多,其中很多是同一语族的若干亲属语言。这些语言的亲缘关系使得编写类似多语术语词典的难度要小一些。从编纂方法上看,多语术语编纂可分为两大类型:一是翻译型的,二是系统型的。本节将分别对其加以论述,最后介绍一下多语术语编纂的条头排列方法。

一、翻译型多语术语编纂

90%以上的多语术语词典属于此类型。严格说来,它们只能算是准多语术语词典,因为它们在编写过程中没有进行或只是部分进行过概念体系对比。翻译型多语术语编纂以实用为目的,兼有整理的性质,主要面向科技翻译工作、科技编辑人员、工程技术人员、大中学生等。正如一部多语种技术术语词典编者在前言中描述的那样:(该词典)使从斯德哥尔摩到罗马,从马德里到华沙的生意伙伴能够顺利地进行交流。

由于缺少概念体系对比,这类术语编纂的条目选取有一些不合理的地方:首先,选取的条目有些不符合对术语的基本要求。如《俄德英汉科学学词汇》中的俄语条目"влияние решения на внешние системы, неучитываемое при анализе(übergreifende Folgen;spillover;信息漏失)"过于冗长,且包含副动词结构,不符合对术语简洁性的要求。再如,"находиться в ведении...[von... geleitet werden, unter der Leitung von... stehen;be administered(by)...,be under supervision(of)...,be under the authority of...,be under the jurisdiction of...;在……管辖范围内,在……领导下]"中,俄语主条目是一个主谓结构,德语、英语和汉语等值词是介词结构,不符合术语称名性的要求。其次,有些条目之间不完全等值。该词典中的条目"абитуриент[Abeitutient; person who has complete secondary education, matriculant;(中专或大学)报考者,应届中学毕业生]",英语和汉语中并没有与俄语和德语等值的词。英语"matriculant"泛指"报考者",因此需要用"中学毕业生"补充说明。汉语中"报考者"和"应届中学毕业生"是两个不同的词,其中任何一个都不与俄语和德语条目等值。再如"бюро, конструкторское внештатное[ehrenamtliches Konstruktionsbüron; team of not on the staff drafts-men and designers;编外设计局(指编外设计参谋人员)]",其中汉语条目

“编外设计局”与德语、俄语条目不等值，因为从英语条目可以看出并非设计局是编外的，而是设计局中有编外参谋团队。最后，术语之间的同义、多义、同形等现象未能较好地得到梳理。通常情况下，同义术语被置于不同的字母之中，语义联系被割断；多义和同形现象被混在一起，有时将术语学科之外的义项误作为多义现象。如同一词典中的条目“макулатура（1. Makulatur, 2. wertlose Publikation, 3. Makulatur; 1. spoilt sheet, 2. pulp literature, 3. mackletpaper; 1. 废纸, 2. 拙劣的文学作品, 3. 印刷废页）”。其中，макулатура 具有多个义项，但其中 1 和 3 与科学学相关；而义项 2 与科学学的关系不大，与 1 和 3 构成同形而非多义关系。

翻译型多语术语词典中通常只提供不同语言的等值词，只有在某个语言的条目与其他语言明显不对等的情况下，才会在相应语言条目中作些解释或说明，《俄德英汉科学学词汇》属于此类。如果多语术语词典以一种语言为主，有些编者会给该语言条目配上释义。在《俄英法信息理论和实践术语词典》中，条目部分配有俄语释义，请见词典中的条目“地址印写机”：

адресная машина, адресовальная машина, адресограф — addressing machine, addressograph — addressographe m., addressopresse f.

Устройство для печатания адресов(用来打印地址的设备。)

在多语术语编纂中未进行概念体系对比的原因有多个方面，如新兴学科的概念更迭频繁，概念体系尚未形成；已有的概念体系与学科现在发展状况不符，未经过调整和改进；学科中同时存在几个概念体系，无法协调和统一等。

二、系统型多语术语编纂

多语系统编纂中只有极少数是按照系统编写的。在三门以上语言中建构相对应的概念体系的难度比想象中要大得多。系统型多语术语编纂的对象往往不是专业外人士,它们是为专家或具有专业基础的人编写的,三门以上语言的系统术语编纂更有可能在具有亲属关系的语言中实现,如《斯拉夫语言学术语词典》,其中包括斯拉夫语族中的主要语言,如捷克语、斯洛伐克语、波兰语、上卢日支和下卢日支语、俄语、乌克兰语、白俄罗斯语、保加利亚语、马其顿语、塞尔维亚-克罗地亚语和斯洛文尼亚语,此外还有三门印欧语:英语、德语和法语。该词典分为两卷,第一卷由九章组成:第一章是普通语言学方面的术语;第二到七章包含与语言层级对应的术语,从语音和音位术语到句法术语;第八章为修辞学术语,根据语言学词典传统,这里包括部分诗学术语;最后一章是语言学新的方向、方法和学派术语。

每一章内部的术语编排是按照系统层级进行的,以便强调术语之间的概念层级关系或者它们在系统中的同质关系。编者们认为,在对比词典中建立可信的概念系统是件相当复杂和艰巨的任务,因为语言学领域目前还没有统一的、被广泛认可的概念体系,不仅不同民族研究传统之间具有差异,就连语言学各方向和领域内也有差异,且新的术语不断涌现。因此,为了按照系统顺序排列各章的术语,其基础是作为术语来源的主要语言中形成术语体系,在这部词典中充当来源语言的主要是捷克语和斯洛伐克语。① 来源语言的术语是对相应概念的确定并且要在语言学体系中占据一定的位置。确定来源语言中术语词的概念为其他语言的等值术语提供了基础,其他斯拉夫语言中的相应术语称谓的概念与来源语言的术语相同。等值术语可以是各自语言正在使用的或已经确定的术语,也可以是重新构成的或推荐使用的术语。可见,这部词典的编纂很好地体现了从概念到名称的称名学方法。正因为如此,编者强调:该词典中英语、德语和法语等值术语与斯拉夫等值术语

① 这可能与布拉格学派有很大关系,该学派的活动主要集中在捷克和斯洛伐克,对斯拉夫语言学有很大影响。

具有不同的性质，前者是实用性质的，因为并未对这三种语言的语言学术语体系进行加工。

系统型多语术语编纂有助于解决术语中的多义、同形现象。多义术语会依据其在系统中的位置分别编排并对应不同的编号。

一些多语术语词典是为信息处理服务的。《"运输业"信息检索词表》用于铁路成员国自动化信息系统之间交换数据的信息处理和查询，该词表包括德语、俄语和汉语三个语种，除运输业（铁路运输、汽车运输、城市运输、管道运输等）术语外，还包括与其相关的经济学、法学、物理系、化学、测量学、气象学、地理学、能源学、电子技术、通信技术、程序设计、计算机技术、机械制造、食品工业、建筑、材料等学科领域的术语，词表共分四册，第一册是"德俄汉系统检索词表"，所有术语分学科、领域顺序排列，在每个学科、领域内的术语则按系统关系排列。以下是系统检索词表的一部分：

73.00 Verkehrswesen	73.00 Транспорт	73.00 运输
Institutionen	Учреждение	机构
1）1087 Be-und Entladebetrieb	1）1087 Погрузочно-разгрузочное предприятие	1）1087 装卸单位
2）3854. Gueterverteilzentrum	2）3854. Центр распределения грузов	2）3854. 货物作业站
3）2999 Fahrschule	3）2999 Автошкола	3）2999 汽车学校
4）4461 Instandhaltungsbetrieb	4）4461 Ремонтное предприятие	4）4461 维修学校
5）4873. Kraftfahrzeuginstand - haltungsbetrieb	5）4873. Авторемонтное предприятие	5）4873. 汽车维修单位

其中，"3854. 货物作业站"序列号的小点表示它是"装卸单位"下一层级的术语。同样，"4873. 汽车维修单位"是"维修学校"下一层级的术语。

系统型多语术语词典不仅可用于术语的记录和翻译，对术语的稳定、规范化、协调和促进术语在其他语言中的形成皆有重要作用。

三、条目排列方法

划分多语术语编纂条目排列类型的依据主要有两个：1）是否有主

条目;2）排列的方向。

按照是否有主条目,可分为有主条目型和无主条目型两种。前者指术语编纂所涉及的语言中选出一个作为主条目,并用黑体标识出来,如《俄德英汉科学学词汇》:

исследование протребностей

Bedürfnisforschung

needs investigation

需求调研

后者指术语编纂所涉及的语言虽然按固定顺序排列,但无主次之分,形式上也无任何区别,如《多语对照语言学词汇(英法德俄汉)》:

1086

E. inflected language

F. langue flexionnelle

G. flektierende Sprache

R. флективный язык

C. 屈折语 qūzhéyǔ

多语术语标准中的条目一般有主、次之分。

按照条目排列方向,可分为垂直排列型和水平排列型两种。垂直排列指不同语言的术语按纵向排列,上面《俄德英汉科学学词汇》《多语对照语言学词汇(英法德俄汉)》是垂直排列条目的。水平排列指不同语言的术语按横向排列,包括《俄英汉海关词典》在内的很多词典采取这一排列法,例如:

Таможенный	Customs	海关检查
контроль	control	hǎiguān jiǎnchá

Совокупность мер, осуществляемых таможенными органами в целях обеспечения соблюдения таможенного законодательства РФ.(为保证遵守俄罗斯联邦海关法律由海关采取的全部措施。)

第六章 微观结构

第一节 对微观结构的初步调查

微观结构是词典学中的一个基本概念。国家标准《辞书编纂的一般原则与方法》(GB/T 19103—2003)将其定义为:“条头(字头、词头)、注音、词类注、专业注、语域注、修辞注、释义、译义、例证、例证出处、插图、信息箱、注解、符号、同义词、反义词、参见系统等。”哈特曼和詹姆斯(2001:94)的《词典学词典》将其释义为:“条目的内部设计。与宏观结构相对,提供关于条头的详尽信息,内容包括其形式、语义特征(拼写、发音、语法、释义、用法、词源等)……”

这一概念也用在术语编纂之中。格里尼奥夫(2008:50)指出:“词典微观结构的问题,也就是说,作为术语数据总和的微观结构,与词汇单位信息要素的挑选相关,实际上是词典包括的所有信息。”他认为术语词典微观结构的信息要素包括:1) 登记要素(登记序号、登记日期、来源、记录人、说明);2) 形式要素(发音、书写、图示信息、语法信息、变体信息);3) 词源要素(首次出现的日期、来源(借入或是固有)、构成模式、本族语和外语中的相近形式、发展阶段);4) 归属要素(领域、词汇层级(科学术语、行业术语、名称)、地域、修辞);5) 解释要素(科学定义、释义、形态释义、例证释义、百科释义、同义词释义);6) 联想要素(属术语、种术语、等值词、同形术语、近似术语、词组);7) 使用要素(年代、分布范围(国际术语、地区术语、某一学派的术语)、规范状况(标准术语、推荐术语等));8) 例证要素(语词例证、图表例证);9) 出版方面的要素(符号、字体等)。

为掌握微观结构要素在术语词典中实际运用的情况,有必要对同一学科术语词典进行一番调查,这里选取的是我们相对熟悉的语言学及其分支学科的术语词典。所调查的词典如下:

1) Марузо Ж. Словарь лингвистических терминов. Москва: Издательство иностранной литературы,1960. 2) Вахек Й. Лингвистический словарь Пражской школы. Моска: Прогресс, 1964. 3) Jedlicka Alois, Словарь славянской лингвистической терминологии. Hamburg: Buske, 1977. 4) Никитина С. Е., Васильева Н. В. Экспериментальный системный толковый словарь стилистических терминов. Москва: Наука, 1996. 5) Кубрякова Е. С. идр. Краткий словарь когнитивных терминов. Москва: Филол. ф-т МГУ им. М. В. Ломоносова, 1997. 6) Баранова А. Н., Добровольский Д. О. Англо-русский словарь по лингвистике и семиотике. Москва: Азбуковник, 2001. 7) Ахманова О. С. Словарь лингвистических терминов. Москва: USRR, 2010. 8) Матвеева Т. В. Полный словарь лингвистических терминов. Ростов-на-Дону: ФИНИКС, 2010. 9) Hamp E. P. A Glossary of American Technical Linguistic Usage (1925 - 1950). Utrecht: Spectrum Publishers, 1957. 10) Trask R. L. Key Concepts in Language and Linguistics. London and New York: Routledge, 1999. 11) Hartmann R. R. K., James G. Dictionary of Lexicography. 北京:外语教学与研究出版社,2001. 12) Crystal D. A dictionary of Linguistics and Phonetics (6th ed.). Oxford: Blackwell publishing, 2008. 13) 哈特曼,斯托克. 语言与语言学词典. 上海:上海辞书出版社,1981. 14) 王宗炎. 英汉应用语言学词典. 湖南:湖南教育出版社,1988. 15) 刘涌泉. 多语对照语言学词汇(英法德俄汉). 北京:北京语言学院出版社,1988. 16) 布斯曼. 语言学词典. 北京:商务印书馆,2003. 17) 劳允栋. 英汉语言学词典. 北京:商务

印书馆,2004. 18) 戚雨村等. 语言学百科词典. 上海: 上海辞书出版社,1993. 19)语言学名词审定委员会. 语言学名词. 北京: 商务印书馆,2011。①

微观结构参量的选取以格里尼奥夫提出的要素为基础。其中,出版方面的要素暂不作考虑。对于其他要素: 删去一些,如登记序号、登记日期、记录人、说明等信息;合并一些,将词源要素中的本族语和外来语中的相近形式与联想要素中的等值词、近似术语合并,只保留后两种;同时,在来源要素中增加术语提出者。对所有要素编号如下: 1. 登记要素(1.1 起源);2. 形式要素(2.1 发音,2.2 词形,2.3 图示信息,2.4 语法信息,2.5 变体信息);3. 词源要素(3.1 出现时间,3.2 提出者,3.3 来源(借入或是固有),3.4 构成模式);4. 归属要素(4.1 领域,4.2 地域,4.3 词汇层级;4.4 修辞)②;5. 解释要素③;6. 联想要素(6.1 属术语,6.2 种术语,6.3 等值词,6.4 同形术语,6.5 近似术语,6.6 词组);7. 使用要素(7.1 年代,7.2 分布范围(国际术语、地区术语、某一学派的术语),7.3 规范状况④);8. 例证要素(8.1 语词例证,8.2 图表例证)。

按照这些参量对上述词典进行粗略调查,调查结果如表 6-1 所示。表中的“+”表示某参量在词典中有体现,“-”表示某参量在词典中无体现,“±”表示某参量在词典中有部分体现。

---

① 所调查词典的出版时间从 20 世纪 60 年代到 21 世纪初,其中俄语、斯拉夫语的词典七部,从法语译为俄语的词典一部,英语词典四部,汉语词典五部,从英语、德语译为汉语的词典各一部。

② 按照前文所说,术语编纂的对象既包括术语,也包括名称、专有名词等,无需再作区分。

③ 术语编纂中使用各种释义方法,它们常常混在一起,无需分开。

④ 标准术语、推荐术语不单独区分,因为术语编纂中常常只选取其中之一作为状态标识。

表6-1 语言学及其分支学科术语词典微观结构调查表

dict.	1	2					3				4				5	6						7			8	
	1	1	2	3	4	5	1	2	3	4	1	2	3	4	1	1	2	3	4	5	6	1	2	3	1	2
1)	±	±	−	−	−	±	±	±	±	−	−	−	−	−	+	−	−	+	−	±	+	−	−	−	+	−
2)	+	±	−	−	−	+	+	+	−	−	−	+	−	−	+	−	−	+	−	+	−	−	+	−	−	−
3)	−	−	−	−	−	−	−	−	−	−	−	+	−	−	±	+	+	+	+	±	+	−	+	−	±	−
4)	−	−	−	−	±	±	−	−	−	−	+	−	−	−	+	+	+	±	−	±	−	−	−	−	+	−
5)	−	−	−	−	−	−	−	−	−	−	+	−	−	−	+	−	−	+	−	−	−	−	−	−	−	−
6)	±	±	−	−	±	+	−	±	−	−	±	−	−	−	+	−	−	+	±	−	−	−	−	−	±	−
7)	−	−	−	−	−	+	−	−	−	−	−	−	−	−	+	+	+	+	−	+	+	±	−	−	+	−
8)	−	+	−	−	±	+	−	−	±	−	±	−	−	±	+	+	+	−	+	+	+	−	−	−	+	−
9)	+	±	−	−	−	−	+	+	−	−	−	+	−	−	+	−	−	−	−	−	−	+	+	−	−	−
10)	−	−	−	−	−	−	−	−	−	−	−	−	−	−	+	−	−	−	−	±	−	−	−	−	+	−
11)	−	−	−	−	−	−	−	−	−	−	+	−	−	−	+	−	−	−	−	±	−	−	−	−	+	−
12)	±	−	−	−	+	±	−	±	−	−	+	−	−	−	+	+	+	−	−	±	+	−	−	−	+	−
13)	±	−	−	±	−	+	−	±	±	−	±	−	−	−	+	−	−	+	−	−	−	−	−	−	+	±
14)	±	−	−	−	−	+	±	±	−	−	+	−	−	−	+	−	−	+	−	−	−	−	−	−	+	−
15)	−	+	−	−	−	±	−	−	−	−	−	−	−	−	−	−	−	+	−	±	−	−	−	−	−	−
16)	±	−	−	±	−	±	±	±	±	−	±	−	−	−	+	−	−	+	−	±	−	−	−	−	+	±
17)	±	+	−	−	+	±	−	±	−	−	±	−	−	−	+	−	−	+	−	±	±	−	±	−	+	−
18)	±	−	−	±	−	+	±	±	±	−	±	−	−	−	+	−	−	±	−	±	−	±	−	−	+	±
19)	−	−	±	−	−	+	−	−	−	−	+	−	−	−	+	+	+	+	+	+	−	−	−	+	+	−

如果“+”对应的分值为1,“±”对应的分值为0.5,“−”对应的分值为0,那么表中各纵列的分值从低到高依次排列如表6-2:

表6-2 被调查术语词典微观要素取值表

参 量	分 值
4.3 词汇层级;4.4 修辞	0
2.2 词形,3.4 构成模式	0.5
7.3 规范状况	1
2.3 图示信息,8.2 图表例证	1.5
7.1 年代	2
3.3 来源	2.5
4.2 地域	3
2.4 语法信息,6.4 同形术语,7.2 使用范围	3.5
3.1 出现年代	4
2.1 发音	5
6.6 词组	5.5
1.1 起源,3.2 提出者,6.1 属术语,6.2 种术语	6
4.1 领域,6.5 近似术语	9
2.5 变体信息	11
6.3 等值词	13
8.1 语词例证	14
5.1 解释	17.5

第二节 登 记 要 素

登记要素中的序号、日期、记录人、说明等信息没有被考虑,是因为它们在纸质词典中很少出现。这些信息一般保留在术语卡片上,但它们通常不在词典中直接呈现出来,①只在少数术语词典中还留有部分信息,比如系统排列术语词典中的术语编号,它们大体同术语卡片的系统编号一致。还有一些百科性质的术语词典,如俄罗斯《大百科词典·语

① 关于术语卡片的格式,见第三章第七节。

言学》卷中记有每个条目撰写者的名字,这相当于记录人。在术语数据库中,序号、日期、记录人等信息通常能够查到。

查找术语起源是一项很重要、但也很有难度的工作。理论上说,每个术语都有其提出者,查证起源是有可能的,但从海量的资料中将其准确确定并不容易。每个学科领域中都有一些术语,它们的"主人"相对确定。拿语言学来说:一些术语早在古代就已提出,在公元前5世纪古印度的巴尼尼语法中就已出现"零位词素",不少现代语法术语,如"元音""辅音""格""态""式""句子""同义词""同形词"等,是由古希腊学者提出的。中世纪后期,古斯拉夫语学者济扎尼(Зизаний Л. Т.)提出"工具格"这一术语,斯莫特里茨基(Смотрицкий М. Г.)提出的术语有"感叹词""副动词""名词""形容词""主格""生格"等。罗蒙诺索夫(Ломоносов М. В.)提出了很多俄语语法术语,其中约100个至今仍在使用。德国语言学家洪堡特(Humboldt W. von)和施莱歇尔(Schleicher K. von)是术语"孤立语""无形态语言""黏着语""屈折语"的最早使用者。博杜恩·德·库尔特内(Бодуэн де Куртенэ И. А.)最早使用"音位""语素""音位学""语音单位""音位变异""发音器官动作"等术语。很多现代语言学术语是由索绪尔提出的,包括"能指""所指""言语活动""内部语言学""外部语言学""语符学""共时""历时"等。转换生成语法的创始者乔姆斯基首次使用"深层结构""表层结构"等术语。(斯洛热尼基娜 2013:27)一些学科至今仍有保留命名者的传统,比如生物学,采用双名命名法为物种定名的时候,命名者的名字也被放在后面。例如,"荔枝"的拉丁学名为"Litchi chinensis Sonn.",其中"Litchi"是属名,"chinensis"是种加词,最后的"Sonn."是该种的命名人、法国植物学家索纳拉特(Sonnerat P.)名字的缩写。但很多术语的起源难以查证,学科的历史越久、范围越广,查证术语起源越为困难。所调查的术语词典中,两部系统地列出术语出处的词典所涉及的范围有限:前一部限定在布拉格语言学派范围内,后一部限定在

1925年到1950年间的美国语言学。近年来,建立大规模术语数据库为这一问题的解决提供了便利,但要确定上百万个化合物名称或是几十万个建筑名称的起源,难度仍然巨大。而且,有些术语由民间术语转化而来,其创造者是早期从事某一行业的劳动者,源头基本上无从查证。

第三节　形式要素

一、读音

在语文词典中,读音是必要的信息;但在术语词典中,读音并非必不可少。所调查的词典中,七部标注了读音。其中,三部词典的读音信息标注最全,但方式不一:或者只标注重音,或者标明读音,只有一部术语词典的条头配有音标。另有四部术语词典的读音信息是不全的,基本上只针对少数读音存疑的术语或者缩略语。例如《英俄语言学与符号学词典》中的"Navajo язык нáвахо, нáвахский"(纳瓦霍语),"Turki язык тюркú"(突厥语)等标有重音;①《美国语言学词典》中的"α-sound"(α 语音)/ǽlfə + sæwnd/,"β-sound"(β 语音)/béjtə + sæwnd/ 等注有音标;《语言学与语音学词典》中的"AGR"/ˈagə/(一致标记)等。

术语词典中标注读音不如语文词典做得系统,原因在于前者对读音的规范功能不如后者重要,某个专业术语的准确读法在语文词典中就能查得到。但是,科学语言有自己的规范,有些词在用作术语时的读音和用作通用词时不一样,主要表现为重音的迁移,例如"卷线(女)工,缫丝(女)工"(мотáльщица—мóтальщица),"万向节"(kárdan—kardán),后一个是用作术语时的读音。术语编纂中遇到类似情况时,原则上要标注读音。

① нáвахо, тюркú的重音在有些情况下也标成 навáхо, тю́рки。

二、词形

一般词典提供条头的书写形式,术语词典也不例外。从这个角度说,这一项的分值应该是满分。但同语文词典相比,术语词典对拼写法的规范功能要差一些。《现代汉语词典》凡例中“字形和词形”部分写道:“本词典单字条所用汉字形体以现在通行的为标准。繁体字、异体字加括号列在正体字之后;异体字的左上方标注 * 号,带一个 * 号的是《第一批异体字整理表》中的异体字,带两个 * 号是该表以外的异体字,……”“不同写法的多字条目区分推荐词形与非推荐词形,在处理上分为两种情况:(1)已有国家试行标准的,以推荐词形立目并做注解,非推荐词形加括号附在推荐词形之后;在同一大字头下的非推荐词形不再出条,不在同一大字头下的非推荐词形如果出条,只注明见推荐词形。”起着类似规范作用的多为术语标准或术语推荐文件。一般术语词典中,编者也会注明条头的变体形式,例如第四章提到的《外来缩略语词典》,但提供规范的字形或词形并不是术语编纂的重点。

与前一条相似,有些通用词进入术语体系后,其词形会发生变化,例如,在航海术语中,“катер”(汽艇),“крейсер”(巡洋舰),“лоцман”(引航员),“мичман”(海军准尉)等的复数第一格不是以-ы,而是以带重音的-а 结尾,即“катерá”,“крейсерá”,“лоцманá”,“мичманá”等。对于这些术语,在相应的术语编纂中应当注明。

三、图示

所调查的词典中,只有三部词典部分提供图示信息。这可能与语言学术语多指涉抽象客体有关,它们通常很难用图形表示出来。当学科领域的术语指涉现实客体或人造客体时,比如动植物、几何图形、建筑构件等时,术语编纂者常提供图示信息。《地质词典(三)古生物·地史分册》中，与古代物种有关的很多条目提供了图示信息，如“叶笔石”“真猛玛象”“锥叶蕨”“马氏螺”等。

另外，图示信息还与词典的性质、功能有关。双语（多语）以及详解术语词典中很少提供图示信息，而在百科术语词典中图示信息则较为常见。《体育词典》中涉及体育项目、器械、动作等的条目配有图示，如“体操”“自行车运动”“鞍马”“铁饼”“角旗”“铁饼单臂大回环”“叶格尔空翻”“蹲踞式起跑”“止血法”等。面向专家的术语词典可以尽可能少使用图示信息，因为他们通常知晓或能看懂术语的概念内容；而面向非专业人士，尤其是中小学生的教学术语词典应尽量多提供图示信息，如前面提到的面向学龄前儿童的《铁路术语词典》等。

四、语法

语法信息是语文词典标注的重点，包括词类、语法形式、搭配关系等；而在术语编纂中，语法信息并不是标注的重点。

语文词典的词目涵盖一门语言所有词类的词，而学科领域的术语绝大多数是名词，因此很多术语词典不标注词性。在所调查的词典中，只有两部词典标注了完整的词类信息。在《英俄语言学与符号学词典》中，只有当条头是形容词、副词或动词时，才给出词类信息，如“syntactic a. синтаксический”（句法的，句法学的），“figuratively adv. фигурально, образно, метафорически”（形象地），“express vt. выражать”（表达）等。当术语在某个学科领域内可用作不同词类时，也应标注出来，汉语、英语术语编纂应对此特别关注，因为这些语言缺少表达词汇语法类别的形态标记。

术语词典不标注条头的语法形式，因为它们可以在语文词典中查到，但有些术语具有一些特殊的语法形式，它们会出现在术语词典中。《语言学与语音学词典》标注那些单数或复数形式特殊的术语，如“Aktionsart”（词形体）的复数形式为“Aktionsarten”，“qualia structure”

（物性结构）中修饰语的单数形式为“quale”等。有些术语在学科领域内只用作复数或用作单、复数意义不同时，也应标注出来。如《美国语言学术语词典》中的条目“secondary morpheme（s）”（次要语素），“trill（s）”（颤音），“canonical form（s）”（典型形式，典范形式）。

同样，搭配关系在术语词典中几乎看不到，这与绝大多数术语为名词有关。而对于词性为动词的术语而言，它们在学科术语中所占比例不高且其搭配关系一般超不出语文词典描写的范围。

五、变体

变体可分为语音变体、形式变体、语义变体等。它们在术语编纂中都有不同程度的体现。

语音变体指的是那些发音相近、意义相同或相近的变体。比如表示数字“零”的俄语数学术语“нуль”和“ноль”，摄影术语“曝光”和“暴光”，表示乐器的“贝斯”和“贝司”。

形式变体指的是形式上接近，意义相同或相关的变体，例如植物术语“胞衣”和“衣胞”。有时形式相近的两个术语意义相对或相反，例如传播学中的“收报人”和“发报人”，语言学中的“能指”和“所指”。术语全称和相应的缩略形式之间也构成形式变体，例如“severe acute respiratory syndrome”与“SARS”（严重急性呼吸综合症），“international standard book number”与“ISBN”（国际标准书号），“telephone”与“tel”（电话），“versus”与“vs”（比赛双方）；“凹面镜”与“凹镜”，“奥林匹克运动会”与“奥运会”，“保险金额”与“保额”，“彩色 B 超”与“彩超”，“比热容”与“比热”，“病原体”与“病原”，“城市热岛效应”与“热岛效应”等。形式变体也可能是由句法关系引起的，比如“检车”与“车检”，前者是动宾关系，后者是定中关系。

语义变体指形式不同，意义相同或接近的变体，即主要指术语中的同义或近义现象。几何学中的“长方形”和“矩形”，都指“对边相等（通常邻边不相等)，四个角都是直角的四边形”，两者构成同义关系。金融学中的“创业基金”和“风险基金”，都指“投资者协助具有专门科技知识而缺乏资金的人创业，并承担其失败风险而投入的资金”，两者构成同义关系。英语中的“semantics”和“semasiology”都指研究语言符号意义的科学，即“语义学”，两者意义相近，但前者现在用得更广。语词的同义关系由意义决定，而构成术语同义关系的基础在于它们称谓相同的概念。因此，那些意义不同的词汇，可能在某一时期被某些学者当作同义术语使用。例如，“structurally conditioned variant”(结构变体)和“automatic alternation”(自动交替)，是意义不同的短语，但在《美国语言学术语词典》中，两者用作同义术语。

反义是与同义、近义关系相对的语义关系。构成反义关系的术语所称谓的概念关系密切，它们反映同类客体的两种极端，因此反义对于构建学科概念体系也很重要。在有的术语词典中，编者也提供相关术语的反义信息。在玛特维耶娃编写的《语言学术语大词典》中，条目“диахрония”(历时)中指出其反义术语为“синхрония”(共时)。

在术语编纂中，变体可以出现在条头位置，也可出现在条目之中。在我们调查的词典中，《语言学与语音学词典》《语言学术语词典》属于前一种情况，两部词典将变体放在条头后的括号内，例如“benefactive(adj./n.)(ben，BEN)”(受益者，受益格)，“no-crossing constraint(NCC)”(无交叉制约)，“object(n.)(O，Obj，OBJ)”(客体)；“двусоставное предложение(двучленное предложение)”(双部句)，“родительный падеж(генитив)”(生格，所有格)，“связка[1](глагол-связка，глагольная связка，копула)”(系动词)。两部词典的不同在于：前一部词典多列形式变体，后一部词典多列语义变体。在术语标准中，许用的变体一般列在推荐术语的下一行。请见国家标准《信息技术·词汇·第25部分：局域网》(GB/T 5271.25—2000)中的条目：

25. 局域网

25.01 一般术语

25.01.01 **局域网 local area network**

LAN(缩略语)**LAN**(abbreviation)

一种位于有限地理区域的用户宅院内的**计算机网络**。

注：局域网内的通信不用服从外部的规则；但是，跨越网域边界的通信可能要服从某种形式的规则。

在词条内列出变体的词典有《英汉语言学词典》《语言学百科词典》等。请看《英汉语言学词典》中的下列条目：

error/ˈerə/n **错误**　一个人的第二语言或外语的话语或写作中出现的、在一个流畅的本族语说话人看来是由于学得不到家而出现的不恰当的地方。……与 mistake 有区别。

simple vowel/ˈsimpəlˈvauəl/ n **简单元音**　monophthong 之另一术语。

语词词典和术语词典的用途不同，对变体信息的重视程度也就不同。语词词典描写语言的词汇系统整体。对语言使用者而言，变体是丰富语言的重要手段，是语言创造性的体现。术语编纂描写某一专业的概念体系，创造性让位于确定性，提供变体有助于使用者了解称谓概念的所有形式，便于他们在其中进行比较和辨别。

第四节　词 源 要 素

一、出现日期和提出者

术语的出现日期和提出者一般连在一起，知其一也就推出其二，这里把两者放到一起论述。在所调查的术语词典中，完整提供相应信息的词典有两部。它们的做法是基本相同的：把所用的文献先按作者排列，同一作者的文献再按照出版年代排列，并分别予以编码，并在每个条目中标出援引材料的代码。例如，《美国语言学词典》中的“absolute position”(绝对位置)对应的编码是 Bl 33,170，表示该术语取自布龙菲尔德(Bloomfield L.)1933 年的著作《语言论》第 170 页。如果一个术语在多位作者的文献中出现,则按年代先后分别列出。如"language"(语言)中的编码有 Bl 26,125;Zi 35,264;Bl 39,6;Tr 41c,232;SWBLW 38,126;……;Tr 49,4,表示该术语先后出现在布龙菲尔德(1926)、齐夫(Zipf G. K.)(1935)、布龙菲尔德(1939)、特雷杰(Trager G. L.)(1941)、沃尔夫的《语言、思想和现实》(1938)、……、特雷杰(1949)等语言学家的著作之中。此外,格里尼奥夫在《术语学术语历史系统词典》中用类似的方法提供了这些信息。这项工作的难度是可想而知的:为了查证上述术语的来源,《美国语言学词典》的编者查阅了 100 多部著作,而《术语学术语历史系统词典》的 3 245 个术语则来自近 2 000 部相关领域的著作。

还有一些术语词典在部分条目中也提供上述信息。例如:

Energeia　活动,活力[希 enérgeia 意为"活动""行动"]。Wilhelm v. Humboldt(1767—1835)使用的概念,说明语言是一种"活动",是一种"起作用的力量",从而与语言是静态产物的观点相区别。……

Konversationsmaxime 会话准则[也作 Interaktionspostulate, Konversationspostulate/-regeln]。由 H. P. Grice[1968]提出的术语,指为有效交际而提出并被大家所公认准则,如果违反就可能导致交际失败。……

(布斯曼《语言学词典》)

主格引入　转换生成语法用语。由罗斯(J. R. Ross)提出。指引入主格的转换规则。……

司词　《马氏文通》用语。……　(戚雨村等《语言学百科词典》)

finite-state grammar　n **有限状态语法**　乔姆斯基(Chomsky)所提出的三种语法模式之一,即不间断、从左到右、先出现的一个词选择后出现的一个词的简单生成模式。……

Tonic^2　n **语调核心段**　英语言学家韩礼德(Halliday)用来指语调群(tone group)中从核心起到句末的一段。……　(劳允栋《英汉语言学词典》)

上述条目都提供术语出现的年代或提出者。

二、语种来源

这里的来源主要指术语是来自外语还是本族语中固有的。总的来说,学科领域研究水平的发达程度决定了提出术语的可能性,术语通常来自学科发展水平较高的民族语言之中。研究者发现:音乐术语多来自意大利语,航海术语多源自荷兰语,军事术语则以德语为主。在语言学领域,19 世纪历史比较语言学的中心在德国,很多这方面的术语来自德语;20 世纪前半叶,结构主义尤其以布拉格语言学派、美国描写主义语言学派、丹麦哥本哈根语言学派为代表,很多语言学术语来自它们各自的民族语言,如捷克语、斯洛伐克语、英语和丹麦语。到了 20 世纪下半叶,转换生成语法、功能主义等由英、美等国学者提出,很多术语来自英语。此外,希腊语和拉丁语对印欧语言的术语影响很大,因此术语编纂者有时会提供希腊语或拉丁语的来源形式,例如上面提到的术语“Energeia”,编者标明它是根据希腊语“enérgeia”创造而来的。当然,也有学者专门探讨术语的词源,例如已经提到的《生物名称和生物学术语的词源》。依据编者提供的来源语言名称缩写的说明,可以看出:印欧语言中的生物学名称、术语主要来自希腊语、古典拉丁语(公元前 75 至公元 200 年)、近古拉丁语(公元 200 至 600 年)、中世纪的拉丁语(公元 600 至 1500 年)、新拉丁语或现代拉丁语(公元 1500 年至今)、古德语或古高地德语(8 至 12 世纪)、高地德语或现代德语(1500 年至今)、低地德语(北德和荷兰的德语方言)、盎格鲁撒克逊语(450 至 1200 年)、中世纪英语(古英语)(1200 至 1500 年)、现代英语(1500 年至今)、法语(公元 1500 年至今)、古代法语(800 至 1300 年)、中世纪法语(1300 至 1500 年)等。

我国古代科学技术取得过辉煌的成就,科学研究成果连同学术用语曾对东南亚地区、朝鲜半岛、日本等有过影响。我国的学术语言在历史上也受到国外的影响,主要体现为:一是隋唐时期,随着佛教的传入,佛经翻译中借入大量佛教用语。二是在明末清初时期，西学东渐，传教士和我国学人合译西方科技著作，创造了大量科学用语。几何学中的一些基本术语就来自利玛窦和徐光启合译的《几何原本》。三是清末留学生引介、翻译西方著作中产生的学术用语，其中包括大量从日语中借入的词。四是新中国成立后，尤其是改革开放以来学习西方科学技术过程中借入的词。我国科学技术领域的学术话语体系中，经由古代流传至今的本民族固有术语和从外语中借入的术语混在一起，形成一种特殊的"克里奥尔化"现象。这在一些历史悠久的学科，如哲学、文学、语言学、建筑、农业等之中，体现非常明显。

三、构成模式

构成模式不是术语编纂关注的重点，因为术语基本上是按照民族语言固有的模式构成的，不同之处在于各种构成模式、手段的使用频率和系统性上。在所调查的词典中，没有一部词典对条头的构成模式进行过系统描写。不过，部分术语编纂者提供条头同根词的信息。例如：

acrolect(-al)高势语(的) 有些社会语言家在研究克里奥尔语的形式时用来指的一种有声望的或标准的语言变体(或方言)，其他变体可与之作比较。……

constraint(constrain)制约 语言学，特别是生成语法，用此术语来限制规则应用的条件，目的是保证生成的句子都合适。

(克里斯特尔《现代语言学词典》)

дискуссия—наиболее сложная и богатая разновидность спора... Дискутировать (бурно дискутировать, дискутировать по любому поводу). Дискуссионый(дискуссионый клуб, дискуссионый вопрос, дискуссионое мнение) [辩论：一种最复杂、内容最丰富的争论。辩论(动词)激烈辩论，以任何理由争辩。辩论的；有争议的，引起争论的(形容词)辩论俱乐部，有争议的问题，有争议的观点。]

(马特维耶娃《语言学术语大词典》)

有学者认为：构成模式的运用程度能大体反映学科领域所处的阶

段和发展水平。当学科处于起步阶段或快速发展阶段时,常从其他学科领域或全民语中借入术语,更多运用语义手段构成术语;学科进入相对稳定的阶段后,多采用词缀法等形态构词法;而那些已经发展成熟的学科则多采用复合法或合成法构成术语。

第五节 分布要素

一、领域

对于理解术语的内容来说,领域是至关重要的信息。不同学科中的同形术语,所传达的概念内容并不相同,例如化学和语言学中的术语“价”;即便在一个学科内部,术语的意义也会随着所属子学科、学术流派的不同而不同,例如传统语法、格语法和转换生成语法中的术语“格”。因此,详解术语词典中都或多或少提供术语所在领域的信息。

在面向某个具体领域的术语编纂或按子学科编排的学科术语词典中,领域信息是明示的,例如,《英汉应用语言学词典》《词典学词典》《语言学名词》等。按形式编排的学科术语词典提供领域信息的方式有两种:一是使用专业标注。如《俄汉体育词典》划分出来40多个专业标注,其中,〈田〉表示田径,〈体〉表示体操,〈球〉表示球类,〈泳〉表示游泳等,并为不易分辨领域的术语标注专业领域。例如“вилка 叉子;双吃〈棋〉”,表示“双吃”义项用在棋类运动中;“умышленный наезд 故意碰撞,故意碰车〈自〉”,表示该术语用在自行车运动中。二是在条目内加以描写。《现代语言学词典》使用此法,例如“delayed”(延缓的)用在“音系学的区别特征理论中”,“demotion”(降级)是“关系语法术语”,“language awareness”(语言意识)“主要用于教育语言学”,“naturalness/natural class”(自然性/自然类)是“语言学(特别是生成语言学)理论引入这一概念”等。在跨学科术语编纂或通用科学或技术术语编纂中,标注领域信息的方法与面向某一学科的术语编纂类似，或者按学科分别编排，或者使用专业标注。

二、地域

与领域相比，地域信息并不十分重要。科学总体上不受地域限制，只有与某个学术流派或传统联系紧密时，地域信息的重要性才凸显出来，例如所调查的《斯拉夫语言学术语词典》《布拉格语言学术语词典》《美国语言学术语词典》等。另外，地域范围通常和某个（或几个）民族语言甚至方言联系在一起，如《保加利亚和马其顿语地方地理术语词典》。

三、词汇层级

如前文所述，专业词汇中的术语、名称、专名等都是术语编纂的对象，但在大部分术语词典中它们混排在一起，只有借助传递的内容才能将它们区分开来。即便有的术语词典，如《生物名称和生物学术语的词源》，名称和术语看似区分开来，但在词典内部，编者并未指出哪些是名称，哪些是术语，只有熟悉这个学科传统且对术语学有一定了解的人才能够加以分辨。

少数编者指出术语所属的词层。在《俄英经济词典》中编者区分出术语的语体信息，如口语、书面语等，但正文中类似的标注很少，因为术语词典收入的术语基本上来自书面语。此外，还有少量术语词典专门描写某个专业词汇层级，如穆尔扎耶夫（Мурзаев Э. М.）编写的《民间地理术语词典》等，其描写的对象是民间术语。

四、修辞

术语表达客观的概念意义，不具有褒贬色彩、评价意义等，在修辞上是中立的。术语在创制之初，提出者会赋予其某种主观因素，例如心理学家根据古希腊睡神修普诺斯(Hypnosis)的名字提出“休眠”(hypnosis)这一术语。但在术语编纂之中,这些主观因素都被隐匿起来,只有当术语离开学科领域进入非学术领域时,其主观意义才可能被激活。例如“情绪”用在心理学之中,它的意义是客观的、中立的;当它进入非学术领域后,才获得评价意义。我们说“某人闹情绪”时,通常指不好的情绪。

第六节 解释要素

该要素在所调查词典中所得分值最高,释义是术语编纂微观结构的核心,这并不难理解。表征术语背后的概念内容无疑是术语编纂者的主要任务。此外,单语详解型术语词典是其他类型术语编纂的基础,而它们是带有释义的。因此,在系统排列的术语编纂或双语(多语)术语编纂中,概念体系的结构、外语等值词也有助于理解术语的意义。但术语编纂者还会在认为必要的情况下提供释义。《斯拉夫语言学术语词典》是一部多语系统术语词典。但对于一些容易引起歧义的条目,编者还是提供了释义。例如:

International language: an artificial or natural language used in international contacts, e. g. Esperanto, English, Russian.(国际语言:国际交往中使用的人工或自然语言,如世界语、英语、俄语。)

world language: a natural language with a broad or even world-wide application, e. g. English, Russian, French.(世界语言:使用广泛,甚至在世界范围内使用的自然语言,如英语、俄语、法语。)

“国际语言”和“世界语言”是极易混淆的两个概念,即便有概念系统和外语等值词的帮助,也不容易分清楚。但借助上述释义,区分两个概念就相当容易了。世界语言一定是自然语言,而国际语言可以是自然语言,也可以是人工语言。柴门霍夫(Zamenhof L. L.)发明的世界语是一门国际语言，为各国爱好者广泛使用，却不能被算作世界语言，因为它不是自然语言。

第七节 联想要素

一、属种关系

学科领域术语集是一个借助各种关系组织起来的系统。其中，属种关系是术语之间最主要的一种语义关系，它直接决定术语在概念层级体系中的位置。在不同类型的术语编纂中，呈现属术语和种术语的方式也不同。

在系统型术语编纂中，属种关系是直接显示的。属种关系是术语条目组织的基本方式之一，先出现的术语称谓上位概念，后面是相应的下位概念，依此类推。根据从条头出现的位置和编号，能清楚地说出：它属于哪个属术语，它又包括哪些种术语。

在按词族排列的术语编纂中，属种关系是可以推断的。拿阿赫玛诺娃《语言学术语词典》中的条目"частицы"（语气词）来说，该条目中包括"частицы восклицательные"（感叹语气词），"частицы выделительно-ограничительные"（起区分、限定作用的语气词），"частицы модально-волевые"（表情态、意愿的语气词），"частицы неопределенные"（不定语气词），"частицы определительные"（确指语气词），"частицы отожествительные"（证同语气词），"частицы отрицательные"（否定语气词），"частицы словообразующие"（构词语气词），"частицы сравнительные"（比较语气词），"частицы указательные"（指示语气词），"частицы усилительные"（加强语气语气词）等是它的种概念，与其构成种属关系。不过，这种层级关系不如按系统排列的术语编纂那么清晰，因为上述种概念的区分依据和层级关系不明确。

在按字母排列的术语编纂中,属种关系是隐含的,除非编者用某种方式将其展示出来。在《语言学术语大词典》中,编者在有些条目后将种概念列举出来。如"историзм"(历史词语)可供对比的属概念为"устаревшие слова"(旧词),"прямая речь"(直接引语)可供对比的属概念为"чужая речь"(引语),"древнерусская лексика"(古俄语词)可供对比的属概念为"исконная лексика"(固有词,本语词),可供对比的种概念为"собственно русская лексика"(纯俄语词)。

二、等值词

提供外语等值词有助于对术语内容的理解,它受到术语编纂者的重视。通过调查发现,单语详解术语词典中多包含外语等值词信息。例如阿赫玛诺娃的《语言学术语词典》:

> КАТЕГОРИЯ ПОНЯТИЙНАЯ (категория внеязыковая) англ. conceptual (extralingual, notional) category...
>
> КАУЗАТИВНЫЙ (каузатив, понудительный, фактитив) англ. causative, фр. causatif, нем. kausativ, исп. causativo. Имеющий значение...

其中,"категория понятийная"(概念范畴)的英语等值词包括"conceptual category""extralingual category""notional category"三个,"каузативный"(使役的)的英、法、德、西班牙语等值词分别为"causative","causatif","kausativ","causativo"。

三、同形术语

同形术语指形式上相同,而所称谓概念基本不同的术语。例如,《现代汉语词典》(第6版)中的"背投":

> **背投**:① 指采用背后投影方式的电视显像系统,利用光学反射原理,将信号从机身底部投射到屏幕的背面,显示图像和文字。② 指柔道的一种进攻方法,即用后背迅速背起对方,将其摔倒。

同形术语一般出现在不同的学科领域之中，与同形现象较为接近的是多义现象，多义术语所称谓的概念之间存在某种联系。例如，《语言学名词》中的一个常用术语“形式”：

形式$_1$：一种语言的音位或语法结构。

形式$_2$：语素在不同的语言环境中表现出来的不同形式。

形式$_3$：在索绪尔创立的结构主义语言学中，指语言的单位、语法和意义结构。

“形式”是多义术语，因为形式$_1$、形式$_2$、形式$_3$之间存在意义联系，它们都表示语言单位中与内容相对的东西；而背投①和背投②所代表的概念之间仅有一丝共性，即它们所表示动作的方向都是从后向前，但这并不是其各自所代表概念的主要内容。

在术语编纂中，对同形术语的处理方式不同。在系统型术语编纂中，由于所称谓概念的不同，同形术语会出现在术语词典的不同位置。在《斯拉夫语言学术语词典》中，表示“语言”和“舌头”的“язык”分别被放在第一章和第二章之中，它们各自的编号为1－1－1和2－7－1，但在按字母排列的《语言学术语词典》中，编者共划分出“язык”的下列义项：

Язык$_1$：Одна из самобытных семиологических систем, являющаяся основным и важнейшим средством общения членов данного человеческого коллектива, для которых эта система оказывается также средством развития мышления, передачи от поколения к поколению культурно-исторических традиций и т. п.（语言$_1$：一个独立的符号系统，是某人类集体社会成员基本和最重要的交流工具，也是思维发展、文化历史传统代代相传的手段。）

Язык$_2$：Совокупность телодвижений, звуков и т. п., используемых животными в общении друг с другом（предупреждение об опасности, сообщение об обнаружении пищи и др.）[语言$_2$：动物相互之间交流（示警、发现食物等）使用的动作、声音的总和。]

Язык$_3$：Любая семиологическая система, воспроизводящая какую-л. из функций естественного языка или же функционирующая в качестве его заменителя.（语言$_3$：再现自然语言的功能，或用作其替代物的任一符号系统。）

Язык$_4$：То же，что жаргон.（语言$_4$：等同于俚语。）

Язык$_5$：То же，что стиль.（语言$_5$：等同于语体。）

Язык$_6$：см. органы речи.（语言$_6$：见发音器官。）

其中，前五个义项可算作多义关系，Язык$_4$ 指类似职业语言这样的语言，Язык$_5$ 指类似作家语言、报刊语言这样的语言，两者与前三个义项有关系。但最后一个义项与前五个义项显然是不同的，它表示作为发音器官的舌头，与前面义项之间是同形关系，但它们是按照顺序排列在一起的。编者在此并未对多义关系和同形关系加以严格区分。

四、近似术语

词汇学上的近似词也叫做易混词，指的是那些形式相近、意义也很接近的词，比如“病原”和“病源”，前者指发生疾病的原因，后者指发生疾病的根源；“溶化”与“熔化”，前者表示固体在液体中溶解或冰、雪变成水，后者表示固体加热到一定温度变成液体。俄语中类似的词有“дипломатический”（外交的）—“дипломатичный”（圆滑的、善于辞令的），“человеческий”（人的）—“человечный”（人性的）等。

近似术语往往是由同一个词派生而来的。它们所称谓的概念可能相同或者相近，例如“白金”与“铂金”，“白芨”与“白及”，“automatic”（自动的）—“autonomous”（自主的），“metaphor”（隐喻）—“metonymy”（借喻）；也可能正好相反，例如“encoding”（编码）—“decoding”（解码），“macrostructure”（宏观结构）—“microstructure”（微观结构）等。对于学科领域了解不深的初学者来说，在近似术语的使用上很容易出错。有些术语编纂者考虑到使用群体的范围，也会提供近似术语的信息。《语言学术语大词典》中的部分条目后提供可供比较的术语，其中有些是与条头近似的术语。例如“иканье”[и 音化，部分元音(〈у〉,〈ы〉除外)在重读音节前的第一个非重读音节弱化为/и/]后提供的近似术语“аканье”[а 音化,音位/а/和/о/在非重读硬辅音(唏音除外)都弱化为/а/],“оканье”(о 音化,俄罗斯北部方言中音位/а/和/о/在非重读硬辅音后不弱化)和“эканье”[э 音化,彼得堡方言部分元音(〈у〉,〈ы〉除外)在重读音节前的第一个非重读音节弱化为/$э^{и}$/]。

五、词组

语文词典中词组是非常重要的例证信息。一些固定用法,如熟语、成语等,它们列在例证之后,往往通过字体、标签等标注出来。在术语编纂中,只有少数编纂者提供类似例证的词组,下文中的语词例证对此仍有论述。术语词典中的词组更多属于固定用法,因为术语的意义不需要通过语境来确定。出现在术语词典中的术语词组表达某个确定的专业概念,它们不同于科学语言中数量庞大的临时性术语组合。

第八节　使用要素

一、年代

语言的共时状况是相对的,语言没有一刻停止向前发展,而且,某一时期的语言中总保留上个时期的历史痕迹,也会预示未来发展的方向和趋势。因此,词典中除了通用词汇外,还有部分历史词、旧词,以及数量可观的新词。术语编纂的情况与一般词典类似,它以对学科领域术语集合的共时描写为主,也包括一定数量的历史术语、旧术语等。

二、使用范围

前文分布要素中的地域(国际术语、地区术语、某一学派的术语)一项已经对此有所涉及,这里只需要补充一点:单语术语编纂者在条目选取时会对本族语的术语略有偏爱，这是非常自然的情况。

三、规范状况

依据术语标准化的传统，规范性术语词典是由各级标准化组织或类似机构组织编写的，但这并不表示前文调查表中此项分值为0的词典不规范。我们知道，规范是不断变化的。网络语言一度被认为是偏离规范的，但一部分网络语词已经开始进入语文词典。语言不同的子系统都有自己的规范，标准语的规范不同于诗歌语言的规范、科学语言的规范，书面语的规范不同于口语的规范。此外，语言的规范和不规范之间不存在泾渭分明的界限。总的来说，前文调查表中划"+"的两部词典对术语规范状况进行等级评定并用某种方式加以标识。

第九节　例 证 要 素

一、语词例证

西班牙词典学家卡萨雷斯(Casares J.)曾经说过：没有例证的词典只不过是一副骨架。这对于术语编纂是否同样适用呢？国家标准《辞书编纂的一般原则与方法》(GB/T 19103—2003)给出的答案如下："(例证)是微观结构中的可选要素。术语词典一般不设此要素。"的确，语言词典中说明条头(字头、词头)的含义、用法、渊源等的例证，在术语词典中并不多见。在《语言学术语大词典》中，能找到一些这样的例证。例如条目"доклад"(报告)之后的"(с)делать доклад"(做报告)，"(про)читать доклад"(读报告)，"выступать с докладом"(做报告)，条目"заглавие"(标题)之后的"в роли заглавия"(用作标题)等。

术语词典中的绝大多数例证说明术语所对应的现象或客体，与概念的外延类似。例如：

comparative clause 比较从句 含有主句中所述事实赖以比较的一项标准的从句。英语常以 than 或 as 引出，如 Tom is much taller than John is（汤姆比约翰个头高得多）；Jane doesn't write as neatly as Fiona does（珍妮写得不如菲娥娜工整）。

periphrastic tense 外加词时态 用助动词形成的动词时态。如 have worked（已完成），be reading（正在阅读）等。 （劳允栋《英汉语言学词典》）

多次体 动词语法范畴“体”之一。表示行为动作有规律地反复。某些语言如在俄语中，这类意义通过动词的形态变化表示，如动词 идти（走，表示一次），ходить（走，表示多次）；бежать（跑，表示一次），бегать（跑，表示多次）。但在英语中，这类意义通常由频度副词表示，如 again（又、再），regularly（有规律地），often（常常）等。 （《语言学百科词典》）

上述例证中，例证表示的不是条头出现的语境，而是其所对应的具体语言现象。它们用来帮助读者更好地理解条头的内容，更像是一种辅助性的释义手段。

二、图表例证

术语词典中经常使用图表。徐庆凯（2011：124－126）在《专科词典论》中将词典中的图分为：实物图，包括动物、植物、工具、机械、武器、乐器、建筑以至艺术作品、自然景观等；人物头像；地图；示意图；图解；结构式；影印的文字、符号等。除插图外，术语词典也常使用表格，例如《语言学百科词典》中的“八卦”“三十六字母”“六书”等条目中附有表格。

第十节 其他信息

除上述信息外，术语词典微观结构中还包括参考文献、注释、词频、参见条目等。参考文献主要是标注术语来源和使用的重要信息，前文对此已有论述。注释是条目内容的进一步解释或补充，这与语文词典差别不大。例如国家标准《信息技术 · 词汇 · 第25部分：局域网》(GB/T 5271.25—2000)：

32.04 消息处理操作

32.04.01

始发方 originator

作为消息或探查消息的初始源的用户

注1：始发方通常创建一个消息或送出一个探查消息。

注2：本条目是GB/T 5271.27—2001中条目27.01.09的修订版。

32.04.02

接收方 recipient

可以接收消息或消息可对其寻址的用户或分发清单。

注：本条目是GB/T 5271.27—2001中条目27.01.10的修订版。

词频信息出现在频率词典中，例如夏波娃(ЩаповаИ. А.)编写的《英俄光电子学和激光技术频率小词典》收录光电子学、激光技术、纤维光学、信息加工光学方面等领域的术语4 500个，词典标出所收单词术语、术语组合、缩略语和约定名称字母的使用频率。以下是该词典的一部分(原文中英语术语的音标略去)：

英语术语	词性	英语术语频率	俄语术语频率	俄语术语
abbreviated	PII	1	1	сокращенный(текст)
aberration	n	14	7	аберрация, отклонение
ability	n	17	11	способностъ
ablate	v	1	1	удалятъ
ablating	n	5	2	удаление

术语词典的参见系统是构建术语体系的重要途径，互相参见的条目之间往往具有某种语义联系，如同义(或近义)、属种关系等。

对于语言学词典微观结构信息内容的以上调查结果并不绝对准确，但从中能发现一些趋势。在表6-2中，根据各项的取值情况，我们大体上可以划分出三个区间，彼此之间用虚线隔开。第一类信息在所调查术语词典中做得不系统,第二类信息比较系统,第三类最为系统。后两类信息的共同点在于有助于术语概念内容的确定,分值最高的第三类信息是揭示概念内容的直接或辅助手段。由此看来,术语词典是以术语内容为中心的。同时,在语文词典中备受重视的形态、语法等信息在术语词典中被极大简单化了。两类词典编纂对象、原则、目的、方法等方面的差异是造成这些微观结构信息差异的根本原因。(叶其松 2009: 127 - 130)

第十一节 信息标签

标签指辞书中用来标明词头的语域、文体、用法或语言变体等的特殊符号或缩略语词。在术语编纂中,信息标签也可大致分为语词标签和符号标签两种。

一、语词标签

术语词典一般沿用语文词典中的语词标签,常用缩略或简称形式表达。在标注词类时,汉语词典用"名"表示"名词",用"动"表示"动词",用"形"表示"形容词",用"代"表示"代词";英语词典用"n."表示"noun"(名词),用"v."表示"verb"(动词),用"adj."表示"adjective"(形容词),用"pl."表示"复数形式"等。其他语法标注也有惯用的缩写形式。俄语词典中用"п."表示"падеж"(格),用"л."表示"лицо"(人称),用"р."表示"род"(性)。

标注条目、例证的语种来源或分布范围也常用缩写形式。例如《英汉语言学词典》中的"foreign plural"一条:

> **foreign plural** n. 外语复数。指英语中来源于拉丁、希腊、法兰西和意大利等语言的词所保留的复数词尾形式(许多词同时有英语形式及外语形式两种,外语形式多用于科技方面)。如 formulas(套语) ~ [拉] formulae(公式),

focuses(中心)~[拉]foci(焦点),mediums(工具)~[拉]media(媒质),indexes(索引)~[拉]indices(指数),automatons(自动装置)~[希]automata,bureaus(写字台)~[法]bureaux(局),solos(独唱)~[意]soli,cherubs(小天使)~[希伯来]cherubim 等。

其中,[拉]、[希]、[法]、[意]、[希伯来]分别表示来自拉丁语、希腊语、法语、意大利语和希伯来语的外语复数例证。

领域标注也常用缩写形式表达。《英汉体育词典》中用【美足】表示"美式橄榄球",用【箭】表示"射箭",用【船、艇】表示"划船、帆船、皮艇、摩托艇、游艇、快艇"。

语词标签的优点在于能明示所标注的信息内容,不易重复,便于读者使用。

二、符号标签

符号标签是用各种数字、标点、符号、图形作为标签。有些符号标签的使用是约定俗成的,例如条目中的各个义项一般用数字表示。

术语词典广泛运用标点、符号作为信息标签,且用法相对固定,如用"//"表示音标,用"~"代替基准词,用"#"表示句子终结时的停顿或界的界限,用"="表示等同(或相当)关系,用";"表示对立关系,用"*"表示不合语法或语义不当的形式或构拟的、假设的形式,用"∅"表示零形式,"[ ]"内的文字表示可以省略,"( )"内文字表示可以代替,用"+"表示语素的界限等。

此外,一些术语词典开始使用图形作为信息标签,如用"⇨"表示互见的条目,用"⇧"表示条头的上位概念,用"⇩"表示条头的下位概念,用"⇔"表示对立关系或意思相反的条目,用"🕮"表示参考文献,用"💻"表示网络资源或材料等。

符号标签常常与语词标签并用,前者的优点在于更为直观,节约篇幅,使版面更美观,富有动感。

三、标签规范化

术语编纂信息标签也有不统一之处，有些基本信息标签在同类术语词典中用得相当混乱。例如阿赫玛诺娃的《语言学术语词典》和玛特维耶娃的《语言学术语大词典》中的语法标注有如下不一致之处：

表6-3　两部语言学术语词典语法标注的比较

名　称	《语言学术语词典》	《语言学术语大词典》
宾格(第四格)	вин. п.	вин.
与格(第三格)	дат. п.	дат.
单数	ед. ч.	ед.
阴性	ж. р.	ж.
阳性	м. р.	м.
复数	мн. ч.	мн.
中性	ср. р.	ср.

同样，领域标注中也有一些不统一的地方，同为花样滑冰，有的词典标注为〈花〉，而有的标注为〈花滑〉等；领域标注所用的符号，有的使用〈〉，而有的使用【】。

对于词典编纂以及术语编纂中的符号使用问题，国际标准化组织已公布一系列国际标准，包括：《辞书编纂符号（尤用于分类定义词汇）》（ISO 1951：1973）、《术语编纂中使用的辞书编纂和印刷符号》（ISO 1951：1997）、《词典条目的呈列：要求、推荐和信息》（ISO 1951：2007）。我国已根据上述国际标准制定和颁布等效的国家标准《辞书编纂符号》（GB 11617—1989）、《辞书编纂符号》（GB/T 11617—2000）和《辞书条目XML格式》（GB/T 23829—2009），它们的适用范围不仅包括字典、单语或双（多）语词（辞）典，也包括各类词汇、百科词（辞）

典等。

术语编纂者应有统一和规范信息标签的意识,对国际标准、国家标准已经规范的词典编纂符号,应自觉地加以使用;至于标准文件中没有提到的标签,应该参照公认或权威的语文词典或术语词典所使用的信息标注。

第七章 释义方法

第一节 意义、定义与释义

释义是词典编纂和术语编纂的核心问题。术语在语词词典和术语词典中的释义也常常引起一些争议：有学者坚持术语的释义等同于定义，也有学者认为术语释义无异于一般语词，定义只是其中的一种方式。讨论这一问题首先要搞清楚：意义、定义与释义三者之间是何种关系。

意义、定义与释义本来是不同学科的研究对象。意义是语义学的研究对象，定义是逻辑学的研究对象，释义是词典学的研究对象。三者的关系之所以会错综复杂，主要由于以下一些原因：

首先，三者在各自研究领域内未获得统一的认识，理解和界说各异。意义是语义学的研究对象，但语义学至今难以给“意义”下一个明确的定义。具体说到词汇意义或词义，情况也大体如此。在《从“概念”一词的释义说起——兼论词义概念及其关系》一文中，我们分析了十几种具有代表性的词义观，它们可归为两大类：一类是“反映说”或“本体说”，即将意义看成现实在说话人意识中的某种反映；一类是“关系说”，即认为意义并不存在于意识之中，而是语言符号的形式与内容之间的关系。在这两大类之中，还存在若干大同小异的次类。(郑述谱 2001：13－16)总而言之，对于什么是意义，或者更确切地说，什么是词汇意义，目前还没有一个统一的说法。定义也面临同样的困境，古往今来对它的界定不下数百种。法国学者雷伊曾编写《定义论》一书，搜罗、整理古今学者有关定义的论述。但他在该书前言中坦言，定义这个概念本身并不十分清晰：它既指下定义这一过程，也指定义的结果。对此，雷伊提出的解决方案是：用 defining 表示过程，而用 definition 表示结果。（雷伊 2000：vii）此方案是否会被接受，目前还难以判断。另一个问题在于定义的对象不十分明确。理论上讲，定义界定的是概念，但逻辑学上不仅可以说 conception definition（概念定义），也可以说 word definition（词的定义），ontology definition（本体定义）。对象的不确定使得定义的类型比较庞杂，包括分析定义与综合定义，明显的定义和不明显的定义，真实的定义与名义上的定义以及经典定义、直示定义、上下位定义、操作定义等。定义面临的上述问题，也大体适用于释义。释义既指解释词义的过程，也指词典条目中的描述内容。释义的原则、方法一直是词典学关注和讨论的焦点。

其次，三者都同概念有关，而概念本身又十分复杂。严格说来，三者之中唯有定义与概念直接相关，第二章对此已有交代。意义与概念都与人的思维有关，是外部世界认知结果在人脑中的凝结和呈现。一般认为，概念和意义之间具有以下三种关系：一是意义大于概念。概念反映事物的本质特征，意义不限于此。除了与此相关的概念意义外，广义的词汇意义还包括：语法意义，比如俄语名词的性、数、格意义，动词的时间、人称、体态意义等；组合意义，比如成语和其他惯用语的熟语性意义；评价意义，表示贬褒、语体色彩等；联想意义，如“公鸡”——好斗，“驴”——倔强等。二是意义等同于概念，尤其当它的表达手段是某个专门科学领域中的术语时。术语的意义仅限于概念意义，理解一个术语不需要语境，术语也没有评价色彩和联想意义。三是意义小于概念。意义是日常经验观察的结果，日常经验变化速度较慢，意义相对固定；而概念是科学思维的结果，其内涵随科学的发展而发展。有些词，比如“原子”，词汇意义基本没有什么变化，仍表示“不可切分”，但其所称谓的概念已经发生根本的变化。释义因为与意义相关而间接地与概念联系在一起。通常来看,词典的主要任务是解释词的意义,而概念意义在词义中占据主导地位。

再次,对象语言和描写语言(或元语言)的关系交错。对象语言是描写客观现实的语言,描写语言是描写对象语言的语言,即元语言。用汉语来描写英语,英语是对象语言,汉语是元语言。对象语言和元语言的关系可以累进,如果 B 语言描写 A 语言,那么 A 语言是对象语言,B 语言是元语言;如果 C 语言描写 B 语言,那么 C 语言是第二层级的元语言。这样说来,如果把科学语言看作对象语言,那么描写这种科学语言的表达式可以看成是一种科学元语言。例如牛顿第二定律可用公式定义如下:

$$\sum F = ma$$

其中,"F"表示"作用力","m"表示"质量","a"表示"加速度"。当描写科学语言的元语言是一套特殊的人工语言时,例如上面的公式,它和自然语言是可以分开的。但问题在于,描写科学语言的元语言很多时候是由自然语言充当的,上述表达式还可以表述为:

物体的加速度与受到的作用力成正比,与物体的质量成反比。

这时,"加速度""作用力""质量"既是某种元语言表达手段,也是自然语言的组成部分。换句话说,人们常常无法把自然语言和元语言区分开。自然语言和释义语言之间也存在同样的情况。把自然语言视为对象语言,那么描写自然语言词汇单位意义的释义语言是一种释义元语言。理想的情况是,释义元语言应该使用不同于自然语言的另一套符号系统,不少词典学家曾就此做过尝试。但直到今天,绝大多数词典的释义元语言仍由自然语言充当。这样一来,无论科学元语言,还是释义元语言都和自然语言重合在一起,对象语言和元语言的界限非常模糊。

最后,术语表达上的混乱。汉语之中,定义是定义,意义是意义,释义是释义,关系似乎相当清楚。在俄语中也不难找到与三者对应等值的词,定义与 определение,意义与 значение,释义与 толкование。但是,俄语之中有一个与 определение 绝对同义的词 дефиниция,前者是俄语固有的词,后者是由英语 definition 来的。英语之中,与三者对应的词只有两个,定义和释义都用 definition 表示,意义是 meaning。巴拉诺娃(Баранова А. Н.)、多布罗沃里斯基(Добровольский Д. О.)合编的《英俄语言学与符号学词典》中,与 толкование 对应的术语便是 definition。哈特曼、詹姆斯主编的《词典学词典》中将 definition 解释为:"工具书宏观结构中对词、短语或术语意义加以解释的组成部分。……"(Hartmann R. R. K., James G. 2000: 35)这里的 definition 恐怕只能译作"释义",而不是"定义"。同样,通过释义解释词或短语意义的一类工具书叫 defining dictionary(释义词典),相当于俄语的 толковый словарь(详解词典)。表达混乱更增加了区分上述基本概念的难度。

可见,属于不同学科的三个基本概念——意义、定义和释义处于十分复杂的关系之中。在语言的科学部分,当三者与科学概念和表达称谓的术语相关时,区分三者的空间更小。术语不同于日常语词的特点、传统术语学中的规定性描写方法将三者紧紧拴在一起。

第二节 逻辑定义

一、内涵定义的主导地位

术语释义中尽可能地使用逻辑定义是由术语的本质特点决定的,即术语称谓的对象是特定领域的科学概念。其中,内涵定义占有主导的地位。

国际术语标准《术语工作 · 原则与方法》(ISO 704: 2000)指出:"实际上,内涵定义比其他的概念描述法更好。只要可能,就应该使用内涵定义,因为内涵定义能最清楚地展现概念的本质特征。""内涵定义应以在分析的过程中确定的概念关系为基础。以属种关系为基础的定义应在相同的维度下,先陈述紧邻的或更高位的属概念,随后是用于区别给定概念与同一属种概念系统中的并列概念的本质特征。”可见,这里的内涵定义主要指属加种差式定义,也被称为经典式定义。在各类术语标准中,内涵定义所占的比例最高。以下是信息技术系列国家标准中的一些属加种差式定义:

数据处理:数据操作的系统执行;**内存**:处理器中所有可编址的存储空间和所有其他的用于执行 * 指令的内存储器;**输出的**:用来修饰或说明输出过程的设备、过程或输入输出通道,或相关的数据或状态;**网络**:节点和互连分支的一种安排;**计算机网络**:为数据通信目的将数据处理节点互连起来的一种网络;**局域网**:一种位于有线地理区域的用户宅院内的计算机网络;**终端**:系统或通信网络中的功能单元,可用来录入或取出数据;**用户终端**:一种使用户和计算机进行通信的终端;**可编程终端(智能终端)**:一种有内置的数据处理能力的用户终端;**连通性**:一个系统或设备所具有在无修改的情况下附于其他系统或设备的特性。

上述定义都是由一个判断构成的,其结构清晰展示了哪些部分为属概念,如“系统执行”“内存储器”“数据或状态”“安排”“网络”等;哪些是种差,如“数据操作”“所有可编址的存储空间和所有其他的用于执行 * 指令”“用来修饰或说明输出过程的设备、过程或输入输出通道”“节点和互连分支”等。

逻辑学对属加种差式定义的要求还在于:定义中的属概念是距离被定义概念最近的,即最直接的上位概念。上述定义展示概念结构中的层级性和递归性,如用“安排”作为“网络”的属概念,用“网络”作为“计算机网络”的属概念,用“计算机网络”作为“局域网”的属概念;用“功能单元”作为“终端”的属概念,用“终端”作为“用户终端”的属概念,用“用户终端”作为“可编程终端(智能终端)”的属概念。此外,上述定义还有直示内涵关系的指示性词语,例如“一种”“一个”。

名词委公布的各学科名词中,内涵定义也被置于优先的地位。如:

飞行器：在地球大气层中和太空飞行的器械的总称；**航空器**：能在大气层中飞行的各种飞行器；**气球**：无推动装置，以轻于空气的气囊提供浮力支持其重量的航空器；**机翼**：飞机上用来产生升力的主铩件；**三角翼**：平面形状为三角形，后缘平直，有大后掠角的机翼。（《航空科学技术名词》(2003年版)）

特征状态：在具体分类单元上表现出某一特征的状态；**祖征**：祖先具有的特征状态；**共同祖征**：两个或两个以上分类单元共有的祖征；**衍征**：由祖征衍化而来的特征状态：**独征（自有衍征）**：仅在某一分类单元中存在的独有的衍征；**共同衍征**：两个或两个以上分类单元共有的衍征。

（《微生物学名词》(第二版)）

在描写型术语编纂中，编者通常优先使用内涵定义。例如：

岩屑锥：在平缓的山麓地带由细而均一的岩屑组成的锥状堆积体；**加积平原**：在干旱区由河流沉积形成的广阔的扇形平原；**藻丘**：地层中由于存在一套含藻碳酸盐岩而形成的局部增厚或丘状隆起；**互层**：两种或更多种岩层的规律性交互出现；**泥**：是由黏土矿物及小于0.003 9的细碎屑组成的松散沉积物。（杨伟东，关平，李建明《英汉沉积学解释词典》）

校正透镜：材料和尺寸经选择后制成的无明显像差的复合透镜；**电子束**：指相同方向、相同速度的单一光源发射的电子流；**滞后**：摄像管中的电荷象在最初构成之后余留若干帧的现象；**抛光**：在研磨工序后，在透镜或反射镜表面进行的高度抛光、平滑和明显无晶化光学工艺过程。

（嵇钧生等《英汉光学术语释义词典》）

黑话：某一地方、社会或职业集团、尤其是社会下层特有的行话；**语支**：在某个语系中，源于某种共同原始语的一种或一组语言；**反问句**：指要求对前一句话加以肯定的疑问句；**表句词**：能独立地表达一个整句意思的词。

（哈特曼，斯托克《语言与语言学词典》）

内涵定义中种差部分如何确定，或者说它在语义上有哪些类型，国内外学者都曾关注过。具体说来，主要包括：

1）种差表示区别特征。区别特征通常是被定义对象的本质特征。例如：

信息检索：从存储的数据中获得给定主题下信息的各种动作、方法和过程;**系统文档集**:描写信息处理系统的要求、性能、限制、设计、操作和维护的文档的汇集;**兼容性**:功能单元所具有的无需明显更改即满足特定接口要求的性能。 (国家标准《信息技术·词汇·第1部分:基本术语》)

若物理特征构成概念的区别特征时,也可用作内涵定义的种差,如前面提到的"三角翼"。空间关系或方位特征常被用作种差,例如:

孢丝:黏菌及赋菌子实体内孢子之间的不育丝状结构;**子实下层**:子实层底部的菌丝组织。 (《微生物学名词》(第二版))

弧后盆地:板块俯冲带形成的火山岛弧与大陆之间的沉积盆地;**海岸沙丘**:由滨海砂经风改造、沿海岸带分布的沙丘;**应力**:作用于物体内任意截面上的附加内力强度。 (杨伟东,关平,李建明《英汉沉积学解释词典》)

在科学、技术领域的术语词典中,区分特征常常表现为一种数值关系,例如:

中砾:直径介于2 mm和64 mm间的陆源碎屑颗粒;**盐水湖**:矿化度或盐度大于35千克/升的湖泊;**砂页岩**:含砂量小于50%的页岩;**砂质泥**:含砂10%—50%,粉砂/黏土比率在1:2和2:1之间的未固结沉积物;**亚长石砂岩**:一种石英碎屑介于75%—95%之间,长石碎屑含量小于25%的长石石英砂岩。 (杨伟东,关平,李建明《英汉沉积学解释词典》)

小型聚光灯:一种小型菲涅尔式聚光灯,通常为750瓦或更小;**标准片摄影机**:使用宽度为16 mm或小于16 mm电影胶片的电影摄像机;**窄片摄像机**:使用宽度为35 mm电影胶片的电影摄像机;**含氟冕牌玻璃**:折射率等于或小于1.5,阿贝数为62—85的光学玻璃;**地球同步卫星**:在离地球35 680公里的轨道以每24小时一周的速度飞行的人造地球卫星,从而与地球保持着初始的相互位置。 (嵇钧生等《英汉光学术语释义词典》)

2)种差表示被定义对象的结构、组成或包含的内容。

八位(位)组(八位字节):一种由八个位组成的字节;**处理机(处理器、中央处理器)**:由一个或多个处理器及其内部存储器组成的一种功能单元;**计算机图形学**:借助计算机来构造、操纵、存储和显示*图像的各种方法和技术;**知识库**:一种数据库,包含有关某领域人类经验和专家知识的推理规则和信息。 (国家标准《信息技术·词汇·第1部分:基本术语》)

3）种差表示被定义对象的功能和作用。

个人计算机：一种主要供个人使用的微型计算机；**信号**：用来表示数据的一种物理量的变化（形式）；**软件包**：为类属的应用或功能提供给若干用户的一套完整的、带文档的程序。**应用软件**：专门解决应用问题的软件或程序。

（国家标准《信息技术 · 词汇 · 第1部分：基本术语》）

4）种差表示引起被定义对象的原因或产生的结果。

肿瘤病毒：引致肿瘤的逆转录病毒；**粉孢子梗**：产生粉孢子的特化菌丝。

（《微生物学名词》（第二版））

串沟：曲流河中，由于河水漫岸而在边滩上冲刷出来的凹槽；**拖痕**：冰川携带的砂砾随冰川运动在砾石中或基岩表面留下的拖拽印痕；**溢流**：从河槽越过河岸流出的水流。（杨伟东，关平，李建明《英汉沉积学解释词典》）

5）种差部分表示事物发生、来源和形成情况。

系统发育分类：以系统发育研究为基础的生物分类；**基群**：在单系群内最早分支的类群；**牙管**：真菌孢子萌发时最先出现的菌丝结构；**热激蛋白**：微生物在热机应答反应中合成的特异性蛋白质；**赭曲毒素**：某些曲霉或青霉素产生的毒素。（《微生物学名词》（第二版））

6）种差部分表示方式或媒介。

桌面出版：使用微型计算机的电子出版。

（国家标准《信息技术 · 词汇 · 第1部分：基本术语》）

镜验：在显微镜下观察样品的操作。（《微生物学名词》（第二版））

种差部分还可以是几种语义类型的组合，例如国家标准《信息技术 · 词汇 · 第1部分：基本术语》的以下定义：

功能 + 内容

固件：功能上独立于主存储器，通常存储在只读存储器中的指令和相关数据的有序集。

外形 + 功能

盘：一种扁平的圆盘构成的数据媒体，它可转动，以在某一面或两面读写 * 数据。

材质+结构

芯片：一小片半导体材料，它包含互连的电子元件。

外形+功能+方式

膝上(型)计算机：一种小而轻，能在人的膝上操作，且由电池供电的便携(式)计算机。

本质特征+组成+功能

程序：一种符合某一特定的编程语言规则的句法单元，由声明和语句或指令组成，用来完成某一具体功能、任务或解决某一问题。

二、部分整体定义的辅助地位

除了属加种差式定义外，术语标准中也常使用部分整体定义。以下是信息技术系列国家标准中的一些部分整体定义：

硬件：处理系统中物理组成部分的全部或部分；**字符**：元素集的一个成员，它用于数据的表示、组织或控制；**消息处理子系统**：消息处理系统中具有功能意义的一部分；**标题**：在某些类型的消息中，包含了对用户代理进行处理有用的信息的那一部分内容；**主题**：在标题中，由始发方的规定概括了信息内容的部分；**编码信息类型**：包封中标识内容个别部分的编码信息的类型的部分；**内容类型**：包封中标识总体内容的句法和语义的部分。

上述定义中，一方面指出被定义概念所属的整体，如"处理系统""元素集""消息处理系统""消息"等；另一方面，指出将部分概念区分出来的特征，"物理组成部分的""数据的表示、组织或控制""具有功能意义的""包含了对用户代理进行处理有用的信息的……内容"等。部分整体关系定义同样具有层级性和递归性，整体概念中可以划分出部分概念，部分概念还可以作为整体包含若干部分。上述定义中，"消息"与"标题"之间，"消息"是整体概念，"标题"是部分概念；"标题"与"主题"之间，"标题"是整体概念，"主题"是部分概念。上述定义中包含直示部分整体关系的指示语，如"部分""成员"。

在描写型术语编纂中，部分整体定义也用得较普遍。例如：

舌叶：指舌头紧接着舌尖的那一部分；**词根**：指把屈折词缀和派生词缀都去掉后剩下来的部分；**强音**：音步的重读部分；**首尾部**：音节的起首部分和末尾部分。（哈特曼，斯托克《语言与语言学词典》）

露头：底层出露于地表的部分；**上盘**：倾斜的断面、岩脉、矿脉、岩层的上覆侧，也指采矿作业面的上覆侧；**中扇**：冲积扇、浊积扇的中间部分；**滨外**：指低潮线外的海洋部分。（杨伟东，关平，李建明《英汉沉积学解释词典》）

三、外延定义的补充地位

外延定义也被称为列举（式）定义，它将被定义概念指称的客体直接列举出来。外延定义的特点在于：并列各项之间不用连接词，用表示选择关系或者合取关系的连接词时，它们的意义都是相同的，都构成逻辑上的合取关系。例如对“词缀”的以下几种外延定义意义相同：

词缀：前缀、中缀、后缀的总称。（无连接手段）

词缀：指前缀、中缀和后缀。（合取关系）

词缀：指前缀、中缀或后缀。（选择关系）

在术语标准中，外延定义是内涵定义和部分整体定义之外的选择。国际标准《术语工作·原则与方法》（ISO 704：2000）指出：“只有在内涵定义难以撰写时，方使用外延定义。当被列举的概念数目有限，概念的列表完备，以及下位概念可以用内涵概念表述清楚或为大众所熟知时，才可使用外延定义。”例如：

编程：设计、编写、修改和测试程序；**数据处理系统**：执行数据处理的一台或多台计算机、外围设备和软件；**位（比特、二进制数字）**：二进制计数制中使用的数字 0 或 1。（《信息技术·词汇·第 1 部分：基本术语》）

在名词委公布的各学科名词、描写型术语词典中，外延定义也是对内涵定义和部分整体定义的补充。例如：

地形：地貌和地物的总称；**人口统计数据**：对人口分布特性进行统计得到的各类空间数据和属性数据的总称；**字符**：用以控制数据或表达数据的大小写英文字母、数字、标点符号及其机读代码的总称。

（《地理信息系统名词》（第二版））

功能符：黏着语素和功能词的总称；**腭音**：软腭音和喉音的总称；**假名**：平假名和片假名的总称，平假名和片假名是日语的音节文字系统。

（哈特曼，斯托克《语言与语言学词典》）

四、"准"逻辑定义

在术语编纂中，逻辑定义的结构可能发生变化，构成各种变体形式，主要包括非特殊定义和整体式定义。

1. 非特殊定义

内涵定义包括属和种差两部分，非特殊定义只有属概念，无法区分出种差部分。例如：

словоформа. Данное слово в данной грамматической форме.（**词形**：具有某一语法形式的词）

（阿赫玛诺娃《语言学术语词典》）

气泡：玻璃中残存的气体（气泡）。

光束：集中的光线束。

（嵇钧生等《英汉光学术语释义词典》）

这些定义似乎可以区分出属概念，例如"слово"（词），"气体""光线束"，但实际情况是，这些定义作为整体相当于被定义概念的属概念或被定义概念本身，它们已经有点接近于同语反复。非特殊定义的另一种形式是直接指出所定义概念所属的上位概念，例如：

nasal plosion назальный взрыв. Вид побочного взрыва.（**鼻破裂音**：边破裂音的一种。）

（汉普《美国语言学术语词典》）

奥长石（更长石）：斜长石的一种。

（杨伟东，关平，李建明《英汉沉积学解释词典》）

非特殊定义存在的基础是被定义概念的种差部分暂时无法确定或难以区分出来。

2. 整体式定义

在部分整体定义中，被定义概念通常表示部分，其整体概念则出现在定义之中，而整体式定义的结构正好与之相反。例如：

лексика. 1. вся совокупность слов, входящих в состав какого-л. языка или диалекта.（**词汇**：进入某一语言或方言的词的总和）

（阿赫玛诺娃《语言学术语词典》）

水系：符合一定条件的水团的集合。 [《海洋科技名词》（第二版）]

上述定义中，被定义概念“词汇”“水系”是整体概念，而定义中的“词”“水团”却是其组成部分。可见，整体式定义用部分来定义整体，它与外延定义的相似之处在于列举整体的组成要素。整体式定义和外延定义的区别在于：外延定义所包含的客体有限且可以列数出来，而整体式定义包含若干甚至无数同类客体，上面“词汇”的定义相当于词$_1$ + 词$_2$ + 词$_3$ + …… + 词$_n$。

非特殊定义和整体式定义都不是严格的逻辑定义，但在术语编纂中却经常使用。

五、违反规则的逻辑定义

撰写逻辑定义要符合一系列规则，如概念应当准确和适度、尽量简洁，避免同语反复和循环论证等，但术语词典中也能发现与这些规则不符的定义。

1. 定义过宽或过窄

内涵定义具有递归性，构成从上到下的层级关系，但如果定义中的属概念不是距离种概念最近的上位概念，就会破坏内涵关系的递归性，使得层级关系断裂，从而造成定义过宽。例如：

Сказуемое：Слово（или сочетание слов），выражающее предикацию и функционирующее поэтому в качестве центрального конституирующего члена предложения.［**谓语**：表达述谓关系并可用作句子中心结构成分的词（或词的组合）。］

（阿赫玛诺娃《语言学术语词典》）

在该定义中，“слово（или сочетание слов）”［词（或词的组合）］并不是被定义种概念“сказуемое”（谓语）最直接的属概念。验证这一点最好的办法是将该定义与同一层级的概念定义进行比较。在语法学术语体系中，与“谓语”处于对应关系的同层级概念应当是“主语”。该词典对“подлежащее”（主语）的定义如下：

подлежащее：главный член двусоставного предложения, грамматически не зависимый от других членов предложения и указывающий на то, к чему относится информация, содержащаяся в сказуемом.（**主语**：语法上独立于其他句子成分、指出谓语所包含的内容与其相关的双部句主要成分。）

该定义中的属概念部分“главный член двусоставного предложения”（双部句主要成分）。在语法上，双部句的主要成分包括主语和谓语，也就是说，是它们最直接的上位概念，用它作为主语和谓语的属概念比词（或词的组合）更为合适。

同样，将“菱形”定义为“在一个平面内一组邻边相等的四边形”，也犯了定义过宽的毛病，因为菱形最直接的上位概念是平行四边形。

与定义过宽相反的情况是定义过窄，指将种概念具有的区别特征用在属概念上，从而缩小属概念指涉客体的范围。例如：

菱形：在一个平面内一组邻边相等且垂直的平行四边形。

这样的区别特征是菱形的下位概念正方形所具有的，正确的定义应当是：

菱形：在一个平面内一组邻边相等的平行四边形。

2. 使用否定定义

定义旨在揭示概念的本质特征，否定定义只表示概念不具有某特征，并未对其具有的特征加以说明，应尽量避免使用。只有当被定义概念的区别特征恰好为不具备某种属性时，定义项中才可以包括负概念。例如：

有旋流：流场中速度旋转不为零的流动。

［《航空科学技术名词》（2003 年版）］

恒电荷表面：电荷不随环境 pH 的变化而变化的胶体表面。

［《土壤学名词》（1999 年版）］

在术语编纂中碰到被定义概念包含否定意义成分，应尽量选择其

所具有的特征进行描述。例如:

неподвижное ударение: Ударение, сохраняющее свое место в пределах данной парадигме.(**不变重音**:在特定聚合体中位置保持固定的重音。)

(《斯拉夫语言学术语词典》)

由此可见,使用下列否定定义是没有根据的。例如:

死语言:不再作为语言集团口头交际媒体的语言。(可改为:社会集团停止使用且消亡的语言。)

草原土壤:不在森林覆盖下发育而成的土壤。(可改为:在天然草类覆盖下发育而成的土壤。)

假彩色(伪彩色):不是物体固有的而是人为的颜色。(可改为:附加在物体上的、人为的颜色。)

3. 同语反复或循环定义

同语反复指定义中直接或间接出现被定义概念本身。例如:

交换:人们相互交换活动或交换劳动产品的过程。

生命:有生命的物体的生理现象。

科学技术情报:既与科学有关也与技术有关的情报。

白炽发光:白炽材料的发光。

表面淬火玻璃:表面经过淬火处理的玻璃。

栅线长:栅线的长度。

循环论证指两个相关概念互相定义,即用 B 概念来定义 A 概念,又反过来用 A 概念来定义 B 概念。例如:

原生林:由天然林分构成的森林。

天然林分:生长在原生林的林分。

两个定义中,用"天然林分"定义"原生林",而"天然林分"反过来是通过"原生林"定义的。如果将"天然林分"定义中的"原生林"用其定义替换的话,就会变成"生长在由天然林分构成的森林的林分",定义中同样包含被定义概念。这就说明,循环定义是同语反复的一种变化形式。它们的不足在于没有提供与被定义概念相关的新信息。

4. 外延定义不周延

周延的外延定义应当列举出被定义概念所指涉的全部有限客体。如果被定义的概念指涉的客体不是有限的,或者外延定义未列举出被定义概念指涉的全部客体,都算是不周延。例如:

罗曼语语言学:对诸如拉丁语、法语、西班牙语、意大利语、葡萄牙语、罗马尼亚语等罗曼语进行语言描写的总称。

数据:对某一目标或现象进行定性或定量描述的数字、文字、符号、图形、图像等。

数据库对象:数据库的组成部分,常见的有:表、索引、视图、表格、规则等。

发音系统:指鼻、唇、齿、舌、软腭和其他发音器官。

上述定义中使用"等""其他"之类的表述,表明概念的外延并没有全部列举出来,这显然不符合对外延定义的逻辑要求。

5. 定义不系统

在逻辑定义系统中,由同一属概念区分出来的种概念应该采取相同的定义模式,否则就破坏了定义的系统性。例如:

波峰:波浪的最高点。

波高:波谷最低点到波脊的垂直距离。

波谷:两平行波脊之间的低洼部分。

波长:垂直的两个相邻波峰之间的水平距离。

"波峰""波高""波谷""波长"四个相关概念的上述定义难以构成系统,因为它们的属概念、区分特征是不统一的。

六、逻辑定义的组合

1. 内涵定义+部分整体定义。例如:

光缆或光缆捆束分支:光缆或光缆捆束的一部分,由光缆或光缆捆束主干分出并形成一个支路。(嵇钧生等《英汉光学术语释义词典》)

前滨:海滨带的一部分,为平均潮位至最低潮位线之间的地带,其水动力

较高。　　　　　　　　　　　　（杨伟东，关平，李建明《英汉沉积学解释词典》）

上述定义中的前半部分，即“光缆或光缆捆束的一部分”“海滨带的一部分”是部分整体定义，剩下的部分是内涵定义。

2. 内涵定义＋外延定义。例如：

工作站：一种功能单元，通常具有专用的计算能力，包括面向用户的输入设备和输出设备。　　（国家标准《信息技术·词汇·第1部分：基本术语》）

图廓线：一幅图的范围线。分为内图廓线和外图廓线。

（《地理信息系统名词》（第二版））

海图：以海洋为主要描绘对象的地图。按表内容分为航海图、普通海图和专题海图。　　　　　　　　（《海洋科技名词》（第二版））

透镜：显微镜光学放大系统的基本元部件，分为凸透镜（正透镜）和凹透镜（负透镜）两大类。　　　　　　　　（《微生物学名词》（第二版））

加积作用：沉积物在沉积盆地中的沉积重填作用，包括垂向加积和侧向加积。

母岩：沉积物的源岩，包括火成岩和变质岩以及先前存在的沉积岩。

火山灰：一种粒径为0.01—2 mm的火山碎屑物质。按成分可分为岩屑、晶屑、玻屑。　　　　（杨伟东，关平，李建明《英汉沉积学解释词典》）

在术语编纂中，内涵定义＋外延定义的组合很常用。上述定义由两部分组成，前一部分指出被定义概念的内涵，如将“工作站”定义为“具有专用计算能力的功能单元”，将“图廓线”定义为“一幅图的范围线”等；后一部分指出被定义概念所包括的对象，如“工作站”包括“面向用户的输入设备和输出设备”，“图廓线”包括“内图廓线和外图廓线”等。

3. 部分整体定义＋外延定义，例如：

水下三角洲：三角洲平原的水下延续部分。包括三角洲前缘和前三角洲。　　　　　　　　　　　　（《海洋科技名词》（第二版））

该释义前一部分“三角洲平原的水下延续部分”为部分整体定义，后一部分“三角洲前缘和前三角洲”为外延定义。

七、逻辑定义的局限性

虽然逻辑定义是揭示概念内容的有效方法，但它也有局限性。主要表现在：

1. 存在一些无法定义的概念

定义与概念之间不是等同，而是限定和被限定的关系。definition 在希腊语中最初的意义就是表示"界限"。从理论上说，概念作为思维的产品和结果，是各种特征的复杂集合，定义只是将其中能与其他相关概念区分开来的特征抽取出来并加以描写，定义方法有助于概念的确定，但同时也将概念中的其他特征忽视了。一些人文学科的基本概念包含复杂的特征体系，从不同的角度对它们进行分析，能够抽取出不同的区分特征，这些概念的内容难以用一个定义加以概括，例如回答什么是哲学，什么是美，什么是意义等问题，只靠一个定义远远不够。正如哈特(Hart H. L. A. 1996：1)在《法律的概念》一书中所描述的那样："在与人类社会有关的问题中，没有几个像'什么是法律'这个问题一样，如此反反复复地被提出来并且由严肃的思想家们用形形色色的、奇怪的甚至反论的方式予以回答。即使略过古代和中世纪关于法律'本性'的思索，而仅仅注意近 150 年的法律理论，我们在任何其他作为独立学科而被系统研究的客体中也看不到这种情况。"从某种意义上说，类似"法律""哲学""美""意义"这样的概念具有某种不可定义性。

2. 定义的更新滞后于概念的发展

概念无时无刻不在发展，而定义一经确定，在一段时间内保持相对稳定。例如从 20 世纪 40 年代至今，"电子计算机"这一概念已经发生翻天覆地的变化，远远超过相关定义内容的变化。不妨看看该概念在下列术语词典中是如何定义的：

计算机：一种功能单元，它能进行大量的计算，包括无需人工干预的算术运算和逻辑运算。　（国家标准《信息技术·词汇·第 1 部分：基本术语》）

计算机：可根据指令改变数据，并可在没有人工干预的情况下进行操作而得到预期效果的一种机器设备。

（《韦伯斯特新世界英汉计算机词典》（第六版））

computer：A mechanism enable of manipulating data. Unlike a desk calculator that is manually guided step-by-step, a computer uses programmed instructors to guide its operation. A device capable of using a stored program(set of instructions) to solve problems by accepting data(input), performing operation on the data(processing) and supplying the results of these operations(output). [**计算机**：一种能处理数据的机器。与按步骤人工操作的台式计算器不同，计算机运用程序指令指导操作。是一种能运用储存程序（一系列指令）并通过接收数据（输入）、执行数据操作（处理）、提供上述操作结果（输出）来解决问题的设备。]

（《微型计算机术语百科全书》）

无论国家标准，还是术语词典中的定义，都只指出"电子计算机"的一些基本特征，即是一种机器（或设备），基本功能是自动处理数据，而当代计算机的一些特征，如智能化、知识处理能力等并未反映出来。

3. 定义无法覆盖学科术语的全部

逻辑定义系统是一个自足的系统，定义中出现的概念是被定义过的已知概念。这就是说，在定义系统中，如果用 B 来定义 A 的话，那么 B 又是通过 C 来定义的。如此类推，任何定义系统似乎都存在循环论证，因为没有一个概念不是通过其他概念来定义的。为了解决这一问题，定义系统中总要预先设定一些公认的、无需定义的基本概念，并通过它们再给其他概念下定义。近年来，有些学者提出"语义元语言"，旨在创造一种用于语义描写的人工语言，从而避免释义语言和自然语言的重合。不过，同其他国际辅助语言一样，被公认的且被广泛接受的语义元语言方案目前还没有。

第三节　语 言 释 义

在术语编纂中，除逻辑定义外，还使用各种语言手段释义，主要包括描写性释义、对释式释义、语法性释义和操作性释义。

一、描写性释义

描写性释义是将概念描述出来,术语词典中常用这种释义法。例如:

语言调查:这是对一个国家或地区使用语言的情况进行调查,可能是为了弄清如下问题:(1)这地区所讲的是哪些语言?(2)这些语言用于什么目的?(3)不同年龄组的人使用这些语言,熟练程度有无区别?进行语言调查可能是为了查明某种语言的惯用法。例如,伦敦大学的英语惯用法调查组已经积累了说标准语的人在不同情况下如何使用不同词语的许多资料。

(王宗炎《英汉应用语言学词典》)

instrument panel 仪表板:仪表板装配各种仪表,使驾驶员在驾驶时能够从表上看出车辆运行情况。例如机油压力、水箱温度、燃料储存、充电情况和行驶速度里程等,都可以从仪表板上的表计指示出来。

electro sensor panel 电传感器表板:1974 年,日本丰田汽车首先装用这种电传感器表板。装在驾驶座位的上方,用指示灯接至十一个测验点。其中 4 点是有关灯光的(前灯、尾灯、牌照灯、制动灯),4 点是有关液体容量的(刮水器清洗机、蓄电池液、水箱、曲轴箱),3 点是有关制动的(制动液过低、动力制动真空失效、制动片磨耗过快)。上述 11 种故障发生时,都能够在表板上用警告灯指出。(王启熙《英汉汽车词汇简释》)

火山弹:火山碎屑物质之一,由抛到空中的塑性熔浆因旋转冷凝而成,多呈椭球型,大小不等,常分布在火山口附近。

二叠纪:二叠纪是古生代最后一个纪,开始于距今 2.85 亿年,延 5 500 万年。二叠纪时,地壳运动强烈,自然地理变化迅速,从而促进了生物界的变革。植物以松柏、苏铁、种子蕨、石松、真蕨类等最为重要;脊椎动物中两栖类繁盛,还出现了原始爬行类;海生无脊椎动物以蜓类、珊瑚、腕族类和菊石类最重要。(杨伟东,关平,李建明《英汉沉积学解释词典》)

描述性释义的特点在于:1)采用描述的方式,一般不是由一个而是由几个句子组成;2)不是根据特征来组成释义内容;3)被定义对象可以出现在释义之中。这与逻辑定义的一些要求,如形式为一个判断,反映概念的本质特征,定义中不允许出现被定义项等,是不同的。

描述性释义的一种变化性形式是上下文释义,即借助语境来释义的方法,著作、教科书常用此释义法。例如,哲学家罗素(Russell B. 1991: 1)在《论历史》中写道:"懂得世界是怎样发展到了我们的个体记忆所从而开始的那一点,懂得我们所生活于其中的各种宗教、各种制度、各个民族是怎样变成他们现在的样子,熟悉其他时代的伟大人物,熟悉与我们自身大为不同的各种习俗和信仰——所有这些东西,对任何有关我们自己地位的意识、对任何摆脱于我们自己教育上的偶然境遇,都是不可或缺的。"这段话不是对"历史"的定义,但从中大致能体会到:它描写的内容与我们所了解的历史的内涵大体吻合。

在术语词典中,也使用类似的上下文释义。以下是马鲁佐(Marouzeau J.)《语言学术语词典》俄译本对"原始语"的释义:

> **праязык, язык-основа, язык-предок.** В классификации языков по семьям так называют язык, из которого нормальным путем возник тот или иной рассматриваемый язык: латинский является языком-предком французского. Это выражение, наводящее на мысль о родстве того типа, какое наблюдается у живых существ, лучше сказать—преобразование, причем язык-потомок представляет собой не новый язык, а новое состояние эволюционировавшего языка.(**原始语**:在语言谱系分类中,我们称其为这样一种语言,即从中可以演化出某种正在研究的语言。拉丁语是法语的原始语。这一表述使我们脑中想到在生命体内产生的那种血缘关系,这最好应说成革新,因为演化来的语言不是一种新的语言,而是语言进化后的新状态。)

在术语编纂中,如果类似的上下文释义不是由编者撰写的,而是从相关著作中摘抄下来或引证的,就会构成引证释义,像《美国语言学术语词典》《布拉格学派语言学词典》中使用很多引证释义,因为对于很多语言学术语的使用,这两个学派通常有自己独特的解释。

二、对释式释义

对释式释义指用同义(或近义)词或短语、反义词或短语进行释义

的一种方法。同义词或近义词释义在术语词典中经常遇到,例如:

增益系数:与 absorption coefficient(吸收系数)同义。

双折射晶体:与 doubly refracting crystal(双折射晶体)同义。

十字丝:是 reticle 的英国用法。

基级:是 ground state(基态)的另一术语。

倒边:倒棱或保护性倒角。

倒片台:即台式倒片机。

正透镜:即会聚透镜或凸透镜。

夫琅和费衍射图:远场衍射图的同义词。

(嵇钧生等《英汉光学术语释义词典》)

反义词或反义短语释义则相对少用。例如:

naive knowledge наивное знание. ... противляется научному знанию.(**朴素知识**:与科学知识相对。)

(巴拉诺娃,多布罗沃利斯基《英俄语言学与符号学词典》)

subordinate. opposed to coordinate.(从属:与并列相反。)

(汉普《美国语言学术语词典》)

对释式释义经常用在一般双语词典中,同其他释义方式相比,它比较简短、精练。理论上说,它不能算作一种解释,而只是提供表达相同概念或相对概念的另一种方式。在学习型术语编纂中,对释式释义应尽量避免使用。原因在于:这类词典的使用者是初学者、爱好者,他们对学科领域概念体系几乎不了解,甚至一无所知,编者用来解释某个概念的同义、近义或反义概念对他们来说或许同样生僻。

用同义词组来释义的另一个不足在于容易导致逻辑上的循环论证和同语反复。例如:

словоударение—то же, что словесное ударение(**词重音**:也就是词的重音。)

类似的对释式释义并未提供有关概念内容的新信息,反倒更接近于同语反复。

三、语法性释义

语法性释义指通过语法属性、构成特点等来释义的一种方法。例如：

постпозитивный. Находящийся в постпозиции.（**后置的**：处于后置位置的。）

сингармонический. Прил. к сингармонизм.（**元音和谐的**：元音和谐的形容词。）

（阿赫玛诺娃《语言学术语词典》）

比尔-朗伯定律：将比尔定律和朗伯（吸收）定律合并所得的定律。

（嵇钧生等《英汉光学术语释义词典》）

可见，语法性释义多于解释派生术语。有的学者把对释式释义和语法性释义统称为相关性释义，它们的共同之处在于不是解释头条的内容，而是借助形式、意义或者功能上相关的其他语词来释义。

四、操作性释义

操作性释义是描写概念产生典型过程的一种释义方法。例如：

接头消音（遮住声迹）：为防止还音机中产生“咔嗒”噪音，把光学声带上的接头遮盖住或穿孔。

列入角：光以近似垂直于法线的角入射到表面上。

全息透镜：打开全部页面编排器孔阑，并在各存储单元置一点光源，从而在烙盐明胶上形成的一系列永久全息图。它的作用相当于分光镜，提供参考光束和物体光束。

（嵇钧生等《英汉光学术语释义词典》）

操作性释义与描写性释义接近，但前者是在动态中描写概念，在操作性释义中仿佛存在目睹概念发生过程的潜在“观察者”。由于操作性释义描写现实场景，它已经有点接近于直示释义的方法。

第四节 直示释义

术语是一种符号，它通过概念指向外部客体。如果逻辑定义是对概念加以界定，语言性释义与术语的形式有关，那么直示释义就是借助客体进行释义的一种方法。

上一章提到，术语词典中的语词例证也罢，图表例证也好，都是一种辅助的释义手段，图表例证提供术语所指涉客体的“原型”。直示释义的优点在于直观、准确。化学分子式与化学名称相比，不仅准确，且能超越民族和语言的界限。直示释义的不足体现在只适用于现实世界中存在的客体。虽然古代存在但后来消失的客体，可以依据化石、文献等复原当时的形象，在《地质词典(三)古生物·地史分册》中就有不少古生物的图像；假想的客体，如“美人鱼”“独角兽”“四不像”等，可以凭借想象给出图像。但对于消失的客体或假想的客体，直示释义可能造成认识上的误差。而且，不同民族假想的客体形象往往不一致，比如东西方认知中的“龙”。抽象客体难用直示法释义。即便是现实客体，直示释义也是有局限的。认识是一种抽象化、概括化的活动，认识的对象是客观世界的一类事物，它们之间既有共性，也有差异。直示释义往往选择客体类中的典型代表，即“原型”。例如，说到哺乳动物，一般选择“狗”，但狗只是哺乳动物中的典型代表；还有一些哺乳动物，如“蝙蝠”“鲸”等，与狗的外形差别很大，但术语编纂者又不可能提供客体类中所有事物的图示。因此，在术语编纂中，图示释义往往是辅助性的。

第五节　语文释义、术语释义与百科释义

一、释词、释概念与释物

对于语文释义、术语释义与百科释义三者之间的关系，学界一直存有争议。如果一定要对三类词典的释义加以区分的话，那么总体上可以认为：语文词典是释词，术语词典是释概念，百科词典是释物。因此，语文词典中可以发现各种各样的释义方法，语文释义应尽量减少科学

性的描述,即"找出合乎科学但又不是百科性的最低底线"。按一位国内学者的话说:"内行看了不错,外行看了能懂。"语文释义似乎是在"不错"和"能懂"之间达到平衡。术语词典中也大体上使用语文词典的释义方法,但它们所占的比例不同,内涵释义在所有的术语词典中占据主导地位,而在规范型术语编纂中占据更高的比重。百科释义的信息量最为丰富,因为它要尽可能全面地提供所描写对象的信息。

如果把讨论范围缩小到语文词典中专科条目的释义与术语词典释义、百科释义之间的关系,上面的原则仍然适用。谢尔巴曾经指出:语文词典中"直线"的释义,不必像在几何学中那样,说是"两点之间的最短距离",而应像在日常生活中那样,说"直线"是指"一根不左右(不上下)弯曲的线"就可以了。至于对"直线"的不同理解和不同研究方法等百科释义的内容,语文释义更无需提及。同样,对于语言学基本概念"词",不同类型词典的释义还是有区别的:

① 语言里最小的、可以自由运用的单位。[《现代汉语词典》(第六版)]

② A single unit that can be represented in writing or speech.(能在书写或口语中被表示出来的单位。) (《柯林斯 COBUILD 英汉双解词典》)

③ Предельная составляющая предложения, способная непосредственно соотноситься с предметом мысли как обобщенным отражением данного《участка》(《кусочка》) действительности и направляться(указывать) на эту последнюю; вследствие этого слово приобретает определенные лексические, или вещественные свойства.[句子的最小组成部分,能够与抽象反映特定现实片段或部分的思维对象直接对应并指向该片段或部分,因此具有特定的词汇和事物属性。] (阿赫玛诺娃《语言学术语词典》)

④ 能独立运用的最小的音义结合体。 (《语言学名词》)

⑤ 语言中音义结合的、能够独立运用的最小单位。词用以指称事物、现象、过程、特征或关系,是语言的基本结构单位。人们在使用语言时首先总是想到词,在分析和研究语言时也必然考虑到词。词不仅是词汇学的研究对象,也是构词学、词法学甚至是句法学的研究对象。……

(《语言学百科词典》)

⑥ Основная структурно-семантическая единица языка, служащая для именования предметов и их свойств, явлений, отношений действительности, обладающая совокупностью семантических, фонетических и грамматических признаков, специфичных для каждого языка...（语言中的基本结构和语义单位,用于称谓现实中的事物及其属性、现象或关系,具备每种语言特有的各种语义、语音和语法特征。……）

（亚尔采娃 Ярцева. В. Н.《大百科词典 · 语言学卷》）

上述释义中,①、②为语文释义,基本达到了“不错”和“能懂”的目的。③、④为术语释义,前者指出“词”的功能、意义等特征,与①和②相比,这些特征更为深刻,更具科学性,后者虽然与①比较接近,但属概念“音义结合体”揭示“词”的语言学特征,⑤、⑥为百科释义,与③、④相比,它们提供更多有关“词”的知识,例如⑤指明它是词汇学、构词学、词法学等语言学学科的研究对象,⑥指出其有语义特征、语音特征、语法特征等。（叶其松 2010：124－130）

二、界限的模糊性

1. 朴素概念和科学概念的模糊性

通常认为：普通词反映朴素概念,它以日常经验为基础;术语反映科学概念,它以科学认识为基础。这样看来,以朴素概念为基础的释词和以科学概念为基础的释概念、释物之间是对立的。但朴素概念是科学概念形成的基础,科学概念也可能转化为朴素概念。而且,由于科技的进步、人类认识水平的提升以及信息传播速度加快,科学概念、朴素概念之间的界限正在逐渐缩小且日趋模糊。

例如,以下是奥若戈夫、什韦多娃编写的《俄语详解词典》对“слово”（词）的释义：

Единица языка, служащая для наименования понятий, предметов, лиц, действий, состояний, признаков, связей, отношений, оценок.（用于命名概念、事物、人物、行为、状态、特征、联系、关系、评价的语言单位。）

《俄语详解词典》对“词”的释义比同为语文词典的《现代汉语词典》要更“科学”一些。但也存在与之相反的情况,即《现代汉语词典》对专业词的释义比《俄语详解词典》更科学。以下是两部词典对“水”(вода)、“柳”(ива)的释义:

> **水**:① 最简单的氢氧化合物,化学式 H_2O。无色、无味、无臭的液体,在标准大气压(101.325 千帕)下,冰点 0℃,沸点 100℃,4℃时密度最大,为 1 克/毫升……
> [《现代汉语词典》(第 6 版)]
>
> **вода**: Прозрачная бесцветная жидкость, представляющая собой химическое соединение водорода и кислорода.(透明、无色液体,是氢氧化合物。)
> (奥若戈夫,什韦多娃《俄语详解词典》)
>
> **柳**:① 柳树,落叶乔木或灌木,枝条柔韧,叶子狭长,葇荑花序,种类很多,有垂柳、旱柳等……
> [《现代汉语词典》(第 6 版)]
>
> **ива**: Кустарник или дерево с гибкими ветвями и узкими листьями.(灌木或乔木,枝条柔韧,叶子窄。)
> (奥若戈夫,什韦多娃《俄语详解词典》)

也就是说,对于如何实现“内行看了不错,外行看了能懂”这一原则,不仅不同编者,就是同一词典的编者也不是绝对统一的。

2. 术语释义和百科释义的模糊性

术语释义和百科释义之间的界限是相对模糊的。在术语词典中,逻辑定义和语言学释义常常结合使用,使术语释义具有一定百科性质。请看《英汉光学术语释义词典》对“偏振”的释义:

> **偏振**:就光辐射而言,指对磁场或电场矢量振动在单一平面中的限制。在电磁辐射束中,偏振方向就是电场矢量(当电场前后振荡时,正负无差别)的方向,有直线偏振光、圆偏振光和椭圆偏振光。偏振矢量总是处于与射束方向垂直的平面上。在接近于某个给定的空间稳态点,射束的偏振方向能够以随机形式变化(非偏振射束),能够保持不变(平面偏振射束),或者能够有偏振方向相互垂直的两个相干平面偏振分量。在后一种情况下,取决于两个波的振幅和其相应的相位,其组合电矢量轨迹为椭圆形,其波即所谓的椭圆偏振波。椭圆偏振和平面偏振可以通过双折射光学系统相互转换。

在释义部分，第一句是对概念的逻辑定义，第二句是依据“偏振方向”对“偏振光”的分类，后面是对“偏振矢量”的各种情况的描述。

同样，百科词典中也常常使用逻辑定义来进行释义。以下是《社会学百科词典（俄、英、德、法、捷克语）》部分条目的释义：

> **БИОЛОГИЗМ**：Тенденция использовать понятия и принципы биологии для описания и объяснения соц. явлений.（**生物主义**：使用生物学概念、原则描述和解释社会现象的趋势。）
>
> **ДАВЛЕНИЕ СОЦИАЛЬНОЕ**：Принуждение，применяемое по отношению к индивидам или группам с целью принятия и соблюдения ими определенных соц. норм.（**社会压力**：面向个体或群体的、以便使其接受或遵守特定社会规范的强制手段。）
>
> **НАЗВАНИЕ**：Языковое выражение，обозначающее предметы и классы предметов，их свойства и отношения.（**名称**：称谓某些或某类事物与其属性、关系的语言表达。）

这些释义与属种定义的结构是完全吻合的，“趋势”“强制手段”“语言表达”为属概念，“使用生物学概念、原则描述和解释社会现象的”“面向个体或群体的、以便使其接受或遵守特定社会规范的”“称谓某些或某类事物与其属性、关系的”为种差。

造成语文释义、术语释义与百科释义之间界限模糊的原因大体包括外部和内部两个方面。前者主要体现为不同时期、不同民族知识体系的变化，认知水平的差异等。后者体现为编者的编纂理念、知识水平、词典的传统和各类词汇释义方式的相关性等。

第八章 前言与索引

第一节 宏观结构的概念与组成

一、宏观结构的概念

宏观结构和微观结构是词典学和词典编纂中的两个基本概念,两者都是由法国词典学家雷伊-德布芙(Rey-Debove J.)提出的。第六章已对术语词典的微观结构有所论述。与其相对的宏观结构,似乎也应另占一章。那么,标题中的前言与索引和宏观结构是何种关系呢?要回答这个问题,还得从宏观结构的概念本身说起。以下是相关著述对宏观结构的解释或说明:

1) 能让编纂者、使用者在参考书中找到信息的总体词目结构。……可以由前置项、中置项、后置项中的外部信息补充。(哈特曼,詹姆斯 2000:91)

2) 词典的宏观要素或者宏观结构包括构成词典整体的以下方面:选择词表排列的原则,确定词典的主要部分,词典中词义多个义项的排列方法,术语词组、多义词或词组、同形词的排列。 (马尔丘克 1992:51)

3) 是词典中按一定方式编排的词目总体,因此也可以称为总体结构。

(黄建华 2001:49)

4) 辞书的宏观结构除正文外,还包括前言、目录、凡例、索引、插页、附录、后记等。 (GB/T 19103—2003:7)

从上述释义中可以看出,词典学界对宏观结构有狭义和广义两种理解。狭义的宏观结构指词典词目的总体结构,前面提到的编纂对象、排检方法都与其相关;广义的宏观结构还包括前言、目录、凡例、附录、后记等，这与词典学中的另一个概念——框架结构有些接近。框架结构指按照辞书设计方案勾画出的拟编辞书的结构布局或架构。本章拟从广义角度理解宏观结构。

二、宏观结构的组成

除了正文、前言、索引外，术语词典的宏观结构还包括凡例、目录、附录等。

1. 凡例

凡例有时也叫使用说明，是“关于辞书内容、体例和检索方式的说明。辞书的凡例对读者理解内容、检索条目有重要意义，其中包括收条数量、涉及范围、编排方法、义项分立、参见标注、各种符号、引用著作、译名原则、夹注方式、历史纪年用法、资料截止期限等内容”。（GB/T 19103—2003：8－9）《现代汉语词典》的凡例内容相当丰富，分为条目安排、字形和词形、注音、释义、词类标注五个部分。术语词典中的凡例通常比较简单，一般分条来写。

凡例部分的内容主要包括：（1）与收条有关的信息，如收条数量、涉及范围、收条原则等。例如：

> 一、本分册为《地质词典》第三分册，内容是关于地球发展历史方面各学科的名词解释。它包括古生物、古人类学、地层学、地史学、第四纪地质学、古地理学等六门学科，共收词条二千七百余条，插图二百五十余幅。
>
> 二、本分册收录的词目范围，为以上各学科中常见常用的基本内容、主要理论、分类命名原则、学说、假说、各地质时期的主要标准化石和标准地层等方面的名词术语。其中外国的地区性标准地层名称，主要是收录常用以同国内地层对比的地层名词。　　（《地质辞典（三）古生物·地史分册》）

（2）与条目编排有关的信息，如排检方法、义项或等值词分立、同义词排列、词组和缩略语的编排、参见信息等。例如：

> 一、本书收录的词条一律按字母顺序排列；词组第一词相同的，则按第二

词的字母顺序排列,其他类推。原词条开头有定冠词 the 或不定冠词 a,an 的,一律删去。

二、名词涵义相同或相近的,释名并列,用逗号分开;涵义相近但有明显区别的,释名用分号分开;涵义不同的,用①②③等加在释名前面。

三、多义词只采用与教育有关的释名,其他从略。

四、同义词分别列出词条,不互见。（《英汉教育词汇》）

又如:

一、本词汇按英文字母顺序编排。

1. 在词条中出现的阿拉伯数字和希腊字母,均按英语拼写的字母顺序编排,例如:

“5-second rule”按“five-second rule”编列;

“1/4 choke”按“one fourth choke”编列;

“γ”按“gamma”编列。

2. 缩略语仍按字母顺序编排。（《英汉体育词汇》）

(3) 与编纂符号有关的信息,包括与专业领域、语义关系、解释、语法属性等。例如:

三、关于若干符号的用法:

1. ,号分隔词义相同或近似的解释;

2. ;号分隔词义不同的解释;

3. 【】号表示专项略语;

4. ()号表示解释和注解;

5. 〈〉号表示语法性的解释;

此外,等号(=)表示同义词或缩略语的全称,其他符号如省略号(...)等同一般词典。（《英汉体育词汇》）

如果术语编纂中使用的缩略语和符号较多,它们也可以单独列出来,作为宏观结构中独立的部分。在克里斯特尔编写的《语言学与语音学词典》中,缩略语和符号列表都是单独的。

(4) 与索引、附录有关的信息。例如:

七、书前刊有按正文排列的《分类词目表》。……书末附有《词目笔画索

引》，按词目第一个字的笔画数编排，画数相同者按起笔笔形一、丨、丿、丶、乛（包括各种折笔）顺序排列。（《体育词典》）

（5）其他信息。例如：

四、外国人名和组织采用较通行的译法。对一些译音虽有出入，但至今仍习用者，则依据“俗定约成”原则沿用。除朝鲜、日本等国外，外国人名、组织词目，一般按“名从主人”原则附注外文；国际性组织一般以其正式工作语言附注外文。

五、释文中所涉及运动项目或运动员所创造的成绩（记录），一般介绍到1982年底为止。在本书付印刷前，尽可能补入一些1983年6月底前的最新成绩（记录）。（《体育词典》）

这里提到译名原则、资料使用信息。术语词典的凡例通常位于前言之后。

2. 目录

目录也叫目次、编目、总目，是“按一定次序排列，供检索辞书宏观结构要素所在位置的部分”。（GB/T 19103—2003：8）术语词典中的目录有两种：一种是总体目录，它与其他出版物中的目录相同，列出术语词典各部分的排列顺序和出现位置。总体目录较为常用。另一种是正文目录或词目目录，它只包括术语词典词目部分的排列顺序和出现位置，前面提到的《体育词典》和《地质辞典（三）古生物·地史分册》使用的就是这种目录。总体目录通常位于前言之前，正文目录或词目目录位于凡例之后。

3. 附录

附录是“附在辞书后面、内容与辞书性质密切相关的附加材料”。（GB/T 19103—2003：8）术语标准中的附录前面已有介绍，其他术语词典的附录种类也十分丰富，按照内容大致可分为：（1）各种单位名称附表，例如度量衡单位、其他常用计算单位。（2）字母表。科学语言中常有希腊、拉丁语遗留痕迹，希腊、拉丁字母表十分常见。（3）与译名有关的索引，如译名表、译名原则等。由于很多汉语术语是由外语术语音译而来的，译名表在汉外、外汉术语词典中常见。如《农药词汇(汉、英、俄、日对照)》中将外文农药名称的中译名原则作为附录。(4) 专有名称，包括与专业有关的人名、组织或团体名、机构或公司名等。如《英汉教育词典》中将外国教育家人名、外国教育组织、学术团体名称等作为附录。《汉俄俄汉电脑术语词典》中将计算机及其配件制造商名称作为附录。(5) 缩写词。《英汉汽车词汇简释》中包括有关汽车机关团体名称的缩写词、有关汽车技术的缩写词等附录。(6) 各种索引，后文对此仍有论述。(7) 与术语词典内容有关的其他附录，例如《农药词汇(汉、英、俄、日对照)》中代表化学结构的特定汉字表，《体育词典》中的中国运动员打破或超过世界纪录统计表(至1984年12月31日止)、中国运动员历年获得世界冠军统计表、国家体育锻炼标准等。附录位于正文之后，后记之前。

广义的宏观结构中还应该包括致谢、后记、插图，甚至封面等。致谢有些包括在前言之中，后记在术语词典中不常见，插图作为一种释义手段前面已有介绍。至于封面，无需作更多解释。根据宏观结构要素在词典中的位置，在正文之前的宏观结构要素统称为前置项(front matter)，在正文之后的统称为后置项(back matter)。有的术语编纂者将前置项归入绪论部分，在《生物名称和生物学术语的词源》中，该部分包括：各版序言、词是怎样造成的、本书所收名称的类别、字母译法、关于希腊文词头、关于拉丁名词的形式、关于拉丁形容词的形式、关于解剖构造的拉丁名称、动植物名称简写、语言名称缩写说明、给大学生。不过，如此内容丰富的绪论在其他术语词典中十分鲜见。

总的来说，前置项和后置项是术语词典宏观结构中的常见要素，但并非必需要素。有的术语词典，尤其是很多网络术语词典，并不包括上述组成部分，它们大多只有正文部分。

第二节　前言的类型和内容

一、前言的类型

前言是“对辞书的编纂意图、编纂经过、重大问题的说明,或对有关辞书和作者的介绍、评论,以及再版或修订时对修订情况等进行的说明”。(GB/T 19103—2003: 7)依据不同的标准,前言可分为不同的类型。

根据撰写者的不同,前言又可分为序或序言、出版说明等。徐庆凯(2011: 156)在《专科词典论》中指出:“‘前言’是一个统称。不同的前言,可以有不同的名称。编纂者自己写的或编纂者请别人写的,亦称‘序言’或‘序’。编纂者自己写的称‘自序’,请别人写的称‘他序’。…… 由出版者写的前言,亦称‘出版说明’、‘出版者的话’,译作,除翻译原著的前言外,一般要加译者所写的‘自序’或请别人写的‘他序’(统称‘译序’)。”

根据组成部分的多少,前言分为单部分、多部分两种。前者只有一部分组成,通常比较简单;后者由多部分组成,内容较为丰富,每一部分单列标题。

根据内容,前言分为说明性、学术性两种。说明性前言是对“编纂意图、编纂经过、重大问题的说明”,学术性前言包括对与词典内容有关的学术问题的探讨。

二、说明性前言的内容

1. 对已有成果的描述

编者有时摘引已有成果中的话作为前言的开始。克里斯特尔在《语言学与语音学词典》的第一版前言中引用了词典学家约翰逊

(Johnson S.)博士《英语词典》的序言和语言学家鲍林杰(Bolinger D.)《语言要略》中的话作为开端。这样的引语能够说明所编词典的必要性。随后是对已有成果的综述,列举已出版的相关术语词典,其目的在于:一方面,表明所编词典对前人成果的继承性,以便读者进行延伸性或扩展性的阅读。另一方面,编者要强调所编词典与已有词典的不同,突出其特点和新意。综述前人成果还可以起到替代参考文献的作用,可以在某种程度上免去"抄袭"的嫌疑,因为一部词典不可能从零开始,它是在已有词典的基础上编写出来的。

这一部分有时或多或少夹杂着编者对编写难度的"抱怨"。正如克里斯特尔在下面所写的那样:

> 毋庸置疑,这是一项艰巨的任务,一项语言学家和语音学家多次开了头但从未完成的工作。据我所知,在加拿大、英国、日本和美国,曾有过多次的尝试,有个人的也有集体的,但似乎都以失败告终。估计既有组织上也有经费上的原因。我本人也曾两度开始这样一项工作,出于同样的原因两次都未成功。因此对一部适当的语言学词典的紧迫要求一如既往,而要满足这一需求,必须具备语言学专业知识、时间、物质资源、经费等多方面的条件,从目前看这些条件还无法一一具备。

2. 编纂背景

这一部分主要包括词典编纂的历史背景、准备过程等。在《斯拉夫语言学术语词典》前言中,对其描述如下:

> 编写《斯拉夫语言学术语词典》的任务是1960年在布拉格召开的国际斯拉夫委员会下设的国际语言学术语委员会会议上由安德烈依钦(Андрейчин Λ.)教授首先提出的,其基础是委托捷克斯洛伐克语言学术语委员会编写的词表,编写词表的原始材料是斯洛伐克语言学家编写的按概念顺序排列的语言学术语名册。在捷克斯洛伐克语言学术语委员会的几次会议上,这份名册得到很大程度的补充,扩展到语言学术语的其他领域并重新按概念加以整理。科学院研究所和高等院校的语言学家也提出了很多意见。

捷克斯洛伐克语言学术语委员会编写的词表样本分别在华沙(1962年)、鲍特琛(1963年)①、卢布尔雅那(1964年)②由国际语言学术语委员会加以讨论。样本还经过国外专家的讨论,收到来自国际语言学术语委员会委员和各国语言学家的意见。在国际语言学术语委员会后几届例行会议上讨论在每个主题部分按照系统顺序排列术语的原则,也对各个语种的等值词进行了讨论。

3. 描写对象的特点

前面提到,每个学科领域的术语总体上除了具有某些共性以外,还有各自的特点。对于后者,完成术语编纂工作的编者是十分清楚的。在前言部分将其告知读者,有助于他们更好地使用该词典。以下是编者对所编纂的社会语言学术语的描述:

> 众所周知,社会语言学是介于社会学和语言学之间的交叉学科,其术语集合的基础很自然是由上述两门学科的术语组成的,这些术语在社会语言学中得以确定,内容得到充实。同时,也产生了一些新的概念和表达它们的术语,如双语现象、社会语言学肖像 、社会方言等。

在这段话中,编者交代了社会语言学术语是如何形成的,虽然简短,却让读者对其术语特性有了个概括性的了解。

4. 收条范围和原则

在科学技术高度发达的今天,学科领域中的专业词汇数量是十分庞大的,在一部术语词典中无法将其全部囊括。而且,专业词汇中有各种不同的类别,收录哪些,不收录哪些,每个编者都有自己的原则。将它们告知读者的通常做法是将收录的条目分门别类列举出来,就像马特维耶娃在《语言学术语大词典》中所做的那样。克里斯特尔则在《语言学与语音学词典》的前言部分中对不收录的术语予以特别说明。例如:

---

① 德国城市名称。
② 斯洛文尼亚城市名称。

为保持词典内容的连贯性,收录范围还有几条限制。具体而言,以下四类术语未予收录:

(a) 传统语言研究(即20世纪以前)的术语,除非已成为语言学和语音学注意的焦点。例如不收传统修辞学术语,如anaptyxis“衬音”、prosiopesis“词首省略”、alliteration“头韵法”等,同样,传统语法描写的详细术语大多也不单独列条(但有不少在较大条目内提及),例如masculine“阳性”、feminine“阴性”、neuter“中性”(但在gender“性”条内说明)。

(b) 本属于其他学科的术语,除非在语言学或语音学引入一种特殊涵义或一种新的用法。例如声学语音学借用物理学的许多术语(如spectrum“频谱”、amplitude“振幅”等),因不具特殊涵义而不予收录。同样的原则也适用于信息论的术语(例如noise“噪音”),听觉学的术语(例如audiogram“听力图”),属于语言的逻辑和哲学分析的具体术语。另一方面,在阐述由乔姆斯基创立的语言学思想时从哲学、逻辑学和数学引入的一些术语,已称谓语法学和语义学思想的基本术语(axiom“公理”、algorithm“算法”、proposition“命题”、calculus“演算”等),其中较重要的在收录之列。

(c) 主要与应用语言学研究各领域有关的术语,如外语教学(例如transfer“转移”)和语言病理学(例如aphasia“失语症”)。

(d) 比较语文学的传统术语(例如umlaut“元音变化”、ablaut“元音交替”)。本词典不收专有名称,个别涉及主要学派发展过程的除外,例如Chomskyan“乔姆斯基式的”、Bloomfieldian“布龙菲尔德式的”、Prague School“布拉格学派”。

将收条范围和原则告知读者是很有必要的,因为读者内心有一种期盼,即在一部词典中能查到所有要查的词,否则,他会对词典的权威性产生疑问。上述做法是编者对这种疑问的回答。

5. 任务与目的

任务与目的常常与前言的其他内容混在一起。列福尔马茨基在瓦海克《布拉格语言学词典》的俄译版前言中写道:

该词典不以整理语言学术语为目的,更与规范化的思想相去甚远。在这部词典中,术语不是选出来的,而是收集到了一起。

同样,《斯拉夫语言学术语词典》的前言中多次对词典的任务和目的加以说明:

《斯拉夫语言学术语词典》集中并给出所有斯拉夫语言的术语,其首先服务以下目的:1)记录、告知、翻译;2)稳定,或者说,规范;3)推动;4)协调。其中,前两个目的是主要的。……

《斯拉夫语言学术语词典》是对比术语词典,其目的在于传递由概念在语言学概念体系中所占位置而赋予的核心意义,借助在所比较的斯拉夫语言中的相应的、一致的等值词解释这一意义。……

当然,这一部分也可独立出来,《语言学术语大词典》中将词典的目的和用途作为前言的第一部分:

词典反映现代语言、言语诸学科术语的广阔范围,涉及的学科包括修辞学、言语修养、演讲术和语言文化学。本书的主要目的在于为大学生、中学毕业生、高年级学生思考语言、言语现象时提供依据。本词典也可能有助于中学词汇教师、大学教师全面掌握俄语语言学、言语学术语,扩展关于现代交际语言学研究范围方面的知识。参阅词典有助于明确术语的内容、与其他术语的系统关系,以及运用术语处理实际问题,如分析各种言语现象,研究不同题材、体裁的文本。……

6. 文献来源

交代文献的方法有两种:一是列出参照的文献;二是在前言中加以说明。有的编者同时使用两种方法。如涅姆琴科(Немченко В. Н.)在《词汇学基本概念词典》的前言中写道:

词典的词表是根据国内著名词汇学专家、学者最重要著作的文本编成的,这些专家、学者有谢尔巴、维诺格拉多夫(Виноградов В. В.)、布拉霍夫斯基(Булаховский Л. А.)、兹韦金采夫(Звегинцев В. А.)、尚斯基(Шанский Н. М.)、什梅廖夫(Шмелев Д. Н.)、阿尔汉格尔斯基(Архангельский В. Л.)、阿赫玛诺娃、列夫科夫斯卡娅(Левковская К. А.)、诺维科夫(Новиков Л. А.)、蔡特林(Цейтлин Р. М.)等。除上述和其他学者的专著外,还使用一些普通语言学、语言学概论、现代俄语概论方面的大学教材、教科书作为词典的文献。(所调查文献的完整清单附后。)

7. 编排和内容

有关编排和内容的信息可能出现在凡例中,也可能出现在前言中。这一部分主要包括收条数量、词典的结构、编排方法、条目内容、释义方式等。《汉俄英情报学词典》中对这部分内容的描述如下:

本词典共收入情报理论与实践及其相关领域的术语 3 035 条。其中基本术语 2 640 条,每一条都给以编号,其余 395 条术语是同义词,或是在解释基本术语的正文中提到的词(在后一种情况下,这些术语用斜体印刷)。

所有术语分 48 类,各类目清单见目录。自然,为了便于确定各类之间的界限,这些术语的分类有某些人为性。在这种情况下,为了避免术语在不同条目中的重复出现以及便于查找,本词典正文后附有术语字顺索引。

词典的第一部分是俄文术语及其同义词和对应的英语术语正文。每个术语都附有详略不同的解释。如有可能,对本术语相应的概念给以较严格的定义。在多数情况下,术语的定义或解释只是为了更明确地表示词典所包括的每个术语本身的含义。

术语的编号由两部分组成。第一部分表示相应的类目(类名),第二部分是本类目中术语的顺序编号。这些编号在字顺索引中使用。

词典的第二部分和第三部分是俄文和英文字顺术语索引。俄文词组按倒排顺序排列。

词典的第四部分是情报学文献中经常出现的俄文和英文词、词组的简称。每个简称都要给出全称,必要时给以补充说明。

这些内容可以组织在一起,也可以像《斯拉夫语言学术语词典》的前言那样,分别叙述。

8. 编者

在前言中提到编者一般采取两种形式:一是列举编者所在的单位,不提及编者的姓名。这类词典往往没有署名,或用"编者"二字概括,或用“××词典编写委员会”。另一类是将参与词典编写的人员列出。有的词典将编写委员会作为宏观结构的独立部分列出。

除编者外,还要提到对词典编写、出版提供帮助的其他人的名字。如《牛津英语词典》的第一版序言中曾用相当的篇幅介绍那些主要的义务资料员的名字。

9. 使用群体的范围

不同类型的词典适合不同的群体,这在词典编写开始之前就已经大体确定下来。不过,出现在词典前言中的使用群体范围往往比预想的要大,这完全是出自商业的考虑。绝大多数编者只列举使用群体的类别,少数编者则作些补充说明或解释。托先科(Тощенко Ж.Т.)在《社会学主题分类词典》的引言中指出以下四类使用群体:

> 首先,这部著作为从事社会学领域的人所需要,以便压缩地、凝练地呈现这个学科基本概念构成的“场”。它还可供以下两类人使用:一类是对已积累的知识并非一直关注,无法完成类似工作的人,另一类是总需要把自己的认识同周围的人、前人和其他国家的人相比较的人。
>
> 其次,为那些对本科学感兴趣(需要扩大视野、满足好奇心、了解从前不知道或哪怕大概了解)的人所需要。例如,很多人对大众传媒、广播和电视报道中的社会学信息非常感兴趣。
>
> 再次,其他相关知识领域中在自己专业内从事类似主题的同人需要本词典。了解相关学科的成果能扩大自己的认知并在自己工作实践中运用它们。
>
> 最后,本书还为刚开始研究社会学及其某个问题的人所需要,尤其是大学生,他们刚接触本专业,需要掌握所有基本概念,否则就无法继续深造。在我们看来,了解社会学基础的关键在于概念体系,这个问题事关知识的逻辑性、准确性、连贯性和一致性,知识在任何科学中具有统一性和完整性。我们见证,包括社会学在内的所有科学概念体系如何变化,如何完善和丰富,相应的概念内容如何扩充,从根本上修正和确认我们关于所研究现实认识的新概

念如何出现。

10. 其他内容

除上述内容外，编者也会把认为重要的信息放在前言之中。在斯捷潘尼谢夫(Степанищев А. Т.)、菲利波维赫(Филипповых Д. Н.)编写的《军事历史术语词典》中，编者详细介绍了掌握这一领域术语的三种方法：

第一种方法分为三个步骤，包括：1) 从术语定义中区分出本质特征；2) 挑选相近的术语进行分析；3) 将相近术语(事实、事件)与所研究术语的本质特征比对。例如“侵略(侵犯)”的本质特征包括：① 一国进攻另一国，② 占领另一国领土，③ 剥夺或限制其独立，④ 使其居民臣服。与“侵略、侵犯”相近的事件有：1) 法国进攻俄国(1812 年卫国战争)；2) 第一次世界大战(1914—1918)；3) 苏联和芬兰的战争(1939—1940)；4) 伟大卫国战争(1941—1945)。再将 1812 年卫国战争与“侵略(侵犯)”的本质特征进行比较，它符合该术语的所有本质特征。

第二种方法同样分为三个步骤，包括：1) 摘抄所研究术语的定义；2) 确定术语进入的历史范围(时期、年代)；3) 记录历史上的相关具体事实并归入定义的本质之中。例如，“锁(子)甲”“铠甲”“防弹背心”的定义分别为：

> **锁(子)甲**：古代由金属环制成的、形似衬衣的盔甲。
>
> **铠甲**：能防护冷兵器的金属盔甲。
>
> **防弹背心**：保护士兵免受子弹及其残片伤害的作战服。

三个术语的共同特征为“保护身体不受敌人伤害”，但所进入的历史范围不同：“锁(子)甲”用在 11 到 17 世纪，“铠甲”用在 12 到 16 世纪，“防弹背心”则从 20 世纪下半期开始使用。编者接下来从历史典籍中找到确定三个术语使用年代的例证。

第三个方法是与同类术语比较，区分出共同特征和个别特征。用

此方法分析“步枪”“冲锋枪”“机(关)枪”,结果如表8-1所示:

表8-1　“步枪”“冲锋枪”“机(关)枪”共同特征和个别特征的比较

特征	步枪	冲锋枪	机(关)枪
共同特征	*个人射击武器 *膛线在枪膛中 *在近战中伤敌		
个别特征	*单发射击	*自动射击武器 *能连续和单发射击 *带卡簧的刺刀 *能用子弹、刺刀、枪托伤敌	*在专用脚架上射击 *命中地面、空中和水上目标

在教学术语词典中,上述方法具有一定的实用价值。

总的来说,术语词典前言中包含哪些内容,各部分如何排列,并没有固定的模式,编者可以自由地选择前言的篇幅、内容组成等。在对不同术语词典的前言调查后发现,它们的内容是不完全相同的,上述内容根据相关词典前言中较突出的部分总结而来。但是,应当提醒的是:前言是编者提供给读者的指导性文件。前言的撰写应尽量客观,要有资料性,词典已有的特点要如实反映,以便读者更好地使用词典;但又要谨慎严谨,切勿盲目拔高。“前言的作用,在于使读者在接触正文之前用较短的时间对词典的概况获得起码的了解。因此,前言一定要有,而且一定要写好。他序可以不止一篇,但应该是确有需要的和各具特点的,而且篇数不宜过多,为了抬高本词典的身价而拉一批名家写好几篇序,内容则大同小异,这种做法是不可取的。”(徐庆凯 2011:158)

三、关于学术性前言

1. 学术性前言的内容

说明性前言的撰写无一定之规,学术性前言更是如此。总的来说,后者是编者在术语编纂过程中所获心得、体会的总结和升华。它与说明性前言的共同之处在于两者都带有总结的性质。两者的区别在于学术性前言带有研究性质,发掘出一些规律,并提出相应的理论。以下为兹韦金采夫为法国语言学家马鲁佐的《语言学术语词典》俄译版所写前言中的段落:

> 任何一部科学术语词典都是某种科学世界观的体现。正因为如此,翻译这类词典的任务很艰巨,一般需要很大程度的重新加工或是详细说明。还有一个困难在于:不同的语言通常使用不同性质的术语,它们的完备程度不同,依据的科学传统往往相去甚远,运用国际和本土词汇要素的程度也不同。……
>
> 而且,马鲁佐的术语系统(如前所述,相当程度上反映法国语言学的传统)和苏联语言学所用的术语系统之间除了这种世界观的差别外,还有其他方面的差异,如不同的文化历史因素、俄语和法语语言学发展的一般方向、两个学派所使用的材料以及两种语言的特点。……

类似表述在纯粹的说明性前言中偶有遇到。正因为如此,有些学术性前言本身就可以作为研究成果发表。徐庆凯(2011)在《专科词典论》中提到:龚延明为《中古历代职官别名大辞典》所写的自序曾以《中国历代职官别名研究》为题发表在《历史研究》1998 年第 6 期上。兹韦金采夫的这篇前言,虽然未曾单独发表,却被后来的术语学家作为经典收入俄罗斯术语学文献选编之中。

此外,学术性前言探讨的理论问题不能与所编的术语词典毫无关系。龚延明《中国历代职官别名研究》中的三个主要部分,职官别名的类别、职官别名的孳生规律、研究职官别名的意义都与所编的词典息息相关。作者在文中明确提到:职官别名的孳生规律是"根据笔者近期完稿的《中国历代职官别名大辞典》所收一万余条条目材料分析”得来的。哈特曼、詹姆斯为《词典学词典》所写的前言涉及词典理论与实践的关系、词典的类型、用户视角、词典和语言证据、词典编纂、收词范围和质量六个方面。它们既是词典学的一般理论问题，也是《词典学词典》编纂的原则和基础。阿赫玛诺娃为《语言学术语词典》所写的那篇近 17 页的前言中，分别论述了语言学术语和语言学元语言之间的关系、术语集和系列名称之间的区别、语言学术语的性质、描写语言学术语的方法、语言学术语的语法类别、语言学术语的国际性等问题（见附录二）。

不要认为学术性前言只出现在人文科学和社会科学的术语编纂中，科学、技术领域术语编纂中也不乏带有学术性的前言。耶格在《生物名称和生物学术语的词源》一书的绪论中，有些内容也是有学术性的，例如生物学术语构成方法、生物学名称的类别等。他将生物学名称的属名分为神话名称、地理名称、古典名称、土名、无意识名称、各种形式的派生名称、复合的派生名称、重属名。根据用法，名称又可分为用法明显的名称（古典名称、土名、地理名称、人名、地质名称、描写性的名称、其他名称）和用法模糊的名称（指示关系的名称、想象的名称、建立在错误上的名称）。尽管这种分类在科学性、一致性等方面尚有欠缺，但它已经超出说明性前言的范围，开始带有一些研究性质。同样，《农药术语（汉、英、俄、日对照）》中编者对农药术语的系统分类也具有相当的学术性。

2. 学术性前言的意义和价值

学术性前言的意义和价值主要体现在以下三个方面：

首先，学术性前言有利于本学科的发展。有人说过，一门学科是否发达和科学，很大程度上取决于其术语的发达和科学程度。学科、领域的大多数专家或研究者只与部分术语打交道，他们或许知道某术语比另一术语更好一些，但对于学科领域术语的总体状况，他们并不十分清楚。术语编纂者则不同,术语在他们的面前几乎是“机会均等”的。他们掌握所编纂学科术语的构成特点、语法属性、来源、语义特征等,这些方面对一个学科后来的发展十分重要。

其次,学术性前言有利于术语编纂理论的发展。在很多西方国家,术语编纂直到今天仍被很多人视为一种技艺,理论基础非常薄弱。原因在于:术语编纂者大多没受过语言学、词典学方面的训练,而语言学家又很少参与术语编纂。在术语编纂理论相对发达的一些国家,例如俄罗斯、法国等,兹韦金采夫、列福尔马茨基、阿赫玛诺娃、雷伊等著名语言学家为一些词典所写的学术性前言恰恰奠定了这一方面的基础。俄罗斯术语学家格里尼奥夫曾经指出:术语编纂理论的形成需要一系列前提,其中一个重要前提是“需要总结不同类型术语词典(详解的、翻译的、信息的等等)编写工作的经验”(格里尼奥夫 2011:242)。

再次,学术性前言有利于拓展编纂者的研究视野。术语是人类知识的重要载体,它是折射人类思维方式的镜子,因此术语具有知识功能和认知功能,这也使其具有方法论意义。阿赫玛诺娃在语言学术语研究中后来取得的成就很大程度上归功于其所编纂的《语言学术语词典》和那篇极具学术含量的前言。同样,龚延明从《中古历代职官别名大辞典》和《中国历代职官别名研究》之中也引发出研究中国古代职官别名的系列研究成果。

3. 学术性前言与说明性前言并用

如果术语词典的前言不止一篇,可以同时使用学术性前言和说明性前言。两者可以都由编者来写,或者编者只写说明性前言,另请他人撰写学术性前言。两篇前言分工不同,内容也要区别开来,俄罗斯出版的术语词典多采用此法。例如,米哈利琴科(Михальченко В. Ю.)主持编写的《社会语言学术语词典》,前言的内容包括词典的创新之处、社会语言学术语的特点、收条数量、用途和功能、编者信息(含致谢),共2

页。在前言之后,编者另附一文,题为《社会语言学术语词典编写原则:问题的提出》。该文共13页,涉及的内容有:学科理论、概念体系和研究方法之间的联系、社会语言学术语词典编纂历史、编纂本词典的意义、社会语言学术语体系建构的原则和方法、词条的组成、参考文献等。同前言相比,后一部分显然更有理论性和学术性。现将该文开始的一段翻译如下:

一个科学领域的发展水平由其基础,即理论、概念机制和方法的水平决定。具体说到社会语言学,这表示:随着对社会语言学研究的增加,应当注意社会语言学的理论,制定出研究方法并使概念机制系统化。对这些基本问题缺少研究的话,社会语言学研究今后长期还会是片段式的,无法适用大众交流,形不成理论性的结论。对于社会语言学来说,这些危害更为现实,因为社会语言学问题,一方面,在其他领域专家(如社会学家、民族学家、政治理论家、哲学家)的著作中或多或少研究过;另一方面,被社会广泛加以讨论。没有统一的理论基础,自然造成统一研究方法的缺失,进而妨碍相互之间的理解。

第三节　索引的类型与编制方法

一、索引的类型

索引是"辞书中标明条头(字头、词头)以及图表和隐含主题等所在位置,并按一定的方式编排,供使用者查检的部分"。(GB/T 19103—2003: 8)索引有时包含在附录之中,但在术语词典中,索引常作为宏观结构中单独的部分出现。

按照索引的内容,可将其分为条头索引和非条头索引两大类。条头索引可再分为两小类:一是全条头索引,即将整个条头按照一定方式加以排列。术语词典中的绝大部分索引是对全部条头的索引。大部分全条头索引涵盖词典正文部分的所有条头,但有些词典索引中的术语数量比条头要多。如果词典正文是按词族顺序排列的,条目之中的重要术语也会编入索引之中,布鲁诺所编《心理学关键术语辞典》后的主题索引就是如此编制的。① 例如:

Anxiety, kings of: 焦虑,种类:
neurotic 神经性焦虑
ontological 本体焦虑
realistic 现实性焦虑

编者注明:心理学中的“焦虑”包括“神经性焦虑”“本体焦虑”和“现实性焦虑”三种。在词典正文部分,“焦虑[anxiety]”为条头,以上三个术语皆出现在条目之中。二是部分条头索引,即将条头的一部分按照一定方式加以排列。例如《地质辞典(三)古生物·地史分册》中的词目首字汉语拼音音序表。

A
a A 阿 ······················377
ai 埃 艾 爱···············377
an 安 鞍 氨···············377
ang 肮 ······················377
ao 奥·························377
……

二是非条头索引,它编排词条以外的其他内容。《心理学关键术语辞典》的编者将词典中出现的人名按照英文姓氏字母顺序编成人名索引。《农药词典(汉、英、俄、日对照)》后附有分子式索引和数字索引,前者是按照农业名称化学分子式的字母顺序编制而成,后者是把农药名称所对应的美国化学文摘的登记号按从小到大的顺序编制而成的。

按照编排方式,索引可分为音序、形序和义序三类。音序索引是按

① 该主题索引是按照引文字母顺序编排的。

照条头的发音顺序编排的，如《语言学百科词典》后附的词目首字音序索引。形序索引是按照条头的字形或词形顺序排列的，例如按字母顺序编排的索引、按汉字笔画多少和顺序编排的索引。前面提到的数字索引也可归入此类。音序和形序可以结合在一起，有些索引总体上按音序排列，遇到同音字时则按笔画排列。义序索引是按照条头之间的系统关系编排的。

二、索引编制方法

1. 音序和形序索引的编制方法

音序、形序索引有其相当固定的编排顺序，本身并不复杂。需要注意以下两点：一是为了便于读者使用，在索引前可有简要说明，例如《语言学百科词典》中对索引的说明如下：

> 一、本索引只收词目的第一字。单字按汉语拼音字母顺序排列，并按声调阴平(ˉ)、阳平(ˊ)、上声(ˇ)、去声(ˋ)分类。一字数读的，根据词目需要的读音归类。
>
> 二、同音节的单字按笔画多少分先后，笔画少的在前，多的在后。
>
> 三、单字后的数字，表示该字在正文中第一次出现时的页码。

二是词组的编排，绝大多数情况是按照音序或形序排列的，极少情况下按照形序和词族结合的方法排列，如前文《心理学关键术语辞典》后的主题索引。音序或形序索引可以由计算机进行辅助编排。

2. 义序索引的编制方法

义序索引也被称为主题索引、分类索引，包括简式和复式两种。简式索引是按语义内容将条头先分成若干类别，而每个类别的条头按照字母顺序编排，这实际上是一种义序和形序相结合的方法。《心理学关键术语辞典》后的论题索引就是一种简化的义序索引。编者划分出"变态心理学""意识转换状态""防御机制""发展心理学""情绪和应激""杰出的心理学家""心理学的历史与体系""学习""动机""人格""生物心理学""心理测试""感觉和知觉""性行为""社会心理学""统计学和实验设计""疗治(治疗)""思维"共18个语义类别。其中,"防御机制"部分的条头排列如下:

Defense mechanisms 防御机制

Compensation 补偿

Defense mechanisms 防御机制

Fantasy 幻想

Narcissism 自恋

Projection 投射作用

Rationalization 文饰作用

Reaction formation 反作用形成

Regression 回归

Repression 压抑作用

Sublimation 升华作用

不仅在语义类别内部,上述18个语义类别实际上也是按照英语术语的字母顺序排列的。

复式索引是按照条头之间的系统语义关系进行层级排列的索引。这种层级关系可以用条头的缩进关系呈现出来,形似梯状,又叫阶梯索引。国外出版的百科全书、百科词典常见这种主题索引。例如,《不列颠百科全书》中的《百科类目》就相当于一个主题索引,它是关于人类全部知识的分类,包括以下10大类: 1) 物质和能; 2) 地球;3) 地球生命;4) 人类生命;5) 人类社会;6) 艺术;7) 技术;8) 宗教;9) 人类历史;10) 知识分支。10大类下分为42个二级目录,再分为189个三级目录等。以下是《英汉图像工程词典》中阶梯索引的一部分:

Ⅱ 图像处理

5. 像素空间关系

像素空间关系

数字拓扑
邻接
　4-邻接
　对角-邻接
　8-邻接
邻域
　4-邻域
　对角-邻域
　8-邻域
　16-邻域
　马步-邻域
　N_{16}邻域
　3-D 邻域
……

复式索引与音序、形序索引的区别在于：前者不是按照某种事先几乎确定的顺序编排的，决定其编排顺序的语义层级关系需要编者发掘、整理和构建。制作复式索引主要有以下几个难点：1）确定目次清单。它构成复式索引的总体框架。目次清单通常是依据学科、领域知识体系的结构建构的，它几乎是不重复的。如果一个学科或领域中有不同的学派、研究传统或方法，所提取出来的目次清单也可能不完全相同。目次清单具有层级性，一级目次通常是学科、领域中涵盖范围最广、内容最为丰富的基本概念，其下是二级目次、三级目次等；层级越低的目录越具体，目录数量越多。层级数量是由学科或领域知识体系自身的发达程度、收条总体数量等因素决定的。例如《英汉图像工程词典》中划分出"基础知识""图像处理""图像分析""图像理解""相关参考"5个一级目次，其下包含"图像基本概念""图像采集""图像表达和显示""图像空间坐标转换""像素空间关系""图像变换"等33个二级目次。目次清单与排列如图8-1所示：

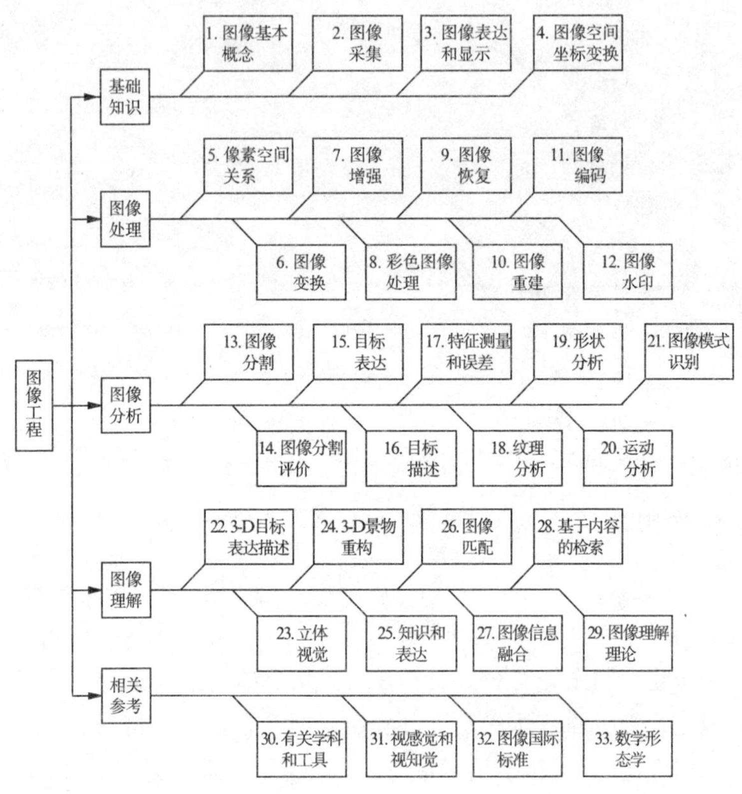

图 8－1 《英汉图像工程词典》目次清单

2）同级术语的排列顺序。目次之间构成的纵向垂直结构，同级术语之间属于横向水平关系。在复式索引中，同级术语的排列主要有以下三种方式：一是按重要程度排列。例如，在一份《个人计算机主题检索表》中，“基本输入输出系统设定（BIOS settings）”中的同级术语排列顺序为：

标准设置（standard settings）

高级选项（advanced features）

高级芯片组特征设置（advanced chipset feature）

即插即用设备配置(PCI/PnP configuration)

电源管理(power management)

整合周边设定(integrated peripherals)

集成设备电路设备安装与自动检测(IDE device setup/autodetection)

安全与密码设置(security/password settings)

硬件设备设置(hardware device settings)

自动配置与缺省(auto configuration and defaults)

退出设置(exit setup)

二是按出现时间先后排列。学科或领域中若干研究流派的排列,可按照其出现的先后顺序排列。同样,计算机时代的排列,也是按照其发明时间的先后排列。三是按照认知习惯排列,例如与认知原型的相似程度。提到水果,人们首先想到的往往是苹果,然后是梨、香蕉、橘子等,而山竹、荸荠、槟榔等与人们认识原型中的水果相似程度相比要差一些。按照与原型相似程度排列也符合认知从易到难的规律,非常适合用在学习型术语词典的复式索引之中。《英汉图像工程词典》中的同级术语就是按照此方法排列的。如"图像"之下的五个术语排列顺序为:

模拟图像

数字图像

合成图像,人造图像

图像平面,像平面

分辨率

3)同义术语的排列顺序。同义术语的意义相同,在主题索引中所占的位置也相同。它们的排列顺序应考虑以下因素:一是标准化、规范化程度。标准化或规范化的术语放在前面,推荐使用的术语放在后面,再是允许使用的术语。二是术语使用的频率。在规范程度相同的情况下,使用频率高的术语放在前面。三是术语的来源。在规范程度、使用频率相差无几的情况下,本民族的术语应该放在外来术语的前面,本学科固有的术语应放在从其他学科借入的术语前面。在双语或多语术语词典中,常常遇到两种情况:一是一种语言的一个术语译成另一种语言的多个术语,二是一种语言的若干同义术语译成另一种语言的不同术语。例如,在图像工程中,英语"bit-plane"译成"位面、位面图、位平面",而与其同义的"bitmap"则译成"位图"。在《英汉图像工程词典》中,编者将由同一术语译来的术语编排在一起,并用括号与其他同义术语译来的术语隔开。以上四个中文术语在该词典主题索引部分的排列为"位面、位面图、位平面(位图)"。(马珂 2010: 32-33)

4) 多义术语的排列顺序。多义术语具有不同的意义,应分别置于主题索引的不同部分。一个术语有几个义项,原则上就应该出现几次。例如在《英汉图像工程词典》中,"位面、位面图、位平面"被定义为:

> 一幅用多个比特表示其灰度值的图像中每个比特所对应的二值平面。位面图是二值图像。

在以上定义中,"位面、位面图、位平面"既是灰度图像分解的结果,又是位图解码的基础,因此这组术语分别出现在第1部分"图像基本概念"中"灰度图像"和第11部分"图像编码"中"位面编码"之中。有些术语的多义现象在定义中直接显示出来,如"互信息"的定义:

> 1. 信息论中的一个信息度量。它反映了两个事件之间的相关性。给定两个事件X和Y,它们之间的互信息定义为:$I(X, Y) = H(X) + H(Y) - H(X, Y)$。……
>
> 2. 图像信息融合中,一种基于信息量的客观评价指标。两幅图像间的互信息反映了它们之间的信息联系,可利用图像直方图的概率含义来计算。……

根据对"互信息"的两种定义,该术语分别出现在第27部分"图像信息融合"和第30部分"有关学科和工具"之中。为方便读者掌握,在编制主题索引时,可采用数字下标等方式将多义术语的若干义项区分出来。

三、索引的地位和作用

索引理论上是词典宏观结构的可选要素。术语编纂者一般对索引非常重视，索引往往是不少著名百科性术语词典引以为豪的特色。从形式上看，索引在术语词典中占有相当大的篇幅，这在双语或多语术语词典中表现尤为突出。《语言学名词》正文部分 224 页，索引部分 96 页；马鲁佐的《语言学术语词典》俄语版共 437 页，其中正文部分 337 页，索引部分占 78 页。有些术语词典中还不仅限于一种索引。《语言学百科词典》后既有英汉术语索引，也有词目首字音序索引；在内容上，索引与正文部分互相配合，形成一个整体。如果正文部分按形序，如笔画顺序排列，那么索引则是按音序编排的。如果双语术语词典的正文部分是按一种语言字母顺序编排的，那么索引则按另一种语言字母顺序排列；多语术语词典则附有所描写各个语种的音序或形序索引。

至于索引的作用，方便查询是最容易被想到的。实际上，义序索引的另一个重要功能是对知识的系统化，它相当于学科领域的知识谱系图。此外，义序索引还是术语编纂质量检验的重要手段。首先，义序索引有助于检验收条的合理性。通常来说，编排索引是在确定词目之后进行的，但义序索引也反作用于词目。它将术语定位于体系之中，好比是它的“通行证”，那些无法进入义序索引的术语，应该重新考虑是否要收入。其次，义序索引有助于辨别术语的同义关系，前文对此已有论述。最后，义序索引有助于撰写科学的定义。前文提到，对术语的释义最好采取属加种差的定义方式。义序索引能够指出术语所在的部分，标出其上位、下位和同一层级的术语，这为撰写定义提供了便利。《英汉图像工程词典》的编者编制了主题索引，因此在定义中能准确指出它所属的部分。例如该词典对“信噪比”的定义：

> 一个反映信号和噪声强度的物理量，在不同的应用中，信噪比常有不同的用途和定义式。在图像工程中，常用的有下面三种：

1. 在电视应用和图像显示中,……

2. 在图像合成中,……

3. 在图像压缩中,……

义序索引能将术语置于确定的“场”之中,规定了其上下左右的关系。不同的场也是确定术语多义关系的依据和基础。

可见,索引在术语词典中并非可有可无。“检索系统是工具书不可缺少的部分,也是工具书的一个最突出的长处。在国外,为了适应信息时代的要求,许多编著者、出版者在非工具书之末也注意附录一些检索系统,例如人名索引、书名索引、事件索引、大事年表等,以便读者能简便、快速查阅本书的有关知识。‘路路通’,是信息时代的要求,是工具书现代化的一个标志。”(孙关龙 1995:20)

第九章

组织与规划

第一节 术语编纂是跨学科的集体工作

一、集体性

如果留意一下词典和一般学术著作的版权页，就会发现两类著作在署名上的差异：学术著作大多由某个人独立或二三人共同完成，如果著者超过五到六人，达到十几个人的话，它们会被赋予另一个名称——文集；词典或词典类工具书的编者则通常是一个集体，一部小型的词典通常由二到三人完成，中型或大型词典，比如大家熟知的《现代汉语词典》《辞海》《汉语大词典》等，编纂队伍有几十，甚至上百人之多。编写词典需要事先组织一个“班子”，即编写委员会，以便大家分工合作。

词典需要集体合作，主要是由其工作性质决定的。首先，词典编纂的工期较长，而且还往往超过预期。《牛津英语词典》最初计划在五到七年，最多十年内完成，但最终用去六十八年(1860 年到 1928 年)，先后经历五位主编。其次，词典涉及的知识面很广。谢尔巴在《法汉词典》前言中写道：“我自己并不掩饰，词典中也有不太令人满意的翻译。首先，让两个语文学家成为人类认识和生活所有领域的专家，这个想法让人觉得可笑。要知道，没有一部哪怕简明的百科全书是靠一个人写的。其次，两个完全脱离法语环境的讲俄语的人能编写一部理想的俄法翻译词典，这个想法同样可笑。”可见，即便像谢尔巴这样的词典学名家，也感到一个人编写词典的局限性。对一部词典所含内容的包罗万象,《牛津英语词典》的一位编者有过如下一段描述:"正如克雷吉(Craigie W. A.)所描述的,这些语词大部分都与各门技术有关,而这些科技在科勒律治(Coleridge H.)和弗尼瓦尔(Furnivall F. J.)当初坐下来编纂大词典的时候甚至都是无法想象的。这些词涉及的学科有生物化学、无线电报电话、机械运输、航空动力、心理分析,还有电影。"(温切斯特 Winchester S. 2009:265)再次,词典是需要不断修订的。《现代汉语词典》目前已经过五次修订,先后经历几任主编;《俄语详解词典》第一版由奥若戈夫主编并于1949年出版,后来由奥若戈夫和什韦多娃主持修订;奥若戈夫去世后,由什韦多娃继续主持修订。可见,集体合作是词典"常修常新"的基础和保证。

不少词典学家强调编纂者队伍在词典编写中的重要性。杜比钦斯基(1998:6)指出:"根本上说,培养高水平词典编纂者是没有尽头的过程,这正如同认识本身没有尽头一样。"(杜比钦斯基 1998:6)国家标准《辞书编纂的一般原则与方法》(GB/T 19103—2003)中指出:"组织工作包括组织编纂队伍、安排工作进度等。大、中型辞书组织工作尤为重要。"标准还对词典编纂队伍提出如下总体要求:"词典编纂队伍必须务实、精干。一般需要确定主编。编纂人员需要了解所编辞书的编纂目的、规模、涉及的语种及文献资料的范围,掌握辞书编纂知识,熟悉计算机编纂系统、数据库和知识库等。此外,还应具备以下条件:1)有严谨的学术作风;2)有较高的专业水平;3)有较好的文字表述能力和语文规范知识;4)有良好的团队精神。"

二、跨学科性

语文词典面对的是整个词汇系统,按谢尔巴的说法,它代表"人类认识和生活所有领域";术语编纂面对词汇系统的"专业化"或科学部分,它代表某个或几个专门的知识领域。即便如此,这并未改变术语编纂的跨学科性质。术语工作的跨学科性质甚至可以说是"与生俱来"的,维斯特

(1935：22)在其术语学开山之作《在工程技术中(特别是在电工学中)的国际语言规范》中明确指出："应当承认，语言学家自己，没有技术人员的配合，不能有效地进行技术语言的标准化工作。德国工程师联合会曾为类似的尝试付出了50万马克的代价。1902年该联合会着手一部名为《技术词汇》的技术词典编纂工作，这项工作一味按照语言学方法进行，六年后(1908年)中止，未取得任何进展。同样错误的是走向另一个极端，即把语言的结构视如工程建筑，同修路、盖房子毫无区别。语言的科学整理可视为应用语言学，就好像可以把技术称作应用物理学一样。在这项工作中，语言学家应当获取技术知识，而工程师需要获取语言学知识。同时，进入两个领域之间的中间地带，工程师比语言学家要容易一些。"工程师出身的维斯特已经清醒地认识到：语言学家和领域专家，一方离开另一方都无法单独完成术语工作。语言学家离开工程师进行术语编纂，会引来类似《技术词汇》这样的失败教训。反过来，缺少语言学家的帮助，领域专家纵然对所研究的领域非常了解，也无法开展术语工作。

如果把维斯特、谢尔巴的话看作某种"警示"的话，那么赖特(Wright S. E)，布丁(Budin G.)(1997：98)所说的一段话算是对术语工作中跨学科合作的正面鼓励："显然，该用哪些术语必须由领域专家决定，但很多情况下术语学家的协助也非常重要。为了编写术语标准，有时需要术语学家和技术专家协调工作。关于工作组的情况报告中提到，术语学专家和学科专家的相互合作能编写出更有效、对使用者帮助更大的标准。"

第二节　编纂队伍的组织和协调

一、术语编纂队伍的构成

1. 语言专家

语言专家是指精通一门或一门以上语言，具有良好语言学理论知识的专家，包括：语言学家（词典学家、术语学家）、翻译专家。

传统词典编纂与编者自身的知识水平直接相关，因此词典编纂工作通常是在语言学家的领导下进行的。一些知名的词典学家，例如我国的吕叔湘、丁声树，法国的杜布瓦兄弟、雷伊、雷伊-德布芙，英国的约翰逊、默里（Murray J. A. H.），美国的韦伯斯特（Webster N.），俄罗斯的达利（Даль В. И.）、乌沙阔夫（Ушаков Ф. Ф.）、奥若戈夫、谢尔巴、什韦多娃等，同时也是重要的语言学家。尽管新兴技术手段在术语编纂中发挥着越来越重要的知识载体功能，但术语编纂说到底是一项智力活动，词典学家的作用始终是无法替代的。词典学家在术语编纂中所起的作用往往是指导性和方法性的，他们在术语词典的设计原则、功能、步骤等方面的经验将弥补其他方面专家的不足。当然，他们也可能在词典结构、体例统一等方面提供具体指导。

有些词典学家本身又是词汇学家和术语学家，例如法国的雷伊、英国的哈特曼、俄罗斯的阿赫玛诺娃等。雷伊是词汇学方面的专家，撰写过《词汇学文集》《词汇：形象和模型》等词汇学著作。（黄建华 1980：109 - 112）雷伊又是词典编纂家和词典理论家，参与过《小罗贝尔词典》《微型罗贝尔词典》《大罗贝尔词典》《罗贝尔法语历史词典》等一系列法语词典的编纂工作，撰写过《百科全书和词典》等理论著作；他还是术语学家，撰写过《术语论》《定义论》等著作。哈特曼出生在奥地利，他的研究领域涉及语言、语言学、翻译学和词典学等。他对术语学也很了解，正如他本人所说："后来我取得了维也纳大学翻译学学士学位，我最喜欢的外语——英语就是其中的一门课程，它同我的母语德语一起，为我提供了与其他学科，如语言学和术语学接触的机会。"（哈特曼 2012：74）他主持编写的术语词典包括《语言和语言学词典》《词典学词典》，前一部曾被译成汉语，于 1981 年由上海辞书出版社出版，后一部于 2000 年由外语教学与研究出版社引进出版。阿赫玛诺娃是俄罗斯著名语言学家、词典学家和术语学家，是莫斯科大学术语学派的代表人物，主持编写的《语言学术语词典》是俄罗斯语言学词典的经典之一，曾多次再版。

但是，并非所有的词典学家都了解术语学。自 20 世纪 30 年代以来，术语学致力于建立一套不同于词典学的方法和原则，这尤其体现在术语标准化和规范化领域之中，这些原则和方法借助国际标准化组织的传播和推广，具有较强的公信力和接受度。此外，术语学家在概念的界定和描写，术语多义、同义和同形问题等方面的理论知识对于提高术语编纂的质量同样不可或缺。除了术语学理论知识，术语学家还应具有一些专业技能。以下是欧盟成员国翻译中心对术语学家专业技能的要求，包括：1）对供职部门的一种工作语言极为精通，达到母语水平；2）掌握供职部门的至少其他两门工作语言；3）了解术语学领域的现行标准，如 ISO 704，ISO 12620 等；4）具有术语编纂经验；5）具有计算机处理能力；6）掌握一般办公软件；7）掌握专业术语软件，如术语数据库、术语提取软件等；8）非常熟悉互联网；9）熟悉互联网资源（各种数据库和叙词表）和其他信息资源（文本语料库等）；10）了解数据转换程序。① 虽然上述技能主要针对面向翻译的术语学家，但对于术语编纂也有借鉴价值。此外，在一些术语学研究较为发达的国家和地区，术语编纂项目有时是在术语学家的领导下开展的。

在进行双语或多语术语编纂时，还需要翻译专家的帮助。他们应该是外语达到母语水平的本国人或操外语的人。多语术语编纂涉及几种外语，就应该聘请几个语种的翻译专家，例如在编写《工程机械系列双向词典》时，分别聘请了英语、俄语、法语、德语、西班牙、日语等语种的专家。需要提醒的是，术语编纂中的翻译专家还应该是相关领域的专家，或者说，科技翻译专家。这是因为，任何学科领域使用的语言并

---

① 见http：// www. iamladp. org/PDFs/joint _ training _ ventures/job _ profiles/EU _ profiles/GenericSkillsDraftTerminologist. pdf。

不是日常通用的语言,而是相对独立的另一种语言。只懂外语的人遇到专业性的外语材料时,并不总能得心应手。如果双语或多语术语编纂涉及几个学科领域,理想的状况是聘请所有语种相应领域的翻译专家。当然,术语编纂中往往不大可能在所有外语和领域聘请到水平相当的翻译专家,这时可以用百科型的翻译专家来弥补,但后一类翻译专家实际上更为稀缺。此外,在术语编纂中的翻译专家应该具备术语学知识,了解术语工作的基本特点。在编写某部汉外术语词典时,由于聘请的外语专家缺乏术语学常识,使得很多术语的翻译并不成功或者没有选用领域内的规范译法。

2. 领域专家

领域专家指在学科领域从事研究工作的人。术语编纂通常由专家组织或由学术团体集体完成,组成人员数量既取决于具体知识领域的规模,也取决于术语编纂的规模、用途等。总体而言,集体制术语编纂更值得肯定,这可以弥补个人知识局限的不足,或者避免门户之见。

在集体进行的术语编纂中,通常要组织编写委员会,邀请一位或几位学术造诣深、威望高且有组织能力的专家担任组织者。他们是术语编纂计划的制订者,在整个术语编纂中充当“指挥官”的角色。术语编纂项目有时由出版机构策划,它们指定领域内的权威专家出任组织者。例如清华大学出版社出版的《英汉多媒体技术辞典》即是如此:

> 为编写好《英汉多媒体技术辞典》这部工具书,清华大学出版社邀请了中国社会科学院院士张钹教授担任主编,林福宗担任常务副主编,组织了由教师、博士生、硕士生和高年级本科生共20多人参加的编委会。从设计总体框架到制定编写规则,从收集资料到组织编写,从反复审改到定稿,前后共经历了三个春秋,……。随着科研工作的进一步深入,我们又补充了大量的新术语,有些是刚刚出现的新术语,并对一些词条增加了表格,进行归纳比较;还补充了一些插图,做必要的说明。
>
> ——《英汉多媒体技术辞典》(第二版,2008年5月)第一版前言

术语编纂的规模越大，所涉及的学科越多，组织者的作用越重要。大型术语编纂耗时费力，常常会发生意想不到的事情，需要组织者根据情况及时应对，拿出解决方案。跨学科术语编纂面对不同的知识领域，它们由不同的编者负责，这其中难免重复、交叉，甚至出入。例如，有的术语同时用在几个学科领域之中，且定义有所不同。那么，这些术语应该进入哪个学科，该如何下定义，这些问题需要组织者最后“定夺”。历史经验表明：好的组织者能够推动编纂工作顺利前进；反过来，编纂计划也可能因为组织者的不得力而面临挫折甚至流产的危险。

有些领域专家本身也是术语学家，例如维斯特、洛特等，由他们编写术语产品十分合适，但绝大多数术语编纂者对术语学知之甚少，在着手术语编纂之前，他们应该多少了解这一领域的基本知识。

3. 信息处理专家

信息处理专家指利用计算机对术语信息进行提取、加工、存储、管理、输出、交换、传播等方面处理的专家。在术语编纂中，信息处理专家可以是一个人，有条件的情况下也可以是小组或团队。在“信息爆炸”“知识爆炸”的时代，术语编纂工作越来越离不开信息处理专家的帮助。这体现在：1）资料管理需要信息专家的帮助。资料是词典编纂的基础性工作，编写《现代汉语词典》曾用了大半年时间搜集了70余万张资料卡片。过去，资料的收集、整理和存储是由人工完成的，现在计算机可辅助处理很多问题。而且，随着互联网的发展，电子格式的资料越来越多，各种全文本的数据库、术语数据库等本身就是经过信息加工和处理的。2）词目的抽取和排列需要信息专家的帮助。计算机可以分析术语在专业文本中出现的频率和典型语境，使条目选取更加客观、科学。计算机还可实现对条目的各种排列，如按字母顺序、按频率、按倒序排列等。3）条目编写可由计算机辅助进行。在西方，利用计算机技术设计词典编写平台，词条编写可在平台上完成，这有助于实现条目内容的有序化、统一性和连贯性，也就是说，手工词典编写中纷繁复杂的体例难题可以借助计算机得到有效解决。4）计算机可协助进行语义和概念分析。借助专门的程序和软件，计算机可分析概念与概念之间的关系，自动建立和呈现学科领域的概念体系，很多自动信息查询叙词表和术语知识库都是由此建立的。5）术语编纂成果的电子或网络呈现需要信息技术。电子出版是著作出版的一个趋势，2012 年大英百科全书公司宣布不再出纸质版的《不列颠百科全书》，而全部改由网络出版。现在，越来越多的术语词典选择以电子或网络形式出版。以下是俄罗斯学者扎戈鲁利科（Загорулько Ю. А. 2011）等编写的《俄英计算语言学信息查询表》中“机器翻译”一条的内容：

Дескриптор	
название	машинный перевод
язык	русский
релятор	
определение 1	Область научных исследований, экспериментальных разработок и уже функционирующих систем, в которых к процессу перевода с одного естественного языка на другой привлекается ЭВМ.
определение 2	Процесс перевода текстов (письменных, а в идеале и устных) с одного естественного языка на другой с помощью специальной компьютерной программы. Так же называется направление научных исследований, связанных с построением подобных систем.
автор словарной статьи	Кононенко И.С.
комментарий	Выше – Приложения КЛ

Связи объекта

Дается определение в (SourceDef)	
Источник	определение
Интернет энциклопедия «Википедия»	2
Справочник по искусственному интеллекту	1

Синоним (Syn)
Аскриптор
автоматический перевод
АП
МП

Эквивалент на другом языке (Trans)
Дескриптор
machine translation

Ниже (NT)
Дескриптор
автоматический перевод устной речи

Ниже вид (NTG)	
Дескриптор	Аспект деления иерархии
машинный перевод на основе правил	подход
машинный перевод, основанный на прецедентах	подход
полностью автоматический перевод	участие человека
статистический машинный перевод	подход
человеко-машинный перевод	участие человека

Ниже часть (NTP)
Дескриптор
постредактирование (машинный перевод)
предредактирование (машинный перевод)
система машинного перевода

Встречается дескриптор в (SourceDescriptor)	
Источник	частота
Коллекция текстов Диалог 2000-2010	318

图 9-1 《俄英计算语言学信息查询表》中的条目“机器翻译”

该信息查询表是由俄罗斯科学院西伯利亚分院信息系统研究院和俄罗斯国立人文大学共同研发的，它借助信息手段将传统信息查询表的内容，如术语名称（各种变体）、定义（注释）、同义术语、外语等值词、概念关系（属种关系、部分整体关系、联想关系）等以电子形式呈现出来，它是语言学家和信息专家合作的结果。

4. 编辑和出版专家

编辑专家指出版机构从事文字编辑、排版校对、出版等方面的专家。词典跟出版社的联系比其他著作要紧密得多。学术著作大多是在书稿完成后交由出版社排版、印刷和发行，也有一些著作是出版社事先制定计划，再向作者约稿的。后一种情况下，作者常常在完成书稿内容后才需要与出版社打交道。词典则不同，很多词典在编写之前就与出版社签订了协议。编辑和出版方面的专家往往参与术语编纂的全过程。

综合型出版社的不少编辑是语文工作者出身，它们对词典编写多少有些了解，但他们的专业知识比较欠缺；专业出版社的编辑多是科班出身的领域专家，他们具有不错的专业知识，但又缺乏词典学知识。而且，专业型编辑通常只对一个或几个相关的领域较为熟悉，但其所在的出版机构也会出版其他领域的术语词典。当然，不少出版社都聘请了编外的编辑队伍，他们是来自不同领域的专家，但其中一些并未接受过编辑工作的训练。此外，参加术语编纂的编辑还应掌握一定的术语学知识。也就是说，参加术语编纂的“理想”编辑应该是具有词典学和术语学修养的专业型编辑。

除了编辑专家以外，从事录入、排版工作的人员也要参与术语编纂。他们的业务能力也会对术语编纂的进度和质量产生实质性的影响。术语词典的初稿，勾画、删增之处很多，各种字体、标注繁杂，而多语术语编纂会出现不熟悉的外语字母，这都增加了他们工作的难度。因此，温切斯特（2009：140）在撰写《牛津英语词典》编纂传记时，特意提到牛津大学排字工的名字,并配有一幅插图,下方简要文字说明如下:“詹姆斯·吉尔伯特(Gibert J. C.),牛津大学出版社的排字工。他似乎是唯一参与整部大词典排版工作的人。他于1882年制好了字母A部分的第一个印版,一直工作到1928年大词典最后一卷完成。”

5. 编外人士

今天,专门从事术语编纂工作的人越来越少,只有少数出版社还设有词典编辑的岗位。从某种意义上,绝大多数的词典编纂者、术语编纂者都不是全职的。但在术语编纂队伍中,总有一些人要在一段时间内相当固定地从事这项工作,我们姑且将他们称为“编内人士”,上述四类专家都可划入此类。编纂队伍中还有大量的“编外人士”,其数量甚至超过“编内人士”,他们在某一阶段被临时组织参与到编纂工作中来。这里自然联想到为《牛津英语词典》义务提供例证的那些人。1879年,词典主编曾起草了一份题为《请求讲英语和阅读英语的公众为语文学会新英语词典协助查阅和摘录资料的呼吁书》的文件,内容大体上是希望公众提供之前未阅读文献中的例证。这份申请书随后被发往英国、美国、澳大利亚和加拿大的书店和图书馆,分发到借书者或购书者的手中。在呼吁书发出后的第一个月内,已有165人表示愿意参加资料收集工作,其中128人已经挑选好了即将阅读的书目。一年之后,义务资料员的人数达到754人,他们寄回的引文卡达到656 900张。

术语词典并不像语文词典那样需要如此多的例证,但仍需要编外人员的帮助。我们知道,制订术语标准中有一个步骤,就是把标准草案寄给相关机构或专家征求意见。今天,越来越多的术语编纂者选择将术语词典放到互联网上,接受大众的批评和建议。

二、协调的艺术

巢峰先生曾说过:“辞书编写之难,在作者、编者和出版界中是有所了解的,而辞书的组织之难,却是一般人所不甚了解的。以我拙见,如果用‘三分编写，七分组织’来形容，是不过分的。”（转引自李志江2011a：14）用这段话说明组织、协调工作在词典编纂中的重要性十分恰当。参加术语编纂的各学科专家之间，也有组织、协调的问题。术语编纂中的协调主要包括内部协调和外部协调两个方面。

1. 内部协调

内部协调主要指编纂队伍中编写成员之间的协调。首先需要协调的就是分工问题，其中包括：由谁担任主编，只设一个主编还是两到三位主编，是否需要副主编或执行主编，编写人员的数量，编写人员各自承担的内容和工作量等等。这些问题看上去虽小，却是影响编纂进度和质量的重要因素。有关这一点，李志江先生（2011a：14－15）曾写道：“主编总是要选学术上有造诣，而且具备一定的组织协调能力的，强调的是决策力；编辑要选有独立编写能力的，要善于理解主编的意图和要求，强调的是执行力；资料员要选头脑清楚、手脚勤快的，强调的是配合。主编多了，意见容易分歧，难于推动；编辑多了，编得快，统稿慢；资料员可以根据进度随时增减，但要保证有一个人贯穿始终。作为一个集体，不能要求其中的每个成员都是聪明人，但起码大多数得是明白人、厚道人。如果太算计了，生怕自己吃亏，那准坏事，辞书编不成、编不好不说，彼此之间还闹一肚子意见，结下冤仇，何苦来哉！”

一部词典的编写成员之间，工作能力、风格、经验、知识的广度和深度各有不同。如何使不同编者编写的条目尽量统一，这需要协调。此外，术语编纂中难免碰到各种学术难题，如果编者的意见不一致，这也需要协调。面对这些问题，可以尝试用捷克词典学家兹古斯塔（1983：481）提出的“循环审读和讨论”方法来解决，大体做法为：每个编辑（或副编辑）都经常了解他的同事们的工作成果，至少是通过词条样品的方式。如果一个编辑（或副编辑）所编出的词条样品经过他的同事们看过，并且如果这些词条样品用所根据的文献和其他资料加以核对，那么这是十分有效的。随后就要进行共同讨论，讨论中对词条的编写可能发生不同的意见的争论或至少是各种可能采用的方式的讨论,都要尽可能坦率地加以分析。这个制度可以按轮流原则执行,保证每个编辑(或副编辑)所编的样条都得到反复的讨论。好处是,这种方式不仅可以检查出材料方面具体的错误,而且首先能增加编辑部的工作效能。要使编辑部成员增进了解,摸清其他同事的态度和偶然的偏好。但首先是,这种循环审读和讨论所希望达到的效果在于,全体编辑在处理一些问题和对规章或明确规定的原则未能概括的问题做出决定时,得以互相调整。如果对于某个问题,协商、讨论无果,那就需要各让一步。"词典是妥协的产物"这句话,虽然不怎么好听,但却十分好用。词典编纂、术语编纂中的艺术性,也恰恰体现于此。

在术语编纂中,不同学科的专家之间需要协调。一位参与多部芬兰语、俄语术语词典编纂的学者指出:在规范性术语活动中,参与者来自所有委员会,他们需要就所有问题进行协商,这样的集体讨论很费时间。为节省时间和经费,在规定性词典中可以这样做:在一个领域内以某位权威专家的意见为主,此后在词典材料中不断验证他的意见。

双语或多语术语编纂队伍由不同国家的专家组成,这更需要进行协调。首先,不同国家相应学科领域的发展水平不同,对术语本质的认识也不尽相同。同时,每门语言都有自身的特点,在一门语言中被看成术语的语言单位在其他语言中未必被当作术语。其次,不同国家术语编纂有各自遵循的传统,编纂过程的步骤和安排并不完全一致。再次,不同民族思维和认知方式也不相同,对同一个问题的看法、处理方式也有出入。

2. 外部协调

外部协调指编纂队伍作为整体与其他相关组织、个人的协调问题。这大致包括以下三个方面:一是与编外人员的协调问题。一方面,主编应当尊重编外人员付出的劳动,同时也应注意到:他们基本上是在没有报酬或很少报酬的条件下提供各种帮助的。对编外人员提出的各种意见甚至批评，编者尤其是主编要认真对待，妥善解决，以免打消他们的积极性。默里在担任《牛津英语词典》主编期间，每天都要抽空给义务资料员、读者写信，回答他们的提问。他甚至抽空与其中的几位面谈。另一方面，对编外人员的工作要有客观的总体评价，因为编外人员在受教育程度、知识水平、对词典业务的熟悉程度等方面的差距是很大的。《牛津英语词典》主编之一的科勒律治按照辞书编纂要求的等级将第一批义务资料员的工作大体上分成三等：第一类是完全合乎要求的，第二类是基本合乎要求的，第三类是不合乎要求的，属于前两类的资料员人数与第三类大体上持平。术语编纂中常常碰到这样一种情况："专家型"编外人士提出的意见相当高明，但却无法落实，因为这些意见可能是颠覆性的，采纳意见意味着从头再来。应当记住：任何一部词典都不可能做到十全十美。在词典编写工作中，解决问题比提出问题要难得多。词典编写需要较真儿，但较真儿不等于教条。

二是与主管单位的协调问题。前面提到，术语编纂者很多时候并不是全职的，他们往往还承担其他工作。但是，只有真正从事过词典或术语编纂的人才明白，这项工作是如何耗时费力。词典里的有些常用词，意义派生关系非常复杂，梳理这类词的义项有时需要几天甚至更长的时间。例如英语的"black"，它被《牛津英语词典》的编者称为"可怕的"词目，因为编写该词及其派生词，用去了整整三个月的时间。因此，术语编纂者应尽量争取哪怕在一段时间内全力投入到编纂工作中去。如果无法做到，则应合理地调度和分配时间，并考虑其他工作与术语编纂之间的结合问题。兹古斯塔(1983：475)对此曾给出如下建议：如果有必要把词典编纂工作和其他研究工作结合起来，如果这种研究工作与确属语文学性质的问题有关，或者这种研究工作需要大量调查各种口语材料和文献材料，也就是一种工作对另一种工作有帮助，那么这是有利的。假如这种调查工作的题目选得恰当，假如这样把时间分开使用的词典编纂者和他的上级对个人研究成果的数量都不要求过高，那么这样一种时间分配常常证明是成功的。

三是与出版单位的协调问题。这主要体现在以下两个方面：一是质量与工期的关系。术语编纂者总是要尽量追求产品的质量，他们会制订详细的计划，尽可能把编纂步骤细化，尽可能增加校对的次数，这无疑会延长术语编纂周期。可是，作为术语词典主要资助者的出版单位往往按照商业模式运作，周期的增长意味着投入的增加。优秀的术语编纂组织者应该学会在质量和工期之间找到平衡。正如兰多(Landau S. I. 2005：378)所写的那样："如果说词典编者一方面有出版社敦促他快点完成词典编纂的压力，那么另一方面还有一些人要求他放慢步伐，以确保质量的压力，后一种压力有时来自外部撰稿学者，但更多来自自己的编写队伍，也就是那些编写释义及词条其他部分的人……词典主编陷入了一种似乎还不如其下属对质量要求高的两难境地。但是他必须清醒认识到，他的折中方案在一定程度上就是给编写人员规定工作量，否则就永远也编不成词典，而他和自己的编写队伍都将失业。"二是学术产品与商业产品的关系。对于编者来说，术语词典无疑是一种学术产品，他们为此付出几年，十几年，甚至几十年的劳动。但对于出版单位来说，词典更是一种商品，它们需要考虑读者的需求、研究销量、预测市场前景。从学术角度而言，编者需要将词典的类型、用户群体、宏观结构、微观结构等要素科学地组合在一起。但是从商品的角度来说，对于术语词典也有一些要求，杜比钦斯基(1998：20)将此概括为："1）收词数量、定义、例证等；2）所给信息的数量和类型(解释、词源、规范标识、构词、搭配、例证、图表等)；3）是否给出百科信息；4）外观(大小、格式、纸张、封面等)。"

三、术语编纂者培训

1. 术语编纂者是"教"出来的

保证术语编纂者科学、有效、协调工作的重要手段是进行培训。对于词典编纂工作,不少人有一种误解:从事语文工作的人或是了解语言学理论的人都可以编写语文词典;同样,只要是学科领域的专家或学者,都可以从事术语编纂。实际上并非如此,词典编纂者是“教”出来的,是“编”出来的。只具有学术专长对于词典编纂者来说远远不够,优秀的词典编纂者往往是百科全书式的学者。

兰多(2005:383)曾对一名优秀释义人员所应具备和无需具有的素质进行过概括。前者包括三个方面:一是善于写作。二是具有广博但不一定精深的信息储备。三是具有极好的语感,敏锐的表达能力,并熟知词之间的细微差别、文体和习语等。后者包括:一是不必具有巨大的词汇量,二是不必把读词典当成爱好的人或语言学家,语言学知识对词典释义并没有特殊的帮助,三是不能过于自信。对于最后一点,兰多(2005:384)曾提出一些忠告:“如果参与专科词典编纂的外聘专家缺乏谦虚精神,这将是一个严重的问题。比如,医学专家对自己的专业知识非常自信,这很好,我们找的就是权威专家。但他们必须意识到,自己对许多过去或现在的医学术语并不怎么知道。例如,他们不能仅仅因为自己从未听说过某个术语,就把它排除在词典之外,然而大部分医学专家恰恰是这样做的,除非有些医学专业的词典学家让他们撤回。撇开其他因素不说,这一点也说明为什么专科词典必须由一般词典学家主持编纂工作,只有他们才对语言有足够的了解,知道要谦虚。”

作为对培训的延续和检验,还可以组织编者进行试编。试编等于是“练兵”:一方面,编者可以熟悉编写规则和体例要求,发现各种问题并及时提出来;另一方面,试编稿经过专家审读后,可发现每位编者存在的问题,并有针对性地进行辅导或提出要求。

由此看来,术语编纂者是需要训练的。他们需要从习惯的科学研究模式中走出来,了解和掌握词典工作的特点。在术语编纂工作开始前,对编者进行哪怕非常简单的培训,对后续工作也极有帮助。兰多(2005:376)指出:“另外,词典编写起来并不容易,而且工作量又大……。（词典）是由一大批人同时进行编写，他们必须经过培训，还得接受统一的指导，按照统一的编写规则编写……。”

2. 培训的方式和内容

根据组织方式的不同，对术语编纂者的培训可以分为学校培训和校外培训两种。校外培训又可分为集中培训和分散培训两种。

学校培训是在高等学校教育体系内的培训，可以考虑在词典学、术语学等领域内开设相应的方向和课程。在国内外，词典学、术语学教育已经有几十年的发展历史，其课程体系已经相当成熟，但还存在以下问题：1）词典学、术语学都有相对独立的教学内容。词典学课程重点介绍词典学的一般理论，其中与术语编纂以及专业词典编纂有关的内容往往只占很小的比例。同样，在术语学课程中，术语编纂只是应用术语学的一个组成部分，而术语编纂工作需要结合词典学、术语学、编辑学等几个学科的知识。2）上述词典学、术语学课程开设的对象是未来的语言学家、语言文字工作者或翻译工作者，而这些人却很少真正参与术语编纂，而真正适合术语编纂主力军——科学工作者或技术专家的术语编纂课程往往很少。此外，术语编纂中需要高水平的术语编辑人员，还应该开设面向编辑人员的术语课程，但编辑学在我国尚不够发达，培养相关专业人员更为困难。3）上述词典学、术语学课程多以理论描述为主，术语编纂实践或训练往往很少，这两者之间还存在不小的距离。

校外集中培训的内容主要取决于培训对象的教育背景、目前承担的实际工作等具体情况，培训形式有培训班、夏令营、网络培训课程等。在国际上，国际术语网络（International Network for Terminology，简称TermNet）每年组织的“国际术语学夏令营”（简称“夏令营”），夏令营为期一周，主要介绍应用术语学方面的内容，其中很多与术语编纂、术语数据库等相关，该机构还曾组织过术语编纂方面的专题培训。每期夏令营既有专家授课，也有练习、案例、讨论等，参加夏令营的学员包括术语学家、计算机专家、领域专家、词典工作者、标准化工作者、翻译工作者等。2006 年以来，受新闻出版总署出版管理司、人事司委托，新闻出版总署教育培训中心和中国辞书学会每年联合举办的“辞书编辑出版人员资格培训班”（简称“培训班”）。截至 2012 年，培训班共举办七期，参加培训的学员人数达 572 人。培训班的教学安排相对固定，包括以下三个部分：

第一部分　必修课

第一单元　辞书出版的任务、要求和相关政策法规

第二单元　辞书编纂工作的语文基础知识

第三单元　辞书编纂的基本工作和要求

第四单元　关于辞书编纂现状和评价标准

第二部分　我国优秀辞书编辑、出版经验介绍

第三部分　作业

涉及的具体内容包括图书出版与其政策法规，词典（语文词典、双语词典、专科词典、百科词典等）发展历史与现状，词典编写基本原则，词典学理论与词典编纂实践之间的关系，词典收词问题，释义方法和类型，词典的结构，词典标注，词典与语言，文字与其规范化问题，词典选题艺术，词典编写流程与步骤，辞书校对与检查，词典评论与评价标准，辞书现代化和数字化，辞书修订，少数民族词典编纂等。（李志江 2012：30 -33）在作业环节，第四期以后均统一为一部辞书的“总体设计”。培训班的学员主要是出版社的专业编辑人员。

分散培训是术语编纂团队根据编纂工作的性质、编纂阶段、编纂者业务水平和所承担的工作进行的有针对性的培训。这种培训的内容未必像课程学习和集中培训那么系统，但应围绕所承担的编纂任务展开，例如所参加词典的历史背景，团队内部资深编者的工作经验介绍，分工和要求，编纂文件讲解和说明，注意事项等。分散培训可采取讲解与讨论相结合的方式，培训一般安排在编纂工作开始之前，也可在编纂工作过程中穿插或补充培训。

除了参加培训,术语编纂者还要善于自学:一方面,要阅读词典学、术语学理论著作,提高理论水平和修养;另一方面,要总结编纂实践中积累的经验,虚心向前辈学习。任何培训都有时间限制,而自主学习却是无止境的。通常来说,培养一名术语编纂者需要三到五年的时间,而一名优秀的术语编纂者,则是通过十几二十年甚至几十年时间"磨"出来的。因此,有人说,辞书编辑"成活率"低。更有人断言:真正一流的词典家就如优秀诗人一样寥若晨星。如果真是这样的话,可以预想:优秀的术语编纂者则更为稀缺。

可见,培养队伍是术语编纂的重要组成部分。杜比钦斯基(1998:28)曾就培训词典编者提出若干基本方向,这对术语编纂同样重要。它们是:1)坚持词典学传统;2)保证培养专业人员的连续性;3)吸引主要语言学、词典学机构的一流专家;4)协调不同城市、国家词典编者的工作;5)同政府、出版机构取得联系,共同制订培养词典学家和出版词典的合同;6)开设词典学理论基础和词典编纂实践方面的课程,举办理论或实践研讨班、研讨会。

第三节　术语编纂规划

术语编纂是一项需要规划的工作。编纂术语词典是要深思熟虑后才能下定决心的,仅凭几个人的热情或一时冲动很难开展术语编纂。有经验的术语编纂者很清楚:这项工作需要精心准备和设计,而且它似乎永远没有尽头。如果把编写看成术语编纂中的主要阶段,那么在它前后还各有一个阶段,即准备阶段和出版阶段。

一、准备阶段规划

摆在发起人或组织者面前的首要问题是:他们打算编一部什么样的词典,换句话说,它所要编纂词典的类型。解决这一问题,编纂者应当明确划定主题领域的范围。由领域专家发起的术语编纂项目一般不会超过其自身研究的范围。即便如此,他们还是要对同领域的、相关学科或领域的、交叉学科或领域的、通用科学或技术词典进行一番调查。这种调查的范围可仅限于公开出版的术语工作产品(词典、词汇表等);也可以更广一些,拓展到该领域权威的著作、教材,因为这些出版物中也有术语表、主题索引之类的附录。在大多数情况下,调查的结果令人振奋,在学科划分越来越细的今天,很多领域的术语编纂仍处于空白状态。但一些基础学科或热门学科的情况要好得多,这就需要思考即将开始的编写项目与已有词典的互补。

在以上调查之后,还需要搜集资料、组织编写队伍、申请经费、寻找出版机构。大多数情况下,术语编纂项目不会有什么收益,其资金主要源自政府、大学、科研机构、学术组织、科学基金会、出版机构等。当然,也不排除公司、商业机构参与术语编纂的可能性,一些跨国公司,例如西门子、微软、飞利浦、爱立信等,设有专门从事术语编纂的部门,商业性的术语编纂往往与这些公司产品的生产和销售有关。

在上述环节之后,就需要拟定并签署合同。在必要的情况下,组织者应该与参加编纂的人员签订劳务合同。

出版社还要与编者协商并签订出版合同。以下是作为《牛津英语词典》协议基础的建议条款(默里 1999:463－464):

1. 语文学会保持的资料、根据该资料编纂的所有词典和缩略本等的版权归出版社委员会所有。

2. 该词典为四开本,共6 400页(同韦伯斯特词典一样),分成四卷。按分册出版,每个分册售价为5先令或10先令。如果出版委员会认为合理,最终可出版一套篇幅较大的词典。

3. 出版社委员会可承担该词典的全部经费,然后从词典的销售毛利中扣取。所需经费包括每年支付编辑650镑,连续支付10年,编辑将用其中的一部分支付所有副编辑的薪水。如果出版委员会认为应当聘请有关专家对校样中的科技词条进行订正，那么，出版社方面也要给这些专家支付报酬。另外，还要聘用一位美国编辑（比如说惠特尼教授），由他提供美语用法和词源，这就应该把他的名字列为编辑，放在扉页上，（很可能会）借此保护该词典在美利坚合众国的版权，所以也要给这位美国编辑支付少量的稿酬。

4. 支付编辑的总额6 500镑中的一部分1 950镑在三年内按季度支付，每次为162镑10先令，剩下的4 550镑每付印一页支付20先令。所有这些预支款的5%利息也视为经费开支。

5. 不论从何种途径所得的利润均在出版社委员会和语文学会之间平分。语文学会将从自己的利润分成中提取3 250镑（其中的一半支付编辑，视作预支他的利润份额），剩下的部分在语文学会和编辑之间按有待商定的比例分成。

6. 编辑为默里博士。自合同签订之日起，三年之内（包括三年）必须发稿至E字母，六年之内（包括六年）必须发稿至O字母，九年之内（包括九年）必须全部发稿。如果不能按时发稿，出版社委员会可以终止同他的协议。

7. 如果任命新的编辑，应征得双方的共同认可，或是通过仲裁方式解决。新编辑的稿酬和利润分成遵照同默里博士所签订协议中规定的标准，并按未完成的词典幅度比例来计算。

8. 仲裁的条款。

9. 四卷本词典出版十年后，如出版社委员会不愿承接，语文学会可以利用现有资料，独立编写另一部不亚于目前词典两部篇幅的词典。

最后，组织者需要拟定一份编写细则。它是术语编纂过程的指导性文件，其内容并无明确要求，可以包括对所编纂词典的一般性描写、收词来源与标准、编纂步骤与流程、体例规范等。吕叔湘编写的“《现代汉语词典》编写细则（修订稿）”由总则、语汇、条目、字形和词形、注音、释义、举例、标志、标点和其他格式等组成。（吕叔湘 2002：412－455）这份细则相当详细，其中主要内容对术语编纂同样适用。编写细则应把握几条基本原则：一是一致性，细则前后内容之间不能有互相矛盾的地方。二是可操作性，细则是供编者在编纂过程中使用的，所提出的要求应切合实际。三是尽量详尽,尤其是关于体例方面的描写(如发音、语法、释义、标注、数字用法、标点符号等)。四是可扩展和修正,可以根据编纂中遇到的实际情况进行补充和调整。

二、编纂阶段规划

编纂阶段的规划主要包括三个方面：一是篇幅;二是进度;三是资金。

1. 篇幅规划

术语编纂者会对词典的篇幅和规模有预先的估计,但实际情况要复杂得多：首先,任何词典的收词原则只能是粗线条的,而实际操作中的一个小偏向都能造成词目表过于庞大,例如对旧术语、新术语的理解和态度,术语词组和临时性组合的界限,对某个专业领域的偏好,学术专名或名称的选取原则等。其次,释义简短性和精确性之间的矛盾。不是每位编纂者都善于撰写简短的释义,有些编纂者习惯把一些百科信息或注解加到释义中;有一些条目很难撰写释义。最后,例证往往难以割舍。很多情况下,一个典型的例证甚至比释义更能说明问题。除了上述客观原因,编纂者主观上也不希望所编的词典过于"单薄"。这样一来,实际编写出来的术语词典在篇幅上往往超过预期。在术语编纂中,确定概念系统会对控制篇幅起到不小的作用。如果词典实际篇幅超过预想很多,可以在版面设计上(字体、行距、版心等)作一些调整。

2. 进度规划

很少有词典是按原先计划的时间完成的。西班牙词典学家卡萨雷斯对四部大部头词典的计划完成时间和实际完成时间做过调查,结果如下：

《牛津英语大词典》：原计划 13 年,实际用 39 年,推迟率 400%

《荷兰语大词典》：原计划 25 年,实际用 65 年,推迟率 360%

《瑞典语大词典》,原计划 12 年,实际用 65 年,推迟率 640%

《丹麦语大词典》，原计划12年，实际用49年，推迟率408%（转引自兹古斯塔 1983：479）

兹古斯塔（1983：479）对造成词典计划延迟的原因总结如下："姑且不论人们性格的普遍脆弱——有一类原因是同集体协作的困难有关的，另一类原因是同人们常常抱有一种错误想法有关的，这就是词典编纂工作是既简单又机械的工作；不过，还有一类更重要的推延原因是同这种情况有关的，就是几乎每个词条都有点特殊而无法概括，并且（除非我们编的是一种死语言，对其文献无所不知）总是不断地产生新的用例并产生新的语义效果。"

因此，有经验的术语编纂者要对时间计划的延迟有足够的心理准备，除了周密安排编写进度并预留一段机动时间外，还要与出版机构沟通，以便遇到突发情况（编者队伍人员减少、编写流程变化）时，及时调整时间安排。

同时，编纂队伍的不同个体完成工作的效率也有差距。因此，在编纂集体内部也需要建立进度协调机制，一旦个别编纂者在进度上滞后，采用互助合作、局部环节调整等方式进行弥补，以免总体进度受太大影响。

3. 经费规划

绝大多数术语编纂项目的经费是相当紧张的，因为它们很少得到商业资助。如果组织者能从几个方面或渠道都争取到经费支持，那么情况就能改观很多。而且，如同时间进度一样，当一部术语词典编完时，实际花费要超过当初的预算。一方面，工期的拖延就意味着开销的增加；另一方面，经费规划中有些项目实际花费增加（如物价、劳动报酬的增长等）或新增一些支出项目（如编写过程中临时决定召开的小型会议等）。因此，在整个编写过程中应采取相对"紧缩的"财务政策。一位术语编纂者曾写道："可是，甚至在一些资金相对充足的项目中，通常无法付给领域专家同其技术水平和所付出时间相称的稿费。因此，需要选择那些不只是在物质刺激下从事词典工作的专家合作。"（库达舍夫，库达舍娃 2007：142）如果这是一条成功经验的话，那么，失败的例子也不少。据我们所知，有些经验不足的组织者对经费盲目乐观，未经慎重考虑就签订了工作合同；但工作开始后不久，就对所付出的费用表示后悔并要求终止合同。姑且将由此引起的不快抛在一边，类似做法的结果得不偿失：一些已经支付的费用可能付诸东流，词典进度受到影响，这又反过来导致增加一些新的支出。

总体上讲，组织者应该在篇幅、进度和经费之间找到合理的平衡点，但这只有在词典质量不受太大损害的情况下方才可行。

三、出版阶段规划

在这一阶段的一个主要任务是校对和统稿。应该事先考虑好：由谁来校，校几遍等。因为，除了文字校对，这里还有统一体例等问题。校对可以在编写工作完成后进行，也可以与编写交叉进行。统稿是十分复杂的工作，因为它面对词典的各个方面，对遗留问题给出最后的处理意见，统稿往往由术语词典项目的组织者来做。此外，组织者还要着手准备词典的各种"附件"，如前言、凡例、附录、索引，有条件的情况下还要组织体例、版式、条目内容等方面的专项检查。此外，还有一些细节，如纸张、排版格式、封面设计等，出版社也会参考编者的意见。

组织者还应对词典今后的修订和再版有个规划。如《辞海》每十年修订一次，《现代汉语词典》每六到七年修订一次。术语工作产品中，除了术语标准要求每五年修订一次外，术语词典的修订往往不太受重视。实际上，专业词汇是语言词汇系统中变化最快的部分。一些热门或新兴的专业领域，每年都有大量新术语出现，一部术语词典可能刚刚编完就已经过时。因此，有人说：一部辞书的出版之日，就是它的修订开始之时。这句话对术语词典非常适用。而且，修订是一个系统工程，除了增删条目外，还包括体例统一、释义修正、例证增删等各个环节。因此，修订是提高术语词典质量、打造品牌术语词典必不可少的环节。

第十章 计算机技术的应用

第一节 编纂技术的现代化转向

一、术语数据库的定义

术语编纂的现代化主要指在术语编纂中运用计算机及相关技术，这突出体现为各种术语数据库的研发和应用。

术语数据库，简称“术语库”，英语用 terminological database, terminological data bank, term bank 表示①。国家标准《术语工作 · 计算机应用 · 词汇》(GB/T 17532—2005)将“术语数据库”定义为“包含术语数据的数据库(集)”。隆多将术语数据库看成“一部概念和术语的自动系统词典”。由此可见，术语数据库和术语编纂之间关系密切。

促使术语数据库产生的因素主要有两个：一是术语数量的激增，术语体系和概念体系变得越来越复杂，传统编纂工艺无法适应需要。二是计算机技术的迅猛发展，计算机的数据处理能力大大提高。

同传统术语编纂相比，术语数据库具有一系列优势。美国测试与

---

① 这几个英语术语是同义的。隆多(1985：136)指出：“大部分术语数据库都用 banque de terminologie，而不用 banque de terminologies，但是这两个名称所代表的既不是术语总汇，也不是术语学，更不是术语学方法。确切地说，它们代表 banque de terms(如果我们孤立地看术语单位的话)。因此，本书把 banque de terms(术语库)，banque de terminologies(术语库)，banque de données terminologique(术语数据库)都看作是同义词，同时尊重诸如 Banque de terminologie du Québec(BTQ)(魁北克术语库)这样的固定名称。”

文献协会(American Society for Testing and Materials,简称 ASTM)认为数据结构的术语在管理上具有以下优点：1) 增加术语在美国测试与文献协会内部和外部的利用率,因为术语及其应用领域、相关术语的检索变得更加容易。2) 增加术语上传频率。一旦需要,便于以后在现有标准定义中增加其他术语数据。3) 在用法不发生变化的情况下,减少维护费用。4) 为推出新的、适销的术语产品,例如叙词表、关键词表、标准化索引术语等,提供捷径。5) 为国外标准化工作的沟通提供关键的切入点。6) 改进对各术语分委员会的服务并提高术语委员会(Committee on Terminology)管理术语系统的能力。7) 为术语产品人工智能方面的某些应用提供架构。(施特雷洛 1988：57－58)

二、术语数据库发展简史

同传统的、人工术语编纂数千年的历史相比,研制术语数据库不过是最近几十年的事情。这同机器翻译、语料库语言学等语言学学科的发展密切相关。世界上第一个以计算机为基础的大型语料库是“当代美国英语标准语料库”,即通常所说的“布朗语料库”(Brown Corpus),它是 1963 年到 1964 年在布朗大学建成的,由 500 篇文本组成,规模约为 100 万词次。用于词典编纂的第一个语料库是英国柯林斯公司和伯明翰大学共同开发的“柯林斯伯明翰大学国际语料库”(Collins Birmingham University International Language Database,简称 COBUILD 语料库),该语料库的规模是布朗语料库的七倍,达到 730 万词次。基于该语料库编写的一部英语词典是《柯林斯 COBUILD 英语词典》。(兰多 2005：304－313)

最早的术语数据库同样诞生于 20 世纪 60 年代。1963 年,巴克拉克(Bachrach J. A.)在卢森堡建起了第一个术语数据库 DICAUTOM。它最初是为翻译工作者服务的,1973 年和另一个术语数据库 EUROTERM 合并成为“欧洲经济共同体委员会术语数据库”(European Commission Online

Translation Tool for European Language，简称为EURODICAUTOM）。EURODICAUTOM是一个多语种术语数据库，最初包括荷兰语、法语、德语和意大利语四种语言，1973年加入丹麦语和英语，1981年加入希腊语，1986年加入葡萄牙语和西班牙语，1995年加入芬兰语和瑞典语，后来又加入希腊语和拉丁语。EURODICAUTOM术语库共有约550万条术语（缩略语），包括48个学科领域，其中以与欧盟政策相关的农业、通信、运输、法律、财政为主，也包括医学、公共管理等，主要面向翻译工作者、口译译员、术语学家、语言学家等。每个条目包括术语、同义术语（同义词）、定义、解释、参考文献、所属领域等信息。以下是该数据库中"internet"（互联网）一条的内容：①

Domain	Information, Communications systems
	en
Definition	global computer network (which evolved out of ARPAnet) providing a variety of information and communication facilities to its users, and consisting of a loose confederation of interconnected networks which use standardised communication protocols
Definition Ref.	• 'Internet, noun'. Oxford English Dictionary Online. March 2012. Oxford University Press, http://www.oed.com/view/Entr... [26.3.2012] • Wikipedia > Internet, http://en.wikipedia.org/wiki... [26.3.2012]
Note	The movement of information in the internet is achieved via a system of interconnected computer networks that share data by packet switching using the standardised Internet Protocol Suite (TCP/IP – see IATE:1492631). It is a 'network of networks' that consists of millions of private and public, academic, business, and government networks of local to global scope that are linked by copper wires, fibre-optic cables, wireless connections, and other technologies.
Term	**internet**
Reliability	3 (Reliable)
Term Ref.	Resolution on illegal and harmful content on the Internet, 41997X0306/EN
Language Usage	The first recorded use of the word *internet* (all lower case) dates back to 1974. It originally referred to any computer network consisting of or connecting a number of smaller networks, such as two or more local area networks connected by a shared communications protocol. It was also used to refer more specifically to ARPAnet, a specific example of such a network operated by the U.S. Defense Department. It now refers exclusively to the global computer network which evolved out of ARPAnet. In this sense, it was, until recently, commonly written with an initial capital (*Internet*), as it was regarded as the name of a specific network, rather than a generic term which can apply to more than one network (e.g. an *intranet* - see IATE:1695254). However, it is now more commonly written in all lower case (*internet*). It can also refer to the information available on this network.
Date	25/01/2013

Source: COM　　IATE ID: 1695250

图10-1　EURODICAUTOM术语库的条目"internet"

① EURODICAUTOM术语库的部分数据现已转移到"欧洲交互式术语数据库"（Inter-Active Terminology for Europe，简称IATE）。

在 EURODICAUTOM 术语库之后，魁北克法语管理局（Office québécois de la langue française）于 1969 年开始建设魁北克术语库（BTQ）。在魁北克这样的双语地区，BTQ 术语库的作用主要在于翻译和规范，其基本目的包括：

建立一个永久性设备以便清查、集中储存和处理术语及文献；

建立一个传播网和术语信息自动咨询网，以促进企业和政府的术语工作的准备，以及翻译、编辑和修订工作；

通过向企业间委员会、术语委员会、术语工作服务处和各企业提供必要的档案和文献，对术语工作的准备作出贡献；

参加国际术语活动的协调工作，并与讲法语的国家、把法语作为工作语言的国家和把法语作为工作语言的国际组织，共同建立术语信息交流网；

进行为实现管理局的目标所必需的术语、语言和文献数据的自动处理方面与应用研究；

为了达到广泛使用法语的目的，出版著作目录，以便使管理局的雇员、研究者以及公众能毫不费力地查找到科技术语文献。（隆多 1985：152）

在 BTQ 术语库基础上，魁北克法语管理局在 1997 年完成“法语术语大词典”（Le grand dictionnaire terminologique，简称 GDT）的建设工作。以下为该词典的首页：①

该词典目前共有约 80 万张卡片，300 万个术语，其中 85% 是英法双语的，一半以上带有定义。每个条目除包括术语、所属领域、外语等值词、定义、作者等信息外，还用颜色标识术语的评价等级，其中绿色表示首选术语，黄色表示限制使用的术语，红色表示拒用术语。以下是该数据库中“terminologie”（术语集）一条的内容：

1967 年到 1968 年间，德国西门子公司开始建设“西门子公司数据

① 详见 http://www.grand-dictionnaire.com/index.aspx。

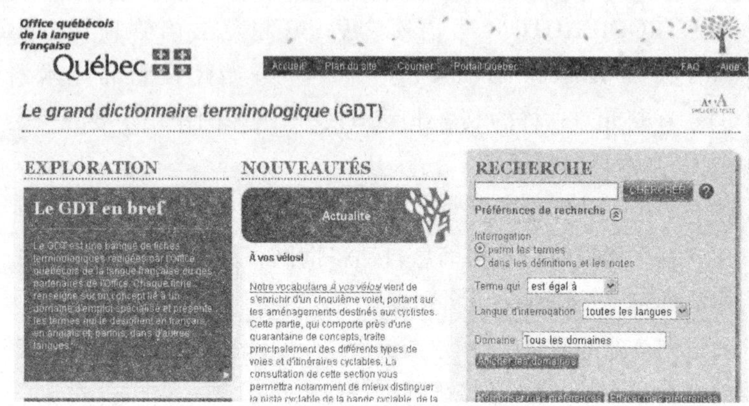

图 10 - 2　GDT 首页

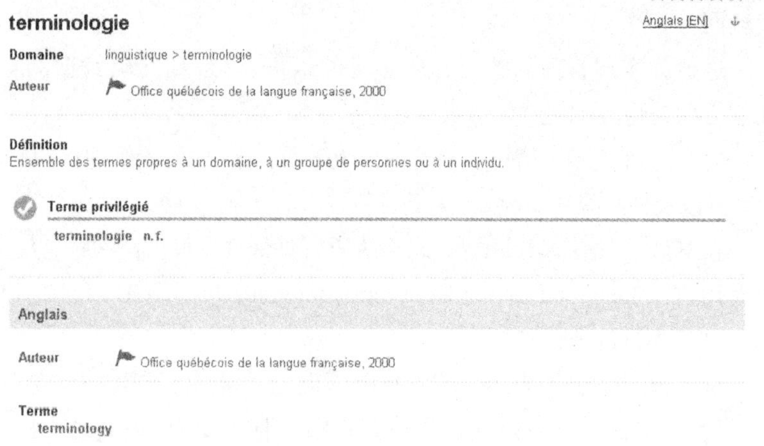

图 10 - 3　GDT 的条目"terminologie"

库"(Terminology Evaluation and Management,简称 TEAM)。TEAM 术语库是由西门子翻译服务处负责建设的,旨在提供一个计算机支持的综合词典。该术语库包括大约 200 万条术语,每个条目包括术语、定义、同义词、来源、所属学科领域等信息。(沃恩哈尔斯 Vollnhals O. 1990: 32 - 35)TEAM 术语库包含的语言有德语、英语、法语、西班牙语、俄语、意大利语、葡萄牙语、荷兰语等。TEAM 术语库后来与联邦德国标准化委员会(DIN)达成协议,内容大致为:“一方面,DIN 的术语委员会可以利用西门子公司开发的 TEAM 术语库系统的能力进行工作;另一方面,使 TEAM 系统与 DIN 掌握的标准化信息和文件编录系统沟通起来。”(布林克曼 Brinkmann K. H. 1988: 110)这种合作使得 TEAM 术语库的功能发生了一些变化,即从翻译型术语库变成兼有标准化色彩的术语库。

同一时期,前苏联也启动了术语自动化和术语库建设工作。这项工作的领导机构是 1964 年成立的全苏科技信息分类与编码科学研究所(Всесоюзный научно-исследовательский институт технической информации, классификации и кодирования, 简称 ВНИИКИ),由它建设的全国情报和术语自动化服务系统简称 АСИТО。目前,该机构现已更名为全俄分类、术语与标准化信息与俄罗斯国家标准质量信息科学研究院(Всероссийский научно-исследовательский институт классификации, терминологии и информации по стандартизации и качеству Госстандарта России),隶属俄罗斯标准化、计量与合格评定科学技术信息中心(Российский научно-техни-ческий центр информации по стандартизации, метрологии и оценке соответствия,简称 СТАНДАРТИНФОРМ)。在 АСИТО 术语库基础上研发的“标准化术语国家语料库”(Национальный банк данных по стандартизованной терминологии,简称 БД РОСТЕРМ)仍带有标准化的性质,收入各类标准文件、俄罗斯科学院基础科学术语委员会出版的词典和各级学会、协会出版的专业词典收录的术语约 140 万条,每条术语带有俄语定义、来源、外语等值词等信息。以下是该数据库中 структура ВТО(世界贸易组织的组织结构)一条的内容:①

① 转引自根据 БДРОСТЕРМ 术语库编写而成的《世界贸易组织术语词典》(Словарь терминов Всемирной торговой организации),详见 http://webportalsrv.gost.ru/PortalWTO/termin_wto.nsf/start?OpenPage。

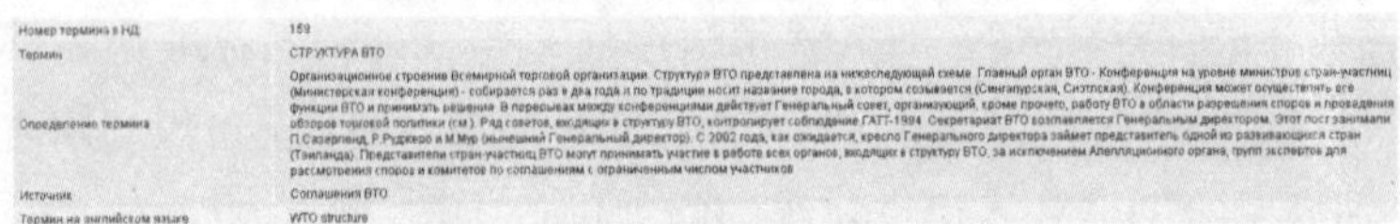

Номер термина в НД	159
Термин	СТРУКТУРА ВТО
Определение термина	Организационное строение Всемирной торговой организации. Структура ВТО представлена на нижеследующей схеме. Главный орган ВТО - Конференция на уровне министров стран-участниц (Министерская конференция) - собирается раз в два года и по традиции носит название города, в котором созывается (Сингапурская, Сиэтлская). Конференция может осуществлять все функции ВТО и принимать решения. В перерывах между конференциями действует Генеральный совет, организующий, кроме прочего, работу ВТО в области разрешения споров и проведения обзоров торговой политики (см.). Ряд советов, входящих в структуру ВТО, контролирует соблюдение ГАТТ-1994. Секретариат ВТО возглавляется Генеральным директором. Этот пост занимали П.Сазерленд, Р.Руджеро и М.Мур (нынешний Генеральный директор). С 2002 года, как ожидается, кресло Генерального директора займет представитель одной из развивающихся стран (Таиланда). Представители стран-участниц ВТО могут принимать участие в работе всех органов, входящих в структуру ВТО, за исключением Апелляционного органа, групп экспертов для рассмотрения споров и комитетов по соглашениям с ограниченным числом участников
Источник	Соглашения ВТО
Термин на английском языке	WTO structure

图 10 - 4 БД РОСТЕРМ 的条目“структура ВТО”

20 世纪 60 到 70 年代,术语库的建设集中在欧洲、北美的加拿大。除了上述术语库外,已经建成或正在建设的术语库还有加拿大术语库 BTC、瑞典技术术语中心术语数据库 TERMDOK、西德语言管理局术语库 LEXIS、丹麦术语数据库 DANTERM、法国标准化协会标准术语数据库 NORMATERM 等。(隆多 1985: 149 - 162)

麦克诺特(McNaught J. 1988: 112 - 119)撰文指出,20 世纪 80 年代以后,术语库建设的中心仍在欧洲,其中北欧国家发展最快,西欧、东欧等国也不断有项目启动;其他地区,如亚洲的日本、中国,类似术语库也在计划之中。

第二节　术语数据库的类型

一、类型划分依据

虽然术语库常被看成术语词典的一种类型,但其类型划分并不与术语词典完全一致。原因大体上包括两个方面:一是词典类型本身是一个有争议的话题。不同学者依据不同的标准划分出来的词典类型是不同的,术语词典也是如此。二是术语库不仅带来术语编纂技术的变革,也使得编纂理念、方法、内容等都发生巨大变化,决定纸质术语词典类型的很多参量并不适合术语库。例如,按照词典所描写的语种数量划分出单语、双语或多语术语词典,但术语库的语种概念要模糊得多,前面提到的几个术语库都提供外语等值词,换句话说,它们都可以看成双语或多语的,但又以一种语言为主。条目排列方式是纸质术语词典类型划分的重要依据，但却很难用来确定术语库的类型。自动化的数据管理使得术语库可以用多种方式排列并呈现。

隆多(1985：143－144)在《术语学概论》中提出划分术语库类型的六个标准：1）从目的出发，术语库有科技交流（翻译、原文编辑）、术语推广（专业语言教学、术语的社会应用）、术语标准化或协调。2）从用户出发，可划分出为翻译工作者、术语学家或术语词典编纂者、技术编辑（科技文章编辑、手册、指南等编辑）、科技领域专家、专业语言教师、公众服务的术语库。3）从语言态度出发，术语库分为有规范作用的（只收集标准数据）、提供数据的（收集非标准的有评价的数据）、纯描述性的（收集各类资料不加任何评价）三种。4）从资料种类出发，术语库包括术语的、文献的、翻译的（如针对使用上下位，提供不同语言的两种对应词）、语法的（形态的、句法的、正字法的）、百科的、普通语言词汇的、直观的（图表、图像等）七种。5）从资料的组织出发，术语库分为以文献为基础的、以术语为基础的两种。6）从推广方式出发，术语库分为直接的（终端、电传打字机、荧光屏、电话）和间接的（高速打印机、自动印刷）两种。除此以外，还有四种类型依据相当重要：1）所涉及学科领域的范围，据此可将术语库划分为综合型、多学科型（或领域）、学科（或领域）型三种。2）地域范围，术语库有国际通用型、区域型、国家型、地区型、行业型五种。3）隶属的组织者或主体，术语库可分为国家的、集体（组织、协会等）的、个人的三种。4）根据所用的软件，可划分出第一代术语库、第二代术语库等。塞杰（Sager J. C. 1990：165－167）指出：第一代术语库大多诞生于20世纪70年代前后，大多使用当时流行的数据管理软件，其结构相对简单，术语数据是以词汇而不是以概念为基础组织起来的。第一代术语库最初的查询途径有限，有些只供机构内部人员使用，有些也为广大使用者提供电话或书面咨询服务。截至20世纪80年代，只有约1/5的术语库可以直接在网上查询。80年代以后建设的第二代数据库数据组织更为灵活，使用群体更多，支持网络在线查询。此外,还有划分术语库类型的其他依据,如同术语词典的类型一样,术语库的类型系统也应该是开放的。

二、典型术语数据库描述

1. 联合国多语种术语数据库(UNTERM)

UNTERM 术语库由联合国大会和会议管理部(Department for General Assembly and Conference Management,简称 DGACM)文件司负责建设,总部设在纽约,主要收录联合国文件中使用的专名、名称、术语约 8.5 万条,术语数据每天保持更新。该术语库是为翻译服务的,包含英语、法语、西班牙语、俄语、汉语和阿拉伯语六种语言,主要面向社会公众。以下是该术语库的查询页面:①

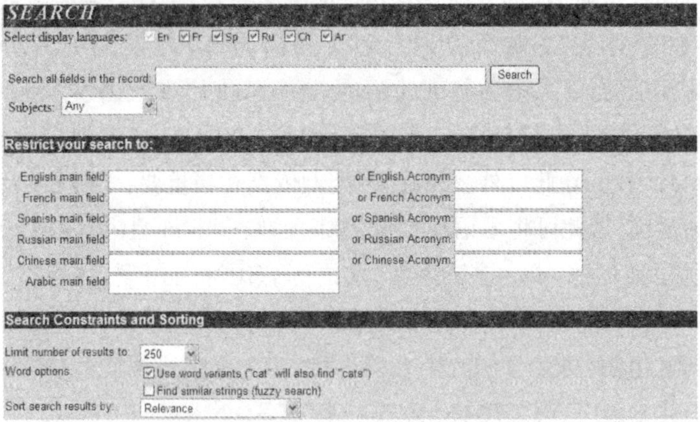

图 10-5 UNTERM 术语库首页

每个条目包含六种语言的对应术语、缩略形式、评价等级、参见信息、注释、所属领域、来源等信息。以下是该数据库中"World Trade Organization"(世界贸易组织)一条的内容:

---

① 详见 http://unterm.un.org/。

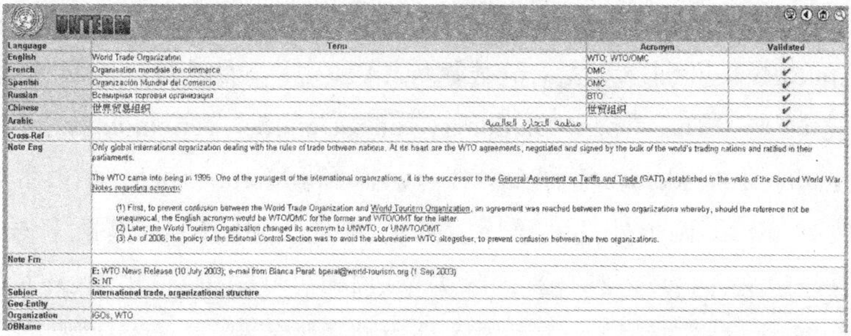

UNTERM

Language	Term	Acronym	Validated
English	World Trade Organization	WTO; WTO/OMC	✔
French	Organisation mondiale du commerce	OMC	✔
Spanish	Organización Mundial del Comercio	OMC	✔
Russian	Всемирная торговая организация	ВТО	✔
Chinese	世界贸易组织	世贸组织	✔
Arabic	منظمة التجارة العالمية		✔
Cross-Ref			
Note Eng	Only global international organization dealing with the rules of trade between nations. At its heart are the WTO agreements, negotiated and signed by the bulk of the world's trading nations and ratified in their parliaments. The WTO came into being in 1995. One of the youngest of the international organizations, it is the successor to the General Agreement on Tariffs and Trade (GATT) established in the wake of the Second World War. Notes regarding acronym: (1) First, to prevent confusion between the World Trade Organization and World Tourism Organization, an agreement was reached between the two organizations whereby, should the reference not be unequivocal, the English acronym would be WTO/OMC for the former and WTO/OMT for the latter. (2) Later, the World Tourism Organization changed its acronym to UNWTO, or UNWTO/OMT (3) As of 2006, the policy of the Editorial Control Section was to avoid the abbreviation WTO altogether, to prevent confusion between the two organizations.		
Note Frn			
	E: WTO News Release (10 July 2003); e-mail from Bianca Peral: bperal@world-tourism.org (1 Sep 2003) S: NT		
Subject	**International trade, organizational structure**		
Geo Entity			
Organization	IGOs, WTO		
DBName			

图 10－6　UNTERM 术语库的条目“World Trade Organization”

2. 欧洲术语数据库(Euro TermBank)

Euro TermBank 术语库始建于 21 世纪初,由丹麦哥本哈根大学语言技术中心(Centre for Language Technology at University of Copenhagen)、波兰信息处理中心(Information Processing Centre)、德国科隆应用科学大学信息管理研究院(Institute for Information Management at Cologne University of Applied Science)、立陶宛语研究院(Institute of Lithuanian Language)、匈牙利 MorphoLogic 公司、拉脱维亚科学院术语委员会(Terminology Commission of the Latvian Academy of Sciences)、拉脱维亚 Tilde 公司、爱沙尼亚塔图大学(University of Tartu)七个欧盟国家的高等院校、学术机构、公司共同开发,总部设在拉脱维亚的里加,由拉脱维亚 Tilde 公司负责协调和维护。该项目的目标如下：1) 在新欧盟成员国家建立术语处理的协调方法,以确保在数据交换和共享时术语资源的兼容性;2) 建立一个国家和跨国层面的术语机构网络以便于各机构间的合作、协调以及术语资源的合并和传播;3) 设计、建设并完善一个基于网络的术语数据库,为一体化的术语资源提供方便;4) 合并不同资源中的术语内容,以便各国建设术语数据库,将来并入欧洲术语数据库或使它们建立连接;5) 实现项目成果的可持续性。

目前,Euro TermBank 术语库包含拉脱维亚科学院官方术语数据库

(The official terminology database of Latvian Academy of Science,简称 Termnet. lv)、欧洲交互式术语数据库 IATE、波兰农业科学院科学术语开放词典(The Open Dictionary of Scientific Terminology of the Agricultural Academy,简称 OSTEN)、匈牙利 MorphoLogic 公司的术语词典 MoBiDic 四个外部术语库、133 个本地资源,265 万多条术语、20 余万条定义,内容涉及政治、国际关系、法律、经济、贸易、运输、环境、农业等 21 个学科或领域。该术语库是为翻译服务的,共有 33 种语言。①

Euro TermBank 术语库支持多种查询,查询结果由翻译页面、条目页面两种方式显示。翻译页面的内容包括不同语言的对应词和所属的学科领域。以下是该数据库中"agriculture"(农业)一条翻译页面的一部分:

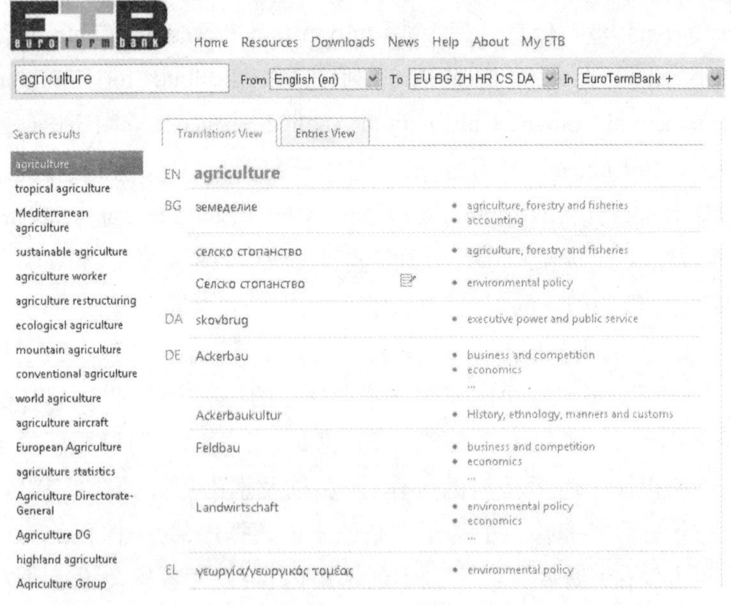

图 10-7 Euro TermBank 术语库的条目"agriculture"(翻译页面)

① 详见 http://www.eurotermbank.com/。

在条目页面中还提供相关语言的释义，以及其他外部资源中的信息。“agriculture”（农业）词条页面的部分内容如下：

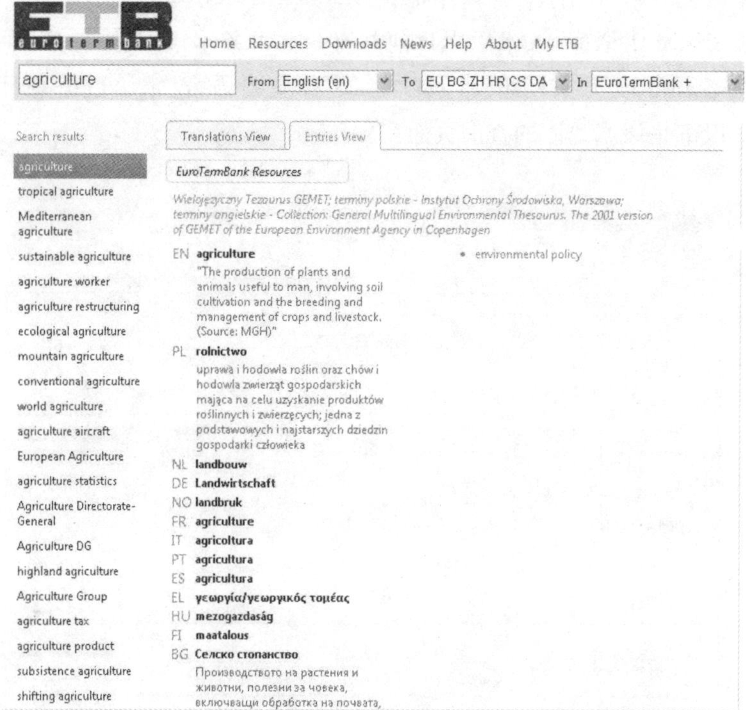

图 10－8　Euro TermBank 术语库的条目“agriculture”（条目页面）

3. 欧洲交互式术语数据库（IATE）

IATE 术语库由欧盟机构翻译中心组织建设，合作者包括欧洲议会（European Parliament）、欧盟理事会（Council of the European Union）、欧盟委员会（European Commission）、欧洲法院（European Court of Justice）、欧洲审计院（European Court of Auditors）等九个欧盟机构，总部设在卢森堡。IATE 术语库项目于 1999 年启动，2004 年交付内部使用，2007 年面向公众使用。该术语库旨在将欧盟用于翻译的现有数据库整合为一个新的、跨机构的交互式、可查询数据库,除了前面提到EURODICAUTOM术语库外,还有欧洲议会的EUTERPE术语库、欧盟理事会的TIS术语库、翻译中心的Euroterms术语库、欧洲审计院的CDCTERM术语库,该术语库目前共有840万条术语,其中包括54万条缩略语和13万条词组,涉及欧盟23种主要语言,术语数据每日更新。以下是该术语库的查询页面:①

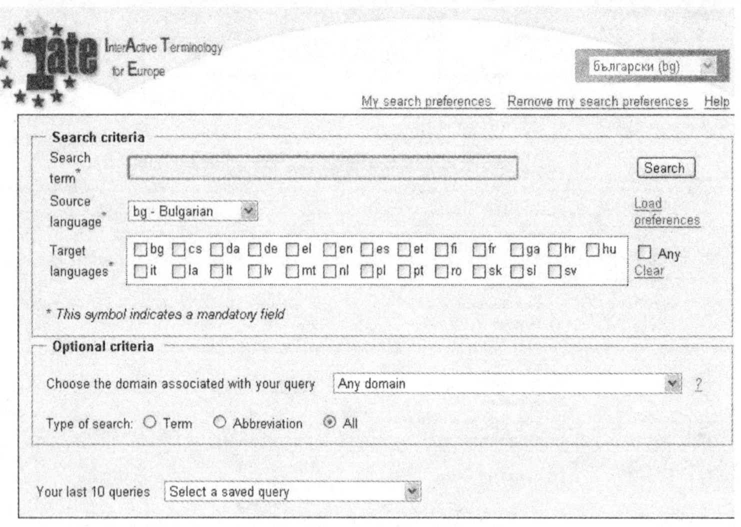

图10-9 IATE术语库首页

条目内容在前面EURODICAUTOM术语库中已有介绍,恕不赘述。

4. 加拿大政府术语数据库(TERMIUM Plus)

TERMIUM Plus术语库的全称为the Government of Canada's terminology and linguistic data bank,由加拿大翻译局(Translation

① 详见http://iate.europa.eu/iatediff/SearchByQueryLoad.do?method=load。

Bureau)负责建设,该项目早在 20 世纪 70 年代已经启动,成果为 TERMIUM 术语库, TERMIUM Plus 是其升级换代后的产品。TERMIUM Plus 术语库是兼有标准化性质的翻译型术语库,现有英语和法语术语 400 多万条,20 余万条西班牙语术语和 1.8 万余条葡萄牙语术语,术语库每个月更新一次。①

条目中包含外语等值词、所属领域、收入的日期、文献来源、评价等级、缩略形式、定义等。以下是该数据库中"management"(管理)一条的内容:

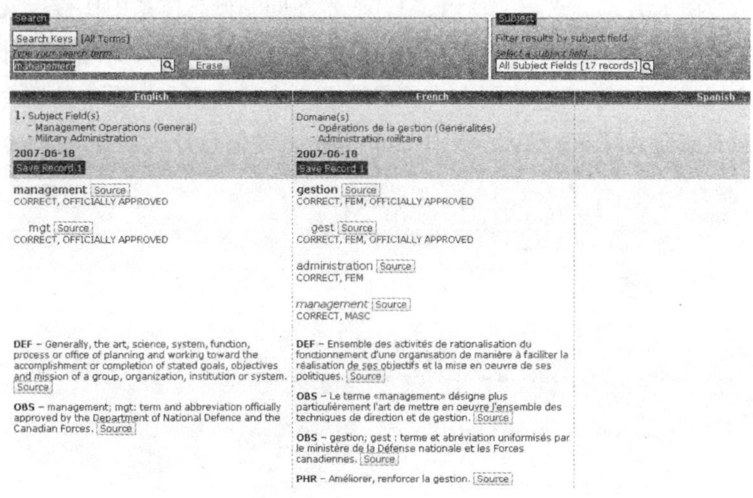

图 10-10　TERMIUM Plus 术语库的条目"management"

5. 芬兰术语中心术语数据库(TEPA)

TEPA 术语库的全称是 The Finnish Terminology Centre TSK's term bank。该术语库始建于 20 世纪 80 年代。TEPA 术语库的文献来源有大约 70 个,其中主要是芬兰术语中心出版的词典,还包括瑞典术语中

① 详见 http://www.btb.termiumplus.gc.ca/tpv2alpha/alpha-eng.html?lang=eng。

心的词汇表(TNC's vocabularies)、芬兰语言研究院瑞典语分部的词汇表(Kotus vocabularies)和其他的专业词汇表。TEPA术语库是兼有标准化性质的多语种术语库,主要包含芬兰语、瑞典语、英语、德语四种语言的术语,部分法语、丹麦语、挪威语、爱沙尼亚语、俄语、西班牙语等术语以及少量意大利语、拉丁语、荷兰语、葡萄牙语术语,总条目约4万余条。①

每个条目的基本信息包括术语及其外语对应词、文献来源、同义术语、定义、注释等。有些术语包含上下文信息和评价信息。其中,“*”表示荐用术语,“†”表示旧术语,“ < ”表示在同一概念体系中比被定义概念大的外语对应词,“ > ”表示在同一概念体系中比被定义概念小的外语对应词,“ ~ ”表示通过不同方式界定的概念或其他概念体系中的概念的近似对应词。以下是该术语库中“information”(信息)一条的部分内容:

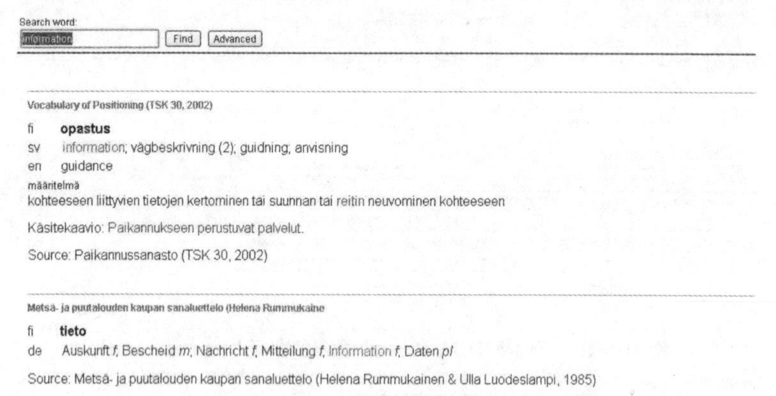

图10-11 TEPA术语库的条目“information”

6. 法国文化与通信部的术语数据库(France Terme)

France Terme术语库始建于1996年,其任务是为外来术语,主要是

① 详见 http://www.tsk.fi/tepa/netmot.exe?UI=engr。

英语术语提供规范化的法语表达。该术语库的文献来源为法国官方的公报,主要包括 18 个专门委员会的术语和新词,涉及农业、建筑、艺术、生物、通信、旅游、运输等大部分科学、技术和人文领域。France Terme 是一个标准化的术语库,目前有 5 600 余条术语。该术语库的一个特色是在网站上公布最新收录的术语。①

每个条目包含术语、所属的领域、定义、注释、参见条目、外语对应词(主要是英语)、文献来源、日期。部分术语还包含部分语法属性,如词类、名词的数等。以下是该数据库中"ablation"(烧蚀)一条的内容:

***Official Journal* of 22/09/2000**

ablation, n. f.

Domain: Sciences et techniques spatiales/Matériaux-Thermique

Definition: Action d'un flux de matière ou de rayonnement sur la surface d'un corps, entraînant une perte de substance de celui-ci par décomposition chimique, changement d'état ou érosion mécanique.

Note: L'ablation de matériaux appropriés déposés à la surface d'un corps permet d'en réduire l'échauffement pendant une durée limitée.

See also: ablatif, -ive, cône d'ablation, photoablation

Equivalent overseas: ablation(en)

Source: Arrêté du 20 février 1995

图 10－12 France Terme 术语库的条目"ablation"

7. 加泰罗尼亚术语中心的术语数据库(Cercaterm)

加泰罗尼亚术语中心(TERMCAT)是由加泰罗尼亚政府(Government of Catalonia)和加泰罗尼亚语研究院(Institute of Catalan Studies)在 1985 年成立的,其任务在于与专家和用户保持对话,不断推出创新性和高质量的工具和资源,开发和整合加泰罗尼亚术语为专业

① 详见 http://www.culture.fr/franceterme。

部门和社会服务。TERMCAT 成立之初，开始建设 BTERM 术语库，该术语库包括加泰罗尼亚语、西班牙语、法语和英语，该术语库实际承担了西班牙国家术语库的作用。

Cercaterm 术语库是在 BTERM 术语库基础上开发的，包括 27 个子库，涵盖人文科学、生命科学与医疗保健、法律与经济、体育、工商与科技五个主题领域。TERMCAT 术语库是面向翻译的多语术语库，除上面提到的四种语言外，还有德语、意大利语等，共有术语 7 万余条。①

每个条目包括条头及其语法信息、来源、所属领域、外语等值词、释义、注释等。以下是该术语库中“esport”(体育)一条的内容：

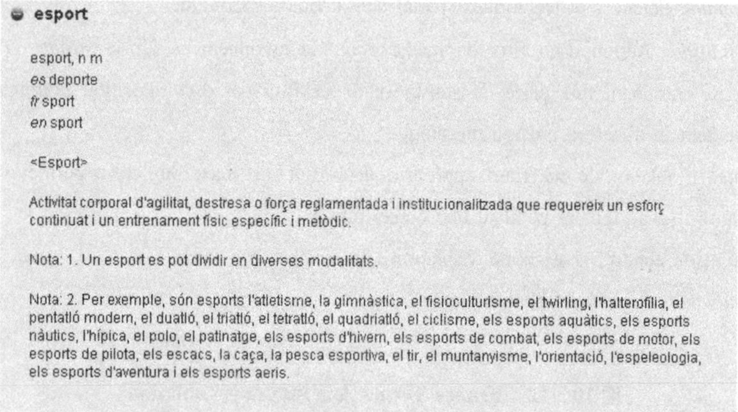

esport

esport, n m
es deporte
fr sport
en sport

<Esport>

Activitat corporal d'agilitat, destresa o força reglamentada i institucionalitzada que requereix un esforç continuat i un entrenament físic específic i metòdic.

Nota: 1. Un esport es pot dividir en diverses modalitats.

Nota: 2. Per exemple, són esports l'atletisme, la gimnàstica, el fisioculturisme, el twirling, l'halterofília, el pentatló modern, el duatló, el triatló, el tetratló, el quadriatló, el ciclisme, els esports aquàtics, els esports nàutics, l'hípica, el polo, el patinatge, els esports d'hivern, els esports de combat, els esports de motor, els esports de pilota, els escacs, la caça, la pesca esportiva, el tir, el muntanyisme, l'orientació, l'espeleologia, els esports d'aventura i els esports aeris.

图 10－13　Cercaterm 术语库的条目“esport”

8. 世界网上电工技术词典(Electropedia)

Electropedia 的全称是 The World's Online Electrotechnical Vocabulary，是国际电工委员会组织建设的，是目前世界上最大的电气

① 详见 http://www.termcat.cat/ca/Cercaterm/Fitxes/。

和电子术语库,文献来源是《国际电工词汇》和各工作委员会出版的100多个出版物,涉及85个学科领域。由于IEC是世界三大标准化组织之一,Electropedia是带有翻译性质的规范化术语库,目前共有约2万条术语,包括英语、法语、阿拉伯语、汉语、芬兰语、德语等16种语言。①

每个条目包含条头(英语、法语)、定义(英语、法语)、来源(英语、法语)、所属领域及其编号、其他语言的对应词、出版日期等。以下是该术语库中"signal"(信号)一条的内容:

Area		Mathematics / Concepts related to information
IEV ref		**101-12-02**
en		**signal** physical phenomenon whose presence, absence or variation is considered as representing information [SOURCE: 701-01-02 MOD, 702-04-01 MOD]
fr		**signal** phénomène physique dont la présence, l'absence ou les variations sont considérées comme représentant des informations [SOURCE: 701-01-02 MOD, 702-04-01 MOD]
ar		إشارة
de		Signal, n
es		señal
it		segnale
ja		信号
no	nb	signal
	nn	signal
pl		sygnał
pt		sinal
sv		signal

Publication date: 1998-04

图10-14 Electropedia中的条目"signal"

① 详见 http://www.electropedia.org/iev/iev.nsf/d253fda6386f3a52c1257af700281ce6?OpenForm。

9. 国际电信联盟术语数据库(ITU－R/ITU－T)

ITU－R/ITU－T 术语库隶属世界三大标准化组织之一的国际电信联盟,其文献来源主要有两个:一是由无线电通信顾问组(Radiocommunication Advisory Group,简称 RAG)和词汇协调委员会(Coordination Committee for Vocabulary,简称 CCV)支持建设的“无线电通信词汇”数据库,另一个是国际电信联盟的“术语和定义数据库”。ITU－R/ITU－T 是带有翻译性质的规范性术语库,涵盖英语、法语、西班牙语、俄语、汉语和阿拉伯语六种联合国工作语言,主要面向领域专家、翻译工作者、编辑人员等。①

每个条目包括所属部门、评价等级、条头、外语对应词、缩略语、定义、来源等。以下是该数据库中“radiocommunication”(无线电通信)一条的内容:

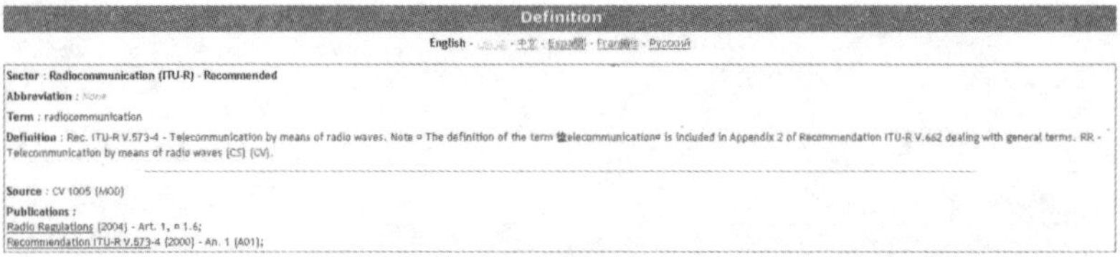

Definition

English - [illegible] - 中文 - Español - Français - Русский

Sector : Radiocommunication (ITU-R) - Recommended
Abbreviation : None
Term : radiocommunication
Definition : Rec. ITU-R V.573-4 - Telecommunication by means of radio waves. Note [illegible] The definition of the term [illegible]elecommunication[illegible] is included in Appendix 2 of Recommendation ITU-R V.662 dealing with general terms. RR - Telecommunication by means of radio waves (CS) (CV).

Source : CV 1005 (M00)
Publications :
Radio Regulations (2004) - Art. 1, [illegible] 1.6;
Recommendation ITU-R V.573-4 (2000) - An. 1 (A01);

图 10－15　ITU－R/ITU－T 术语库的条目“radiocommunication”

10. 电信术语数据库(TELETERM)

TELETERM 术语库始建于 1989 年,由通信术语常设小组(Permanent Group for Telecommunication Terminology,简称 MOTO)负责,参与的组织包括希腊电信组织(Hellenic Telecommunications Organization,简称 OTE)、希腊术语学会(Hellenic Society for

---

① 详见 http://www.itu.int/ITU－R/index.asp?redirect＝true&category＝information&rlink＝terminology-database&lang＝en&adsearch＝&SearchTerminology＝&collection＝§or＝&language＝all&part＝abbreviationterm&kind＝anywhere&Start Record＝1&NumberRecords＝50。

Terminology,简称 ELETO)和希腊标准化组织(Hellenic Organization for Standardization,简称 ELOT)。TELETERM 是多语术语库,涵盖希腊语、英语、法语和德语,其中希腊语、英语对应术语 12.7 万余条,希腊语、英语和法语对应术语 1.3 万余条,希腊语、英语、法语和德语对应术语近 4 千条,此外还有 1.3 万余条缩略语。①

条目部分包括希腊语、英语、法语和德语对应术语及其缩略形式、来源(英语和希腊语)、来源编号、等级。以下是该术语库的部分条目:

English Term	Abbr.	Greek Term	Abbr.	French Term	Abbr.	German Term	Abbr.	Source Code	English Source	Greek Source	Stage
advanced telecommunication		προηγμένη τηλεπικοινωνία						R 25	Commission's Communication on the extension of TENs-'98	Ανακοίνωση της Επιτροπής για επέκταση των TEN -1998	3
Arab Telecommunication Union	ATU	Αραβική Ενωση Τηλεπικοινωνιών	ATU					AR 2	Συλλογή Αρκτικολέξων ΚΤΗΛΑ - Μέρος 2	Λεξιλόγιο Αρκτικολέξων & Συντομογραφιών Αρ.2	3
architecture of telecommunication network		αρχιτεκτονική τηλεπικοινωνιακού δικτύου		architecture d'un réseau de télécommunication		Kommunikationsnetzarchitektur		S1184	IEC 50(715)	ΕΛΟΤ 1300.15	3

图 10－16 TELETERM 术语库的部分条目

11. 国际术语网络术语工作术语数据库(TERMTERM)

国际术语网络(the International Network for Terminology,简称 TERMNET)是在联合国教科文组织的资助下创立的,始建于 1988 年。TERMTERM 是国际术语网络联合德国、英国、奥地利的学者共同研发的,主要收录术语工作方面的术语,是带有规范性质的多语术语库。截至 2013 年,该术语库收录德语术语 1 350 条,英语术语 1 900 条,法语术语 950 条和希腊语术语 1 100 条。②

条目部分包括序列号、条头(德语)、所属领域、所属组织、定义、定义来源、注释、注释来源、上下文、上下文来源,其他语言对应术语等。以下是该术语库中"Benutzer"(用户)一条的内容:

---

① 详见 http://www.moto-teleterm.gr/。

② 详见 http://www.termterm.org/index_en.php。

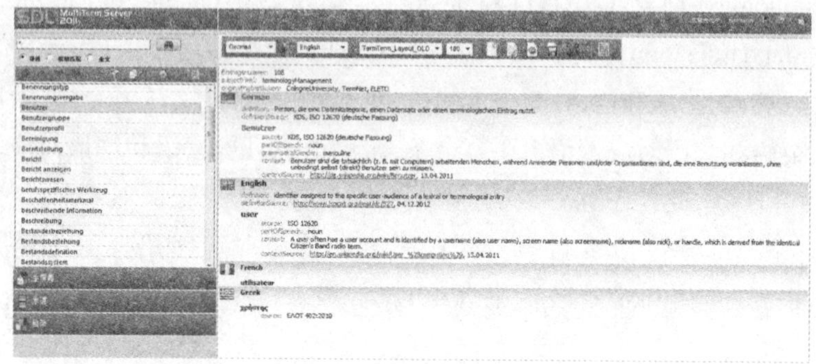

图 10－17　TERMTERM 术语库的条目“Benutzer”

12. 全国科学技术名词审定委员会术语数据库

名词委术语库始建于 2002 年，2007 年进行全面升级，数据主要来源是名词委审定、公布的学科名词和术语，涵盖科学、技术领域 90 多个学科。名词委术语库带有规范性质，目前共有术语约 30 万条。①

条目部分包括术语、英语等值词、所属学科等信息。以下是该术语库中“空间技术”一条的内容：

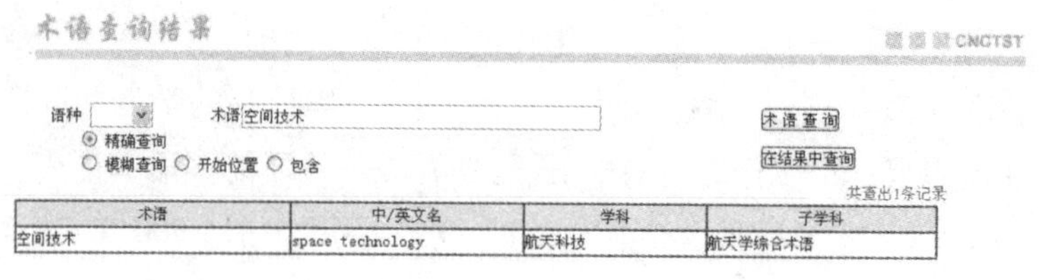

图 10－18　名词委术语库的条目“空间技术”

13. 微软公司术语数据库

微软公司术语数据库是微软术语管理工作的重要组成部分，后者服务于微软公司全球化营销和服务战略，目标在于：通过术语管理增进

① 详见 http://www.cnctst.gov.cn/。

客户对公司产品的了解。公司让母语为英语的术语工作者与研发者一道工作,建立术语工具与数据库,对源语术语和目标术语进行管理。(梁爱林 2012:12)该术语库主要是面向翻译的,涵盖世界上 100 多种语言(或变体),由微软公司术语管理团队负责维护。①

每个条目包括概念序号、定义、源语术语及其标识符、外语对应术语及标识符等。以下是该术语库中与“电子邮件”相关的条目内容:

Microsoft Terminology Collection

Showing 1 - 3 of

English	Translation	Definition
email	电子邮件	The exchange of text messages and computer files over a communications network, such as a loca area network or the Internet.
e-mail message	电子邮件	A message that is sent over a communications network such as a local area network or the Internet.
electronic mail	电子邮件	The exchange of text messages and computer files over a communications network, such as a loca area network or the Internet.

图 10 - 19　微软公司术语库的条目“电子邮件”

不仅微软公司,很多全球性的跨国公司,例如 IBM 公司、飞利浦公司等,都建有自己的术语数据库。

除此之外,很多高校、研究者个人建有自己的术语数据库,例如哥本哈根商学院的术语数据库 CEZEAUTERM,南京大学双语词典研究中心正在建设的动态汉英术语数据库 NUTERM 等,它们大多是翻译性的术语库。

第三节　知识本体与术语知识库

一、不同学科中的 ontology

1. 哲学

ontology 是近年来学术界讨论的热点词汇之一。它最早用在哲学

① 详见 http://www.microsoft.com/Language/en-US/Search.aspx。

之中,与其有关的思想可以追溯到古希腊。1606 年,德裔瑞士哲学家路哈特(Lorhard J.)最早使用该术语。俞吾金(2013: 35)在《究竟是谁创制了 Ontologia 这个拉丁名词?》一文中对 ontology 的源起有过如下论述:

根据柯拉充(Corazzon R.)①的考证,路哈特出生于慕尼黑,1603 年成为瑞士新教城市圣加仑文科中学的校长,1606 年他在圣加仑出版了拉丁文著作 Ogdoas scholastica(《经院哲学的八个要素》)。人们可以从这本书中和它封面上的图画中发现 ontologia 这个新创制出来的拉丁名词。从书中的相关论述可以看出,路哈特始终把 ontologia 当作 metaphysica(形而上学)的同义词加以使用。

哲学上的 ontology 是"关于存在的研究或科学",国内的译法有"本体论""存在论"等,前者是被大家普遍接受的一个译名。

2. 信息科学和人工智能

20 世纪 80 年代末这一概念被借入到信息科学、人工智能领域之中,它的内涵已与哲学上的 ontology 有所不同。它公认的定义是格鲁伯(Gruber T. R.)在 1993 年下的:"ontology 是概念体系的明确规范。该术语借自哲学,ontology 在其中表示对存在的系统解释。对于基于知识的系统来说,存在的东西恰恰是能够被表征的。……在这样一个 ontology 之中,定义将论域中的实体名称(例如类别、关系、功能或其他对象)同人可读的、描述这些名称为何的文本和限制术语的释义和用法的形式化的公理联系起来。"[转引自费柳(Feliu J.)等,2002: 3-4]

后来的研究者对这一定义加以重新修改、补充或引申。1997 年,波尔斯特(Borst W. N.)将 ontology 定义为"可以共享的概念体系的形式规范"(转引自冯志伟 2005: 103)。一年后,施图德(Studer R.)等人给

① 意大利学者柯拉充,对 ontology 的词源进行重新考证,认为最早提出该词是路哈特,而不是此前被学界公认的德国学者郭克兰纽(Goclenius R.)。

ontology 下了更为明确的定义："是对概念体系的明确的、形式化的、可共享的规范。"（转引自冯志伟 2005：103）2000 年，万维网创始人伯纳斯-李（Berners-Lee T.）则给 ontology 下了一个更大众化的定义："用类似 RDF 语言描写的论述集合，用来确定概念之间的关系和论述概念之间进行推理的逻辑规则。"（转引自全如瑊 2004：11）

ontology 这一概念传入我国之后，在计算机、人工智能等领域存在"本体论""知识本体""概念集""本体模型"等几个译名。这里对这几种译法的优劣不加评论，但在本书中统一使用"知识本体"这一说法。①

依据不同的标准，知识本体包括不同的类型。冯志伟（2011：161）划分出通用知识本体、领域知识本体、语言知识本体、形式知识本体四类知识本体。梁爱林（2007：15）将知识本体同样分为四类，具体包括形式化知识本体、语言知识本体、多语知识本体、术语知识本体。西班牙学者费柳等（2002：5）区分出以下四组相对的知识本体：一般——特定领域，通用——专门用途，片段式的——百科全书式的；基于词汇的——基于概念的。

二、知识本体与术语编纂

对知识体系的上述定义中，不难发现"概念体系""定义"等字眼儿，这些也是术语学、术语编纂关注的重要内容。术语学的一般理论告诉我们：术语是指称某个专业概念的语词符号，术语的内容是其所代表的那个概念。因此，术语只是一个"名分"，真正起作用的是凝聚在其中的信息或知识。这只是单个术语所代表的情况。在一个学科或领域之中，术语通过定义联系在一起，形成术语集，很多学者也称之为术语系

① 名词委的术语库中，ontology 的定名为"本体论"。《科技术语研究》杂志曾于 2004 年第 4 期将 ontology 作为热点词讨论其内涵和译法，详见王惠临、全如瑊、史忠植、杨学功、叶起昌等的文章。

统,因为每个术语集都有自己的结构。如果把单个术语看成思维单元、知识单元的话,那么系统化的术语集背后正是某个学科或领域的概念体系、知识体系。由此可见,构建知识本体和术语编纂在本质上有相似之处。术语知识本体和术语产品是相互补充的:一方面,可以将术语知识本体看成是术语工作产品之中的一类。有学者指出:知识本体是对领域知识形式化的一种分类方法,或者是一种结构化的信息系统,词典、百科全书是知识本体中的原型。按照形式化程度由低到高的顺序,李(Lee G. 2005:57)等将知识本体资源分成以下几类:

- 目录:有限的术语列表
- 术语词典:术语列表和自然语言的释义
- 叙词表:通过近义词表示术语之间的关系
- 非正式的包含关系:没有严格子类划分的层级结构图示
- 正式的包含关系:严格控制继承关系
- 框架:特征信息,包括继承特征
- 值约束:特征的限制

这里提到的术语本体资源中,前三类都与术语词典有关。另一方面,传统的术语词典是建构术语知识本体的基础,或者说,一种初始化的术语知识本体。近年来,"术语管理中的一个发展趋势就是从原来对术语数据库(例如术语汇编类型的数据)的描述转为从知识工程体系对术语知识体系的描述"(梁爱林 2007:14)。下文将要介绍的术语知识库(terminological knowledge base)正是这方面的应用成果。

西方学者在谈及类似问题时,习惯于将 ontology 与 terminology 进行比较。需要提醒的是:这里的 terminology 并不表示"术语学""术语方法",而是"术语集"或"术语系统"。两者的关系是术语学、信息处理、知识工程等领域近几年探讨的热门课题之一。学者们越来越意识到:术语编纂和知识本体是可以相互补充的两个领域。奥地利术语学家布丁曾论述过知识本体与术语集之间的异同。他认为两者的相同之处在于：(1) 都出自传统的逻辑，都用亚里士多德的分类说和概念的层次划分；(2) 作用相同，都对信息、数据、知识、专业内容进行组织管理；(3) 目标都是对某一个领域达成共识，分享知识，让知识清晰化，特别是把一些人们不清晰的知识在计算机里变得清晰化一些；(4) 两者都为相关的专业领域构建知识，都是在大脑思维中进行组织，都通过提供充分必要的定义而达到无歧义的交流。两者的差别在于：(1) 两者形式化和清晰化的程度不同；(2) 知识本体的形式化包括使用逻辑推理规则(如上层的第一顺序逻辑、框架逻辑、描述逻辑等表现体系)及限制条件；(3) 针对的对象有所不同，知识本体的对象是软件的代理程序(agents)，而术语集针对的对象是人；(4) 术语集局限于特定专业领域的概念和命名，注重专业领域的语言和交际功能，注重跨文化的相对性和跨语言层次的许多不对称的东西，注重多语言的分析，术语集可以用有控制的自然语言描述，来服务于知识本体构建。(转引自梁爱林 2007：15)

由于术语编纂和知识本体的关系越来越密切，近年来以特默曼(TemmermanR，2003：2)等为代表的术语学家提出了一个新的术语 termontography。它是在 terminography 和 ontology 这两个术语的基础上形成，这里姑且称之为“术语本体编纂”。这是一种跨学科研究方法，是社会认知术语分析方法和知识本体分析方法的结合。

三、术语知识库

1. 术语数据库的“知识化”

尽管术语库具有传统纸质词典无法比拟的优势，但在发掘领域知识、构建知识系统方面仍有许多不足。不少术语库只完成纸质术语词典的“电子化”，它们要解决的问题，如读音、拼写、定义、等值词、同义关系、所属领域等，纸质术语词典也基本能够解决。塞杰(1990：168)指出，术语数据并未得到系统的组织和管理，主要原因在于：1) 存储的信息不统一，不能灵活地检索；2) 数据的结构和呈现缺少一致性；3) 不能充分利用计算机提供的辅助技术进行条目编排，对能使术语数据按新的方式进行存储和呈现的功能重视不够。20世纪90年代以来，在信息技术、计算机科学、知识工程、术语学等学科领域专家的共同努力下，更智能化的术语数据库——术语知识库应运而生。

术语知识库是用来存储和描述术语概念和术语关系的语义体系。该术语最早是由加拿大学者梅耶(Meyer I.)等在1992年提出的。它是传统术语数据库和词汇知识库(lexical knowledge base)基础上研发的新一代术语库。梅耶(1992：958－959)等认为，与术语数据库相比，术语知识库的优势主要体现在以下三个方面：

表10－1　术语数据库与术语知识库的比较

	概念信息	信息获取和系统化	信息检索
术语数据库	(通过定义、上下位、所属领域等)间接显示	单一化	从术语到概念
术语知识库	(通过概念层级关系)直观显示	多样化	从概念到术语

以下以丹麦术语研究中心(DANTERM centre)的i-term术语知识库、俄罗斯科学院维诺格拉多夫俄语研究所术语中心的ТБЗ НТ知识库为例，展示术语知识库的结构、特点及其与术语数据库的差别。

2. i-term术语知识库

丹麦术语研究中心设在哥本哈根商学院(Copenhagen Business School)，20世纪70年代已经开始研发DANTERM术语数据库，这是带有国家性质的一个术语库。i-term是在DANTERM基础上研发的最新一代术语知识库。

i-term术语库主要由以下几个模块组成：术语库(i-term)、模型工具(i-model)、查询工具(i-find)、界面工具(i-view)。

术语库(i-term)是知识库的基础和核心，由按主题排列的专业词典组成。以下是 i-term 主页面：

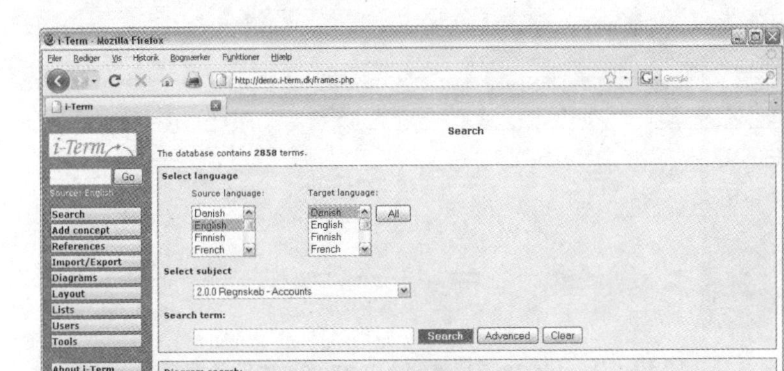

图 10－20 i-term 术语库的基本页面

该页面左侧是一系列功能菜单，右侧是查询界面，包括源语、目标语、领域、术语查询（简单查询、高级查询）、图表查询。点击领域菜单中任何一个领域，系统能显示其术语总数。术语查询能检索到所需要的术语。以“terminology”为例进行查询，部分结果如下：

点击英语术语，可进入词条。词条是按上述列表中的语种排列的，英语在最前面，随后是丹麦语、法罗群岛语、芬兰语、法语、格林兰语（爱斯基摩语的一种）、冰岛语、挪威语、萨米语和瑞典语。词条内容显示分为详、略两种。以下是“terminology 1”详条中一部分：

条目中包含的信息可以点“击构图”按钮查询。定义中包含对本领域其他相关重要术语，如“designation”（指称），“special language”（专门语言）等的链接。点击这些术语，可以查看相应条目的内容。术语知识

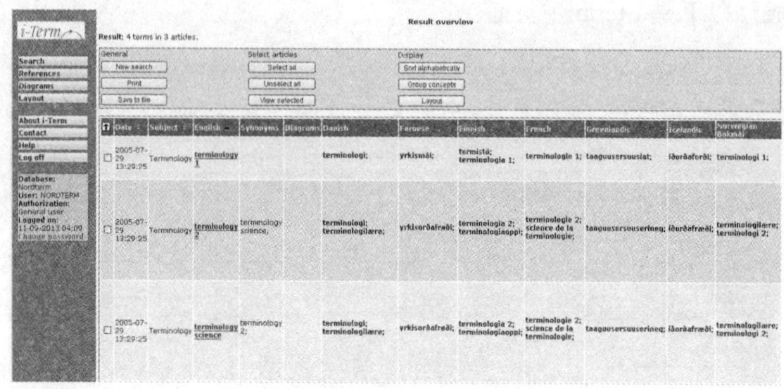

图 10－21　i-term 术语库输入 terminology 的查询结果

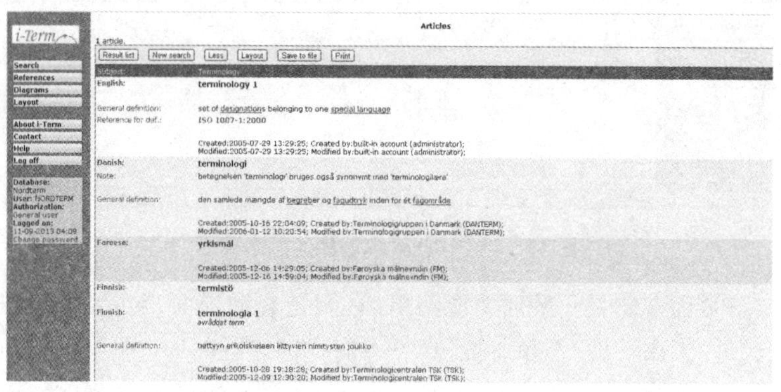

图 10－22　i-term 术语库中的条目“terminology 1”

库比术语数据库更重视概念之间的联系，这是一个有力的证明。

高级查询支持几个查询条件的组合（最多三个），可供选择查询的条件共有十九个，包括：特定条目的状态（如对知识库普通用户隐藏的所有条目）、特征、图表（属于某个图表的概念）、例证、技术定义、一般定义、定义参考文献、例证参考文献、术语参考文献、评论、多媒体（带有多媒体附件的概念）、注释、数据创建日期、数据创建者、词类、特定状态的术语、术语、修改日期、修改者。

支持图表查询是 i-term 知识库不同于术语数据库的另一个特点。前面提到,知识库是以概念体系为基础建立的,那么图表实际上相当于概念及其相互关系的分类清单。i-term 是多语种知识库,其图表也是按语言排列的,目前共有 43 个概念集。概念集的名称由三部分组成：两位数字的代码、语种缩写、类别名称,例如 02 UK concept,03 UK Concept relations 等。每个概念集包括若干相关的概念,它们是被详细描写的,其内涵、相互关系和排列可用树形图、列表方式呈现出来。例如 03 UK Concept relations 中包括有 8 个概念:"concept relation"(概念关系),"hierarchical relation"(层级关系),"associative relation"(联想关系),"generic relation"(属种关系),"partitive relation"(部分关系),"sequential relation"(顺序关系),"causal relation"(因果关系),"temporal relation"(时间关系)。这些概念及其相互关系用树形图、列表分别展示如下：

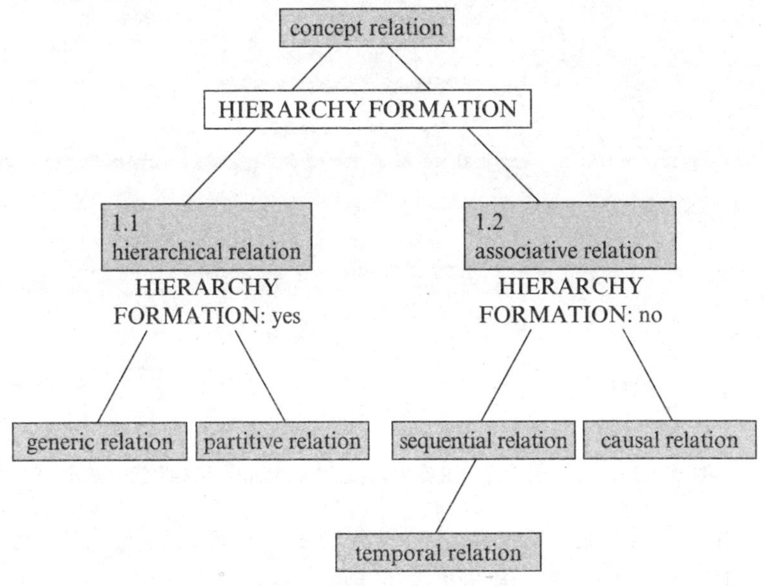

图 10－23　i-term 术语知识库中术语集 03 UK Concept relations 概念关系示意图

Systematic listing of "03 UK Concept relations"

	Concept	Notation	Characteristic features	Synonyms	Definitions
☐	hierarchical relation	1.1	HIERARCHY FORMATION: yes		relation between two concepts which may be either a generic or a partitive relation
☐	associative relation	1.2	HIERARCHY FORMATION: no	pragmatic relation;	relation between two concepts having a non-hierarchical thematic connection by virtue of experience
Non-sortable concepts					
☐	causal relation			cause-effect relation;	associative relation involving cause and its effect
☐	generic relation			genus-species relation;	relation between two concepts where the intension of one of the concepts includes that of the other concept and at least one additional delimiting characteristic
☐	partitive relation			part-whole relation;	relation between two concepts where one of the concepts constitutes the whole and the other concept a part of that whole
☐	temporal relation				sequential relation involving events in time
☐	concept relation				relation between concepts
☐	sequential relation				

Select all | Unselect all | View selected | More | Less | Print | Save to file | Diagram | Back

图 10－24　i-term 术语知识库中术语集 03 UK Concept relations 的概念列表

通过图表查询,也可以检索各类概念。例如,在"图表查询"的菜单中找到 02 UK concept 并点击,就能查到与其相关的所有概念,其部分结果如图 10－25 所示:

Result overview

Result: 97 terms in 77 articles.

General: New search | Print | Save to file
Select articles: Select all | Unselect all | View selected
Display: Sort alphabetically | Group concepts | Layout

	Date	Subject	English	Synonyms	Diagrams	Danish	Faroese	Finnish	French	Greenlandic
☐	2005-07-29 13:29:25	Terminology	abbreviation			forkortelse;	stytting;	lyhenne;	abréviation;	naalisagaq;
☐	2005-07-29 13:29:25	Terminology	admitted term		designation;	godkendt fagudtryk; godkendt term; tilladt fagudtryk; tilladt term; accepteret fagudtryk; accepteret term;	loyvt yrkisorð;	sallittava termi;	terme toléré;	taaguutaasinnaasoq;
☐	2005-07-29 13:29:25	Terminology	alphabetical arrangement	alphabetical order;		alfabetisk ordning;	stavraðan;	aakkosjärjestys;	classement alphabétique; ordre alphabétique;	alfabeterlugit tulleriiaartitikkat;

图 10－25　i-term 术语知识库中与概念"concept"相关的部分概念

需要强调的是:概念集中的概念既是知识库的组成部分,也是描写其他概念的工具,因此带有某种"元概念"的性质。用图表查询时,凡是其他概念定义中出现此概念的,都被检索出来。因此,上面检索结果显示 97 个术语出现在 77 个条目中，而 02 UK concept 下属的概念实际上只有 7 个，它们是："characteristic"（特征），"concept"（概念），"delimiting characteristic"（区别特征），"essential characteristic"（本质特征），"extension"（外延），"intension"（内涵），"object"（客体）。结果中显示的很多概念，如"abbreviation"（缩略语）、"admitted term"（许用术语）等不属于此概念集，但在其定义中用到以上某个"元概念"。

概念模型工具 i-model 能将 i-term 中的概念组织起来，并用图示(如树形图)展示某个领域的概念体系。i-model 主要是通过分析概念内容建立相互关系的。以下为 i-model 建构"annual report"（年度报告）概念模型的例证：①

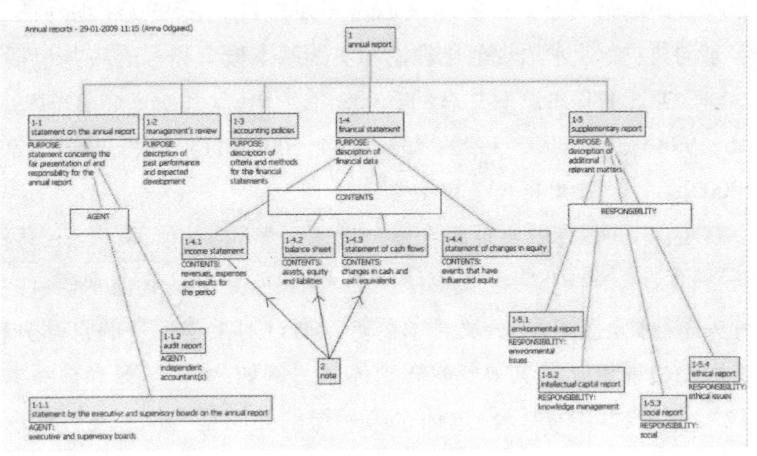

图 10－26　概念模型工具 i-model 示例

i-find 和 i-view 是两个可选的模块，分别是为查询和界面服务的。

总体而言，i-term 知识库的主要特点在于：1）面向概念而不是语

① 详见 http://www.danterm.dk/?page_id=58&lang=en。

词;2）知识库结构反映术语学原则;3）运用图示化的概念模型工具;4）具有灵活的查询功能;5）可添加自定义域;6）适合不同水平的使用者;7）支持所有语言;8）支持多媒体文件;9）结构化的资料库;10）用XML 格式输出和输入数据①;11）支持自定义用户界面;12）在线知识查询。

3. ТБЗ НТ 知识库

ТБЗ НТ 知识库是由俄罗斯科学院维诺格拉多夫俄语研究所术语中心组织研发的,由机器人技术、流体力学、热处理、信息科学、电信、哲学、文学、语言学等 13 个子库组成,其中 8 个为俄语知识库,5 个为英语知识库,材料来源主要是该中心组织编写的推荐术语集和其他规范性术语词典,每个子库中术语数量至少几十个,最多几百个。例如,术语学子库所用的材料是萨布罗娃（Самбурова Г. Г.）在 1990 年编写的《术语学家词典：专业术语规范化理论和实践基本概念和术语》,共包括 52 个术语。ТБЗ НТ 知识库共有约 3 000 条术语。（Шелов С. Д. 1998a, 1 -16;1998b：726 - 735;1999：233 - 244;2000：114 - 128;2002a：92 - 94;2002b：1 - 7;2009：63 - 66）

ТБЗ НТ 知识库的主页面主要包括术语条目、等值词（英语、法语、德语）、同义术语、定义、定义中使用的术语、所定义的其他术语、注释、属种关系、部分整体关系、反义术语等。通过对上述信息的自动分析,知识库能呈现相应知识领域的概念体系。例如,术语学概念体系共包括 12 个层级,其中,位于概念体系第一层的概念是“понятие”（概念）,而位于最底层的概念是“нормативность термина”（术语的规范性）。术语概念体系及其层级关系如表 10 - 2 所示：

① XML 是可扩展的标识语言（Extensible Markup Language）的简称,是用于标记电子文件使其具有结构性的标记语言。

表 10－2　ТБЗ НТ 知识库中术语学子库的概念层级表

层级（概念数量）	概　　念
1（1 个）	понятие（概念）
2（4 个）	привлеченное понятие（引入的概念），общее понятие（一般概念），собственное понятие（个别概念），признак（特征）
3（3 个）	существенный признак（本质特征），общий признак（共同特征），специфический признак（区别特征）
4（2 个）	содержание понятия（概念内容），объем понятия（概念范围）
5（4 个）	определение понятия（概念的定义），подчиняющее понятие（隶属概念），подчиненное понятие（所属概念），деление понятия（概念的划分）
6（5 个）	система понятий（概念系统），основа деления（划分依据），узкий признак（窄特征），широкий признак（泛特征），родовое понятие（属概念）
7（5 个）	термин（术语），структура системы понятий（概念系统结构），классификация понятий（概念分类），видовой признак（种特征），видовое понятие（种概念）
8（5 个）	терминология（术语集），действительное значение термина（术语的真实意义），последовательная классификация（序列分类），параллельная классификация（平行分类），терминоэлемент（术语要素）
9（13 个）	системность терминологии（术语集的系统性），однозначный термин（单义术语），многозначный термин（多义术语），разложимый термин（可分解术语），неразложимый термин（不可分解术语），частичный разложимый термин（部分可分解术语），специализация（专门化），синонимичный термин（同义术语），прямой признак（直接特征），косвенный признак（间接特征），точность термина（术语的准确性），буквальное значение термина（术语的字面意义），краткая форма термина（术语的简短形式）

续 表

层级（概念数量）	概　念
10（8个）	упорядочение терминолоии（术语集的整理），нейтральный термин（中立术语），правильно ориентирующий термин（正导性术语），неправильно ориентирующий термин（误导性术语），определяемая часть термина（术语的被定义部分），определяющая часть термин（术语的定义部分），дублет（双式术语），мотивированность термина（术语的理据性）
11（1个）	упорядоченная терминология（已整理的术语集）
12（1个）	нормативность термина（术语的规范性）

概念层级关系主要通过分析定义得来。例如，概念“термин”（术语）的定义为：

> **Термин**. Обозначение специального **понятия**, определенного в данной **системе понятий**, в виде слова или словосочетания, служащего его наименованием.（**术语**：在某个**概念系统**中被定义的专业**概念**的符号，用作概念名称的词或词组。）

这样，“термин”是通过上一层级的概念“система понятий”（概念系统）来定义的，而“система понятий”则是通过更上一级的概念“определение понятия”（概念的定义）来定义的，这同样可以从其以下定义中推断出来：

> **Система понятий**. Совокупность взаимосвязанных понятий, принадлежащих конкретной дисциплине, области науки или техники, и отношений между этими понятиями, зафиксированных совокупностью **определений** соответствующих **понятий**.（**概念系统**：某学科、科学或技术领域的相互关联的概念总和和概念之间由相应**概念**的所有**定义**确定的关系总和。）

同样，“определение понятия”（概念的定义）又通过“содержание

понятия"(概念内容)来定义,以此类推,直到最上位的"понятие"(概念)。

在该知识库中,可以查询到属于任何层级中的所有概念及其上位概念、下位概念等。

ТБЗ НТ 知识库的最大特点在于: 1) 可以用图形展示学科所有概念之间的所有关系和属种关系,不同层级的相关联概念之间通过线条互相连接,从而形成概念关系网络;2) 可以用图形展示学科知识体系,隶属客体、过程和属性三个范畴的概念通过线条互相连接,从而形成知识网络。

第四节 计算术语学

一、产生背景

最近 20 年以来,运用计算机技术进行术语的自动分析和处理孕育了一门新的交叉学科——计算术语学(computational terminology),它是术语学、语言学和计算机科学交叉发展的结果。

计算术语学的诞生,一方面是由术语学的综合性学科性质和术语自身的多元复杂特性决定的。学科的综合性使得不同学科背景的专家——信息科学专家、词典学家、翻译工作者、工程师、技术专家等都可能从事术语学工作,而且,不同领域的学者都能从术语这个复杂研究对象中获取所需要的信息。另一方面,是术语学顺应科学发展潮流而自然产生的结果。最近 20 年来,互联网技术的迅猛发展带来了术语资源的巨大变化,这表现在: 1) 获取电子形式专业文本更加容易,其数量急剧增加。2) 从自然语言处理、信息检索、语料库语言学、人工智能等领域引入新技术,海量数据能得到快速处理和过滤,这使得专业知识的抽取和表征更为有效。

与此同时,这方面的研究在理论和实践上也遇到以下问题:1)真实文本中术语单位自动识别的精确度需要进一步提高,无论通过语言学方法还是计算方法提供的候选术语列表仍需过滤才能达到实际应用的需要。2)术语被抽取出来后,各种变体(如同义术语、形态句法变体等)需要重新组织才能给使用者提供文本内容的准确信息。3)用于提取术语的语料库需要进一步分析以便发现术语的语义和概念信息与描写术语之间的概念关系。(布里高特 Bourigault D. etc. 2001: Ⅷ-Ⅸ)

为解决上述问题,在 1998 年的国际计算机会议 COLING - AGL'98 上,组织了首届计算术语学专题研讨会(First workshop on Computational Terminology)。在这次研讨会上首次使用"计算术语学"这个名称。研讨会上宣读的 17 篇论文于 2001 年出版,论文集名称为《计算术语学的新进展》。第二届、第三届术语学专题研讨会分别于 2002 年在美国斯特劳兹堡和 2004 年在瑞士日内瓦召开。

二、研究范围

计算术语学的研究范围相当广泛,在自然语言计算处理的诸多领域中,都离不开术语,其中包括术语结构自动剖析、术语自动发现、术语自动标引等。(冯志伟 2008: 4)

在已经召开的三届计算术语学专题研讨会上,研讨议题的范围也在不断扩大。首届专题研讨会的主题包括:1)如何抽取术语以满足信息检索的需要;2)如何抽取术语以便使用双语语料库进行翻译;3)如何进一步完善原有术语抽取的工作(例如,如何建立概念层级网络、如何搜索语义信息或概念信息)。到了 2004 年,研究议题则更加广泛,包括:1)不同语言中运用不同技术进行术语抽取(例如动词同现、信息论方法等);2)基于双语术语语料库翻译对的抽取;3)术语语义关系的发现,这可应用于现有知识库的更新、特定领域建模、术语消歧等;4)同义术语或术语簇的发现,这可应用于信息检索、叙词表生成、信息抽取和问答系统等领域;5）术语资源的整合;6）术语工具的评估等。

计算术语学还可服务于不同的目的,包括信息检索、双语词汇的建构、术语编纂和自动摘要等。

三、对术语编纂的贡献

可以毫不夸张地说,计算机科学和技术已经对术语学的各个方面产生了革命性的影响。比利时术语学家特默曼等(2003: 1－2)指出: 20世纪90年代以后,术语学经历了计算机术语管理、语言学和本体论三次转变。其中,在计算机术语管理方面: 一方面,语料库对术语学家的工作方法产生重要影响。另一方面,术语管理软件使得术语记录的结构和内容更加严谨和统一。

至于计算术语学对术语编纂的具体影响,主要体现为以下五个方面: 1）挑选术语文献。为了挑选到适合的文献,术语工作者需要进入不同的计算机化的术语数据库中,如文献数据库、专业文本库和知识库等。文献库有关于学科专业的出版物、书目和词典等方面的信息;专业文本库是了解某个专业领域的技术文本语料库;知识库是专业知识的汇集。术语库中有关于学科专业的术语汇编信息以及关于每一条录入术语的语言或跨语言的信息等。当然,术语工作者还可以在数据库中查询到一般的背景信息,如现有的数据库情况,术语研究中心和专业研究领域的专家信息以及对某个学科领域的研究进展情况等;2）创建术语语料与提取术语数据。为了建设术语语料库,术语工作者可以选择最有代表性的机读专业文本并且编入到文本数据库里。如果文本不是电子格式,可以用扫描仪等方式把它们转变为机读的形式。一旦文本成为机读的形式,自动或者半自动化的术语提取软件程序便可以对文本进行术语分析、自动切分与提取术语或疑似的术语单位。另外,自动化的文本标识程序也可以帮助术语工作者快速发现有关的术语概念描述词并且分析文本的主题内容;3）撰写术语的记录。为了记录术语信息，术语工作者会利用计算机文档来撰写术语的记录，方法是从参阅的文本档中转换一些信息，如有关的术语条目、术语来源、术语语境与定义等。在撰写术语定义时，用来标识文本的软件起着很大的作用，术语的定义会依据术语出处的形式或类型而定。术语记录完成后便可以进行编辑或者是与其他的术语记录合并，计算机还可以对跨语言的对等术语和互文参考信息进行管理；4）查验术语条目方面的信息。术语工作者可以回到术语的数据库中对术语的条目信息进行查验，看有无相关的重要信息被遗漏；5）术语信息的编排出版。计算机既可以让术语工作者以不同的方式展示术语信息，如用纸质的形式和用光盘、磁盘、电子文档、网络在线等不同的电子形式，把语境信息、跨语言等值的术语信息等术语数据展示出来，也可以用不同的排版、文字格式和不同的编排顺序，展示术语的条目，充分发挥各种出版方式的优势。（转引自梁爱林，邢维慧 2010：12）

附录一：如何研制气象术语标准

郝克俊*

1. 气象标准

气象标准指气象领域的国家标准、行业标准、标准化指导性技术文件和地方标准。气象标准分为强制性标准和推荐性标准。涉及下列技术、服务和管理要求的标准属于强制性标准：1）重要气象设施、气象技术衔接规定等涉及保障国家安全的要求;2）气象灾害防御、人工影响天气作业安全等涉及保护人体健康和人身财产安全的要求;3）气象设施和探测环境保护等法律、法规规定需要强制执行的要求。其他标准属于推荐性标准。

国家标准是指由国家标准机构通过并公开发布的标准。需要在全国范围内统一的气象技术、管理和服务要求,应当制定国家标准。截至2012年,我国颁布实施的气象国家标准有37项,例如《短期天气预报》(GB/T 21984—2008)、《公众气象服务·天气图形符号》(GB/T 22164—2008)、《气象服务分类术语》(GB/T 27961—2011)、《人居环境气候舒适度评价》(GB/T 27963—2011)、《沙尘暴天气预警》(GB/T

---

* 郝克俊,气象专家,负责或参与过2个气象行业标准、6个气象地方标准的编制工作。

28594—2012)、《降水量等级》(GB/T 28592—2012)。[①]

行业标准指在国家的某个行业通过并公开发布的标准。对没有国家标准又需要在气象行业范围内统一的技术、管理和服务要求,应当制定气象行业标准。目前我国已颁布实施气象行业标准216项,例如《气象仪器术语》(QX/T 8—2002)、《人工影响天气作业用37 mm高射炮技术检测规范》(QX/T 18—2003)、《气象档案(文献)缩微技术》(QX/T 38—2005)、《森林火险气象等级》(QX/T 77—2007)、《树木年轮气候研究树轮采样规范》(QX/T 90—2008)、《气象资料分类与编码》(QX/T 102—2009)、《重大气象灾害应急响应启动等级》(QX/T 116—2010)、《温室气体本底观测术语》(QX/T 125—2011)、《人工影响天气作业术语》(QX/T 151—2012)、《气象仪器型号与命名方法》(QX/T 6—2013)等。

地方标准指在国家的某个地区通过并公开发布的标准。尚无国家标准和行业标准,且因当地自然条件或者特殊要求,需要在本省、自治区、直辖市范围内统一的气象技术、管理和服务要求,可以制定相应的地方标准。我国现已颁布实施的气象地方标准有239项,例如四川省颁布实施的《人工影响天气火箭作业技术规范》(DB51/T 855—2008)、《人工影响天气火箭作业系统年检规范》(DB51/T 977—2009)、《人工影响天气固定作业点建设规范》(DB51/T 1223—2011)、《空中水资源评估方法》(DB51/T 1445—2012),安徽省颁布实施的《农业气象灾害现场调查规范》(DB34/T 1594—2012)、《气象干旱过程等级》(DB34/T 1595—2012)、《气象影视图形色标规范》(DB34/T 1596—2012)、《生活气象指数等级划分及标识》(DB34/T 1597—2012),湖南省颁布实施的

---

① 国家标准编号GB/T XXXX—YYYY各部分的含义如下:GB指国家标准的代码,是汉语拼音“国标”的首字母缩写,T指推荐性标准;XXXX为标准颁布编号;YYYY为标准颁布年份。下文的QX、DB分别为“气象”“地标”的汉语拼音首字母缩写;DB后面的数字为省、自治区、直辖市的行政编码。

《天气术语》(DB43/T 232—2004)、《气候术语》(DB43/T 233—2004)、《气象灾害术语和分级》(DB43/T 234—2004)、《气象指数》(DB43/T 235—2004)，辽宁省颁布实施的《气象预报预测术语》(DB21/T 1453—2006)、《高速公路行车安全气象条件等级》(DB21/T 1630—2008)、《年降水资源评估等级》(DB21/T 1791—2010)，新疆维吾尔自治区颁布实施的《环境气象指数》(DB65/T 2993—2009)、《防雷装置检测技术规范》(DB65/T 3285—2011)、《农作物低温气象灾害·定义与分级》(DB65/T 2991—2009)等。

制定国家标准、行业标准和地方标准尚不成熟、符合下列情形之一的可以制定气象标准化指导性技术文件：1) 技术尚在发展中，需要有相应的标准文件引导其发展或者具有标准化价值，尚不能制定为标准的项目;2) 采用国际标准化组织以及其他国际组织(包括区域性国际组织)技术报告的项目。

制定、修订气象标准应当符合国家法律法规的规定，符合《标准化工作导则》(GB/T1)等标准化工作基础国家标准的要求，与相关标准协调统一，且技术成熟、可行、合理。

2. 研制程序

国家标准制定分为预研、立项、起草、征求意见、审查、批准、出版、复审废止等八个阶段。

2.1 准备阶段

为提高气象标准的研制质量和水平，在标准项目申请之前1~2年，就要通过深入调查研究，广泛征求意见，收集相关领域的技术资料、文献、科研成果等，开展相关试验研究和技术论证，提出主要技术指标和内容，形成标准草案和标准编制说明。从2011年起，四川省开展了《人工影响天气业务系列技术规范研究》《大型水库地面人工增雨作业技术规范》《人工影响天气术语标准研究》和《森林防灭火高炮人工增雨作业技术规范》等项目的研究，为今后申请相关标准立项做好前期准备工作。

2.2 立项论证

根据中国气象局发布的《气象标准申报指南》，标准研制部门组织业务、科研和管理人员，以单位名义向主管部门申报气象标准研制项目。研制单位一般不少于两个，允许多个单位联合申报和编写。经中国气象局组织专家审查论证答辩通过后，由标准主管部门批准下达项目任务书，开始初稿编写工作。例如，作者所在单位申报的气象行业标准《地面人工影响天气作业安全管理技术规范》于2012年由中国气象局批准立项进行研制。

2.3 编写初稿

编写初稿通常分为组织队伍、起草编制大纲和编制说明、收集资料、挑选和整理术语、撰写定义、撰写条目其他内容、编写附录等。

2.3.1 组织队伍

行业标准《地面人工影响天气作业安全管理技术规范》的编制队伍由五人组成。其中，设负责人一名，对负责人的基本要求包括：1）具有高级技术职称；2）具有严谨的科学态度和良好的职业道德；3）具有较高的政策水平和较丰富的专业理论知识和气象业务、服务、科研、教学或者产品研制开发的实践经验；4）具有相关标准研制工作的经历，参加过主管部门组织的标准编制培训；5）具有较强的组织能力，能组织解决气象标准研制中的重大技术问题；6）有较好的文字表达能力。

2.3.2 起草编制大纲和编制说明

大纲和说明是研制标准中的两个纲领性文件，一般由标准负责人来撰写。气象地方标准《人工影响天气火箭作业技术规范》的研制大纲如下：

1. 操作技术

　1.1 安装

1.2　检测

1.3　发射

1.4　保养

2. 作业要求

2.1　作业点设置

2.2　空域安全

2.3　人员要求

2.4　运输安全

3. 注意事项

气象标准研制说明的主要内容包括：

1）工作简况，包括任务来源、协作单位、主要工作过程、标准项目研制工作组成员及其所做的工作等；

2）标准研制原则和确定标准主要内容（如操作规程、技术指标、参数、公式、性能要求、试验方法、检验规则等）、论据（包括试验、统计数据）、修订标准时的新旧标准主要技术指标的对比情况；

3）主要试验（或者验证）的分析、综述报告，技术经济论证，预期效果；

4）采用国际标准和国外先进标准（包括样品、样机的有关数据对比情况）的程度或者与国内同类标准水平的对比情况；

5）与有关的现行法律、法规和强制性国家或行业标准的关系；

6）重大分歧意见的处理过程和依据；

7）作为强制性标准或者推荐性标准的建议；

8）贯彻标准的要求、组织措施、技术措施、过渡办法和建议等内容；

9）废止现行有关标准的建议；

10）其他应予说明的事项。

对需要有标准样品对照的气象标准，应当在审定标准前制出相应的标准样品。

2.3.3 收集资料

根据具体标准的编写目的和使用需求，应尽量充分地搜集该领域的文献、资料和科研成果，所收集的文献资料要具有广泛性、全面性和准确性。编制行业标准《地面人工影响天气作业安全管理技术规范》收集的资料主要分为以下几类：1）法律、法规，例如《中华人民共和国标准化法》《中华人民共和国气象法》《人工影响天气管理条例》《通用航空飞行管制条例》《民兵武器装备管理条例》《四川省人工影响天气管理办法》《人工影响天气管理条例释义》等;2）标准文件，例如中国气象局政策法规司《气象标准汇编》(2000—2011);3）规章制度，例如中国气象局制定的《人工影响天气安全管理规定》《增雨防雹火箭作业系统检测规范》《高炮人工防雹增雨业务规范(试行)》《飞机人工增雨作业业务规范(试行)》等;4）专著、译著、教材、工具书等，例如《大气物理与人工影响天气》(郭学良)、《人工影响天气现状与展望》(李大山)、《人工影响天气三七高炮实用教材》(马官起等)、《雹云物理与防雹的原理和设计——对流云物理与防雹增雨》(许焕斌，段英，刘海月)、《人工影响天气研究中的关键问题》(郑国光，陈跃，王鹏飞等译)、《人工影响天气岗位培训教材》(中国气象局科技发展司)、《大气科学辞典》(大气科学辞典编委会编)、《气象学词典》(朱炳海，王鹏飞，束家鑫)、《化学辞典》(周公度等);5）有关厂家的技术资料，例如江西国营九三九四厂编印的《BL 系列防雹增雨火箭作业系统年检规范》(Q/XGS 56—2002)、YD 系列说明书、陕西中天火箭技术有限责任公司编印的《WR 系列增雨防雹火箭作业系统年检规范》(Q/SY 14—2002)、《WR 系列增雨防雹火箭作业系统产品应用技术及年检技术资料汇编》等。随后，研制人员对所收集的资料进行整理和评估。

2.3.4 挑选和整理术语

在挑选和整理术语时，要掌握和了解相应领域术语的特点和类型。在分析已有各类气象术语标准的基础上，我们将气象术语大体上分为两类：

1）基础术语，指称谓气象领域主要概念的术语。气象标准体系是国家标准体系的重要组成部分，它由气象基础与综合、气象仪器与观测方法、气象基本信息、气象防灾减灾、气候与气候变化、卫星气象与遥感应用、空间天气监测预警、农业气象、人工影响天气、雷电灾害防御、风能太阳能气候资源、大气成分观测预报预警服务、气象影视等13个标准分体系及若干子体系构成，每个体系（或分体系）都需要研制相应的基础术语。例如，气象行业标准《气象仪器术语》中的"4 基础术语"部分包括：1）气象要素：表征大气状态的基本物理量和基本天气现象，主要有大气温度、大气压力、空气湿度、风向和风速、能见度、云、降水、雷暴、雾、辐射等。2）天气现象：大气中发生的各种物理和化学过程的综合结果，如降水、水汽凝结（云除外）、冻结物、大气尘粒、光、电等现象及一些与风有关的特征。3）气象观测：借助仪器和目力对气象要素和大气中发生的各种现象及其变化过程进行的观察和测定。《人工影响天气作业术语》中的"2 基本术语"包括：1）人工影响天气作业：用高炮、火箭、飞机、地面发生器等，将适当催化剂引入云雾中，或用其他技术手段进行人工影响天气的行为。2）人工增雨（雪）：对具有人工增雨（雪）催化条件的云，采用科学的方法，在适当的时机，将适当的催化剂引入云的有效部位，达到人工增加雨（雪）目的的科学技术措施。3）人工防雹：用高炮、火箭、地面发生器等向云中适当部位播撒适量的催化剂，抑制或削弱冰雹危害的科学技术措施。4）人工消雾：人为使局部区域的雾部分或全部消除的科学技术措施。5）人工消（减）雨：在适当的条件下，对云中适当的部位播撒适当的催化剂或采用其他的技术手段，使局部地区内降水消减的科学技术措施。《温室气体本底观测术语》中"3 基本术语"包括：1）温室效应：温室气体等大气成分造成的增温效应。2）本底大气：远离局地排放源、不受局地环境直接影响、基本混合均匀的大气。3）大气本底站：开展大气成分本底长期、定点、联网观测的站点等。

2）以特定主题研制的术语。在《气象仪器术语》中，将仪器分为“地面气象观测及其观测仪器”“高空探测仪”“遥感观测设备”“环境气象观测及其探测仪器”等。在《人工影响天气作业术语》中，围绕开展人工影响天气作业构建的术语有“常用播云催化剂”“作业装备”“地面作业”“飞机作业”“作业效果评估”“作业管理”等。上述各类还能进一步细化。例如，地面气象观测及其观测仪器又可分为“温度及其测量仪器”“湿度及其测量仪器”“气压及其测量仪器”“风及其测量仪器”“降水及其测量仪器”“蒸发及其测量仪器”“辐射及其测量仪器”“能见度及其测量仪器”“云及其测量仪器”“雷电测量仪器”“综合测量仪器”“地面观测配套设备”。

接下来便可以着手挑选术语。术语的选取应遵循一定的原则，主要包括：1）科学性，即科学、准确、严谨地反映事物特征。字或词应尽量避免使用普通名词；如一时难以定名，必须借用普通名词，则需附以专业定义或注释。2）系统性。依据气象科学概念体系和逻辑相关性，处理好上位与下位（属与种）概念、整体部分、部分与部分以及时空、因果等关系。3）单义性，即一词一义，剔除同义术语。术语符合民族语言习惯，不带褒贬等感情色彩。4）简明性，即简单明了，使人易懂、易记、易写，便于使用。5）派生性，即能够组成派生词或词组。6）稳定性，即使用频率高、范围广，不轻易变更约定俗成的术语。7）协调性。本着“副科服从主科，主科尊重副科，民主协商统一”的原则，协调好学科之间交叉重复的术语。例如，在编制《人工影响天气作业术语》时，编写组基于气象领域基本理论和工作需求创造“作业点”这一术语，由它派生的术语有“固定作业点”“流动作业点”“临时作业点”等。

在遇到意义相近的术语时，要在标准中明确它们的区别。例如《大气科学名词》（第三版）对“台风”“热带气旋”“热带风暴”等的定义：

台风：发生在西太平洋和南海，中心附近最大风力达12—13级的热带气旋。

热带风暴：中心附近最大风力达8—9级的热带气旋。

热带气旋：生成于热带或副热带洋面上，具有有组织的对流和确定的气旋性环流的非锋面性涡旋的统称，包括热带低压、热带风暴、强热带风暴、台风、强台风和超强台风。

在将术语挑选出来后，还要进行整理，主要包括以下步骤：1）由释义入手，研究、评价概念，确定专题范围，拟定编写术语的结构；2）严格筛查收集的术语，形成术语集，区别其系列名称，编制术语词目；3）制定分类系统，建立概念体系，将新词纳入其中，构建分类图；4）编制索引（汉语索引、英文对应词索引）；5）补充、加工初稿，分析、整理、优化术语集，构建完整的术语系统；6）制定改动与补充的规则与程序，使术语达到准确性与系统性。

2.3.5 撰写定义

定义是对概念的语言描述。标准文件的定义主要包括内涵定义和外延定义。

内涵定义也被称为“属+种差”式的定义，术语标准中主要使用这种定义。例如：

辐射计是测量电磁辐射量的仪器。

这是一个内涵定义，其中“仪器”是属概念，“测量电磁辐射的”是种差。撰写内涵定义要符合准确性、适度性、简明性、系统性等原则，应尽量避免使用过宽或过窄的定义、否定定义、循环定义等。例如：

傅立叶变换光谱仪：采用傅立叶变换这种光谱观测技术进行光谱观测的光谱仪。

这是一个典型的循环定义，可修改为：

傅立叶变换光谱仪：采用傅立叶变换这种光谱观测技术进行光谱观测，同时具备高光谱分辨率的仪器。

定义要准确揭示术语所属的属概念，例如：

火箭弹：携带催化剂，发射到云体内指定部位，对云体进行增雨防雹播撒式催化作业。

土壤干旱：由于土壤缺水，作物根系不能吸收足够的水分以补偿蒸腾消耗所造成的危害，致使体内水分状况恶化。

这两个定义没有指明属概念，可修改为：

火箭弹：携带催化剂，发射到云体内指定部位，对云体进行增雨防雹播撒式催化作业的壳体装置。

土壤干旱：由于土壤缺水，作物根系不能吸收足够的水分以补偿蒸腾消耗所造成的危害，致使体内水分状况恶化的现象。

定义中不应出现被定义项，一般不使用“指”“是”“是指”“一般是指”“表示”“称为”等指示语和“它”“该”“这个”等指示代词。例如：

物候：物候指自然环境中植物、动物生命活动的季节现象。

气压：气压是作用在单位面积上的大气压力。

日照时数：是指太阳在一地实际照射的时数。在一给定时间，太阳直接辐照度达到或超过 120 瓦·米^2（W·m^2）的那段时间总和，也称实照时数。

能见度：能见度是指能够从天空背景中看到和辨认的目标物的轮廓和形体的最大水平距离。

云：云是悬浮在大气中的小水滴，过冷水滴、冰晶或它们的混合体组成的可见聚合体；有时也包含一些较大的雨滴、冰粒和雪晶。

放射性测年：它是利用自然界中一些放射性元素……

农业气象灾害：一般是指农业生产过程中所发生的导致减产的不利天气或气候条件的总称。

这些定义中的画线部分可以删掉。

对于内容不一致的术语定义，应尽量加以协调。例如“温室气体”在不同气象标准中具有以下三种定义：

温室气体$_1$：具有温室效应的微量和痕量气体，特指二氧化碳、甲烷、氧化亚氮、六氟化硫、氢氟碳化物、全氟化碳、氟氯碳化物、氢氟氯碳化物。

温室气体$_2$：大气中能够吸收红外辐射的气体成分，主要包括水汽（H_2O）、二氧化碳（CO_2）、甲烷（CH_4）、氧化亚氮（N_2O）、六氟化硫（SF_6）、氢氟碳化物（HFCs）、全氟化碳（PFCs）和臭氧（O_3）等。

温室气体$_3$：大气中水汽、二氧化碳、甲烷、氧化亚氮、六氟化硫等对长波辐射有强烈吸收作用的气体。

经过协调，将其定义修改为：

温室气体：大气中对长波辐射有强烈吸收作用的气体。

注：气体中主要包括水汽(H_2O)、二氧化碳(CO_2)、甲烷(CH_4)、氧化亚氮(N_2O)、六氟化硫(SF_6)、氢氟碳化物(HFCs)、全氟化碳(PFCs)和臭氧(O_3)等。

外延定义也叫列举式定义，即将概念外延所涉及的客体列举出来。撰写外延定义时，概念所包含的客体应当是有限的且应全部列出。例如：

连旱：发生的跨类干旱(包括春夏连旱、春夏伏连旱、夏伏连旱)。

该定义未包含概念所包含的全部客体，连旱可能指伏秋连旱、夏伏秋连旱、春夏伏秋连旱等形式。

如果概念外延的数量无法穷尽，就不能用外延定义，要改用内涵定义。例如：

作业飞机：符合飞机人工增雨(雪)条件的飞机，目前机型主要有安-26、运-7、运-8、运-12、双水獭、夏延、国王、皇冠等。

经过征求意见，该定义改为：

作业飞机：用于实施人工影响天气作业的飞机。

2.3.6 确定章、条结构

根据标准文本内容的多少，确定章、条结构。如果标准文本内容少，只需分章撰写；如果标准文本内容层次多、逻辑关系复杂，先分章，章下设条，条下再细分。以下是几个气象行业标准的章、条结构：

《人工影响天气作业术语》：1. 范围；2. 基本术语；3. 常用催化剂；4. 作业装备；5. 地面作业；6. 飞机作业；7. 作业效果评估；8. 作业管理。

《短消息 LED 屏气象信息显示规范》：1. 范围；2. 规范性引用文件；3. 术语和定义；4. 分类和组成；4.1 分类；4.2 组成；5. 技术要

求;5.1　信息接收;5.2　信息存储;5.3　信息显示;5.4　控制功能。

《人工影响天气作业用37 mm高炮安全操作规范》: 1. 范围;2. 规范性引用文件;3. 术语和定义;4. 射击使用的高炮、炮弹和场地要求;4.1　高炮的技术状况;4.2　炮弹;4.3　场地;5. 射前准备;5.1　高炮准备;5.1.1　高炮的放列及其警示;5.1.1.1　高炮的放列之一,……;5.1.1.13　高炮的放列之十三;5.1.1.14　高炮的警示;5.1.1.14.1　落炮前应将行军指标转向右;……;5.1.1.14.9　当炮手缺员时严禁落炮;……。

2.3.7　编写附录

除编制参考文献、汉语索引、英文对应词索引外,根据标准的总体结构需要,可在附录中编制图、表、规范性附录和资料性附录等。例如:

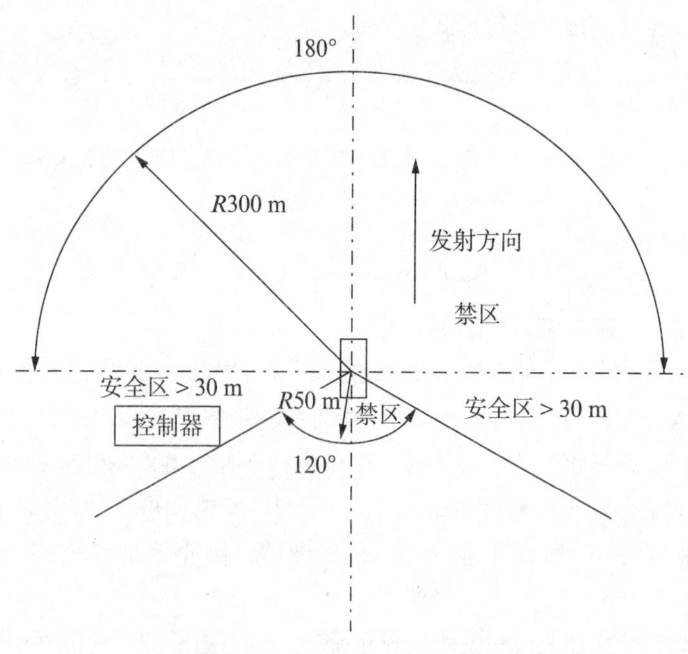

附图1-1　火箭作业安全区示意图

附录 A
（资料性附录）
BL 系列火箭常见故障与处理方法①

附表 1－1　BL 系列火箭常见故障与处理方法

故障现象	原因分析	处理方法
点火后不发射	1. 火箭弹短路或断路 2. 接触不良	1. 等待五分钟后换下火箭弹，封存、记录，交厂家处理。 2. 重新接好。
膛炸	火箭弹、火箭发射架问题或操作不当	该导轨停止使用，待厂家检修合格后使用。
打开总电源开关，显示屏无显示，指示灯不亮	总开关接触不良。	重开一次。
检测各通道电阻时，显示屏显示 1	1. 电缆处两头接口处未接好 2. 外线路短路 (1) 火箭发射架电源线夹有污垢 (2) 火箭弹点火脚线有脏物或胶 (3) 火箭发射架各轨道下面线夹松动 3. 火箭弹断路	1. 重接电缆线 2. 检查外线路 (1) 清擦电源线夹 (2) 用砂纸打磨点火脚线 (3) 更换电源线夹 3. 换下火箭弹，封存、记录，交厂家处理。
检测各通道电阻时，显示屏显示值大于规定上限值	外线路接触不良	1. 重接电缆线 2. 检查外线路 (1) 清擦电源线夹 (2) 拧紧压线螺钉
检测各通道电阻时，显示屏显示值小于规定上限值	1. 火箭发射架电源线夹短路 2. 火箭弹短路	1. 换电源线夹 2. 换下火箭弹，封存、记录，交厂家处理。
打开总开关，再按下发射电源开关，电压值不满足要求	电池电压不足	充电
充电后电源电压始终不满足要求	6 V 铅酸式蓄电池损坏	更换电池

① 此表由江西九三九四厂提供。

续 表

故障现象	原因分析	处理方法
按下四通道发射按钮后火箭弹发射不出去	外线路短路或断路	检测外线路
插上充电插座,充电状态灯不亮	1. 充电插头与插座没插紧 2. 充电线断	1. 插紧 2. 换线
打开总电源开关,显示屏显示“LOBAT”符号或无显示	9 V 叠层电池电压不足	更换 9 V 叠层电池

附录 B

(资料性附录)

高炮作业指挥流程

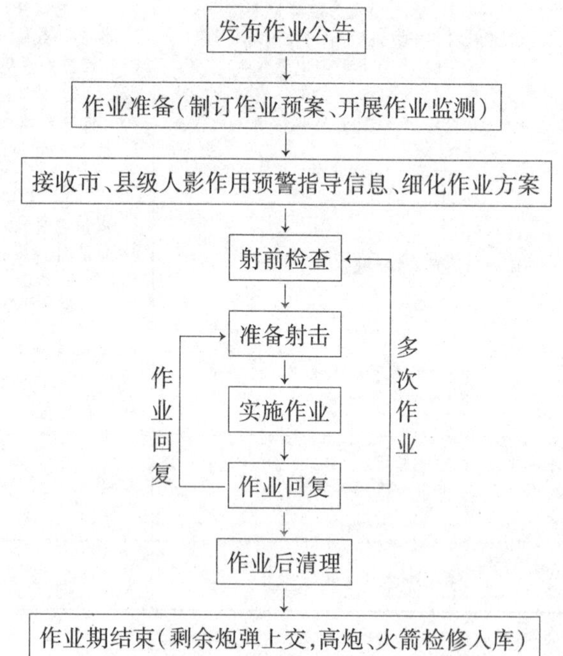

附图 1-2　高炮作业指挥流程图

2.4 组织初审

气象标准初稿完成后，应提交专家委员会初审，委员会通常由七到九名相关领域的业务及管理专家组成。专家委员会对标准的内容、结构等方面提出修改意见，交由编制工作组修改。比较气象行业标准《地面人工影响天气作业安全管理技术规范》初审前后的结构，其变化如附表1-2所示：

附表1-2　气象行业标准《地面人工影响天气作业安全管理技术规范》结构比较

初审前	初审后
前言	前言
1　范围	1　范围
2　术语和定义	2　术语和定义
3　管理原则	3　管理原则与机制
3.1　预防性	3.1　管理原则
3.2　规范性	3.2　管理机制
3.3　层次性	4　作业点管理
3.4　针对性	4.1　设置原则
3.5　实用性	4.2　场地要求
3.6　系统性	4.3　日常管理
4　管理分类	4.4　作业流程
4.1　管理机制	5　作业装备管理
4.2　管理方法	5.1　高炮
4.3　日常管理	5.2　火箭
5　影响因素	5.3　炮弹
5.1　从业人员	5.4　火箭弹
5.2　设备	5.5　移动雷达
5.3　作业现状	5.6　地面燃烧炉
5.4　预案	6　作业装备故障处理原则与预防措施
5.5　控制不安全因素	6.1　处理原则
6　监督检查	6.2　预防措施
6.1　检查要求	7　空域管理
6.2　检查内容	7.1　空域申请要求
6.3　检查时间	7.2　有关注意事项
6.4　制定检查表	8　作业管理

续表

初审前	初审后
6.5 检查步骤 6.6 落实措施 7 作业管理 7.1 人员要求 7.2 作业场地 7.3 作业流程 8 装置管理 8.1 装置使用 8.2 装置保养 8.3 装置储运 9 装置故障 9.1 综合判断 9.2 排除原则 9.3 预防措施 10 弹药管理 10.1 弹药使用 10.2 弹药运输 10.3 弹药储存 11 作业安全 11.1 作业点管理 11.2 空域管理 11.3 作业公告 11.4 安全事故调查处理	8.1 作业人员要求 8.2 作业公告 9 监督检查 9.1 检查时间 9.2 检查内容 9.3 检查要求 9.4 检查表 9.5 检查步骤 9.6 整改措施 10 安全事故调查处理 10.1 调查前的准备 10.2 调查处理原则 10.3 现场询问 10.4 现场处理 10.5 收集物证 10.6 绘制事故图 10.7 现场取证材料 10.8 信息报送 10.9 事故总结

2.5 征求意见

气象标准经过初审后,要广泛征求意见,主要包括两种方式:一是向专家征求意见,其基本原则为社会性、广泛性和代表性。例如,气象行业标准征求意见的单位包括气象业务、服务、生产、使用、科研、教学、质检、相关行业等,数量要求不少于30个(其中部门外的单位一般不少于10个),其中专业标准化技术委员会(以下简称“标委会”)全体委员是必须要征求意见的专家。例如,气象行业标准《人工影响天气作业术语》曾向46个单位的专家征求意见。二是向大众征求意见。行业标准初稿在标委会网站上向社会发布，时间一般不少于1个月。

专家和大众的意见应在规定期限内以书面方式回复，对于重要技术指标提出意见时，应附技术、经济论据。对收到的意见，研制工作组需要逐条归纳整理并进行意见反馈，对存在争议的技术问题，必须进行专题调查研究和测试验证，然后给出处理意见。在分析研究的基础上，提出气象标准意见汇总处理表，对未采纳的意见要提出未采纳的理由，3个月内形成送审稿、编制说明、征求意见稿、意见汇总处理表上交标委会。

2.6 审查校核

气象标准必须要经过标委会和有关部门的审查（会审或函审）。

2.6.1 标委会审查

一般由标委会全体委员组成审查委员会，未成立标委会的由主管部门聘请专家组成专家委员会进行审查，审查结论应如实写进会议纪要之中，内容应与《国家标准管理办法》中第十六条（一）至（九）项相符，包括：1）标准编制原则和确定标准主要内容（如操作规程、技术指标、参数、公式、性能要求、试验方法、检验规则等）的论据；2）主要试验（或验证）的分析、综述报告、技术经济论证、预期的经济效果；3）采用国际标准和国外先进标准的程度或与国内同类标准水平的对比情况；4）与有关的现行法律、法规和强制性国家标准的关系；5）重大分歧意见的处理过程和依据；6）国家标准作为强制性国家标准或推荐性国家标准的建议；7）贯彻国家标准的要求和组织措施、技术措施、过渡办法等建议；8）废止现行有关标准的建议；9）其他应予说明的事项。会议纪要的附件中包括审查委员会名单和审查委员会意见处理汇总表等。

在气象标准通过审查后的10个工作日内，标准主编单位根据评审专家所提出的意见对文本进行逐条修改，在意见汇总表中注明意见采纳情况（采纳、基本采纳、未采纳），形成报批稿后，由主管部门连同修改的《编制说明》、《征求意见稿意见汇总处理表》、《审查会意见汇总处理表》、审查会议纪要、审查委员会名单等上报标委会秘书处。

2.6.2 专家审查

标委会秘书处聘请一至两位评审专家对标准文本进行再次审读，审读意见记入《专家评审意见汇总处理表》中。

对于审读专家提出的意见，标准研制单位需要再次给出修改意见。例如，气象行业标准《人工影响天气作业术语》研制工作组对评审专家提出的意见进行修改完善后，将报批材料报全国气象防灾减灾标准化技术委员会。

2.6.3 研究机构审查

经专家审查的材料由标委会秘书处在5个工作日内报送中国气象局气象干部培训学院气象标准研究机构进行复核，该机构在20个工作日内将复核意见返回标委会秘书处；标委会秘书处在5个工作日内将复核意见返回主管机构并由后者在10个工作日内将主编单位完成修改的标准报批材料及复核意见处理汇总表报标委会。

2.6.4 研究机构复审

经过修改的标准材料经专家审读无异议后，交由中国气象局气象干部培训学院气象标准研究机构再次对文字、格式等进行审读修改，审读人填写《复审单》。

复审意见交由标准主编单位再次进行修改，此后将所有报批材料交标委会。

2.7 批准发布

气象标准的报批材料由标委会秘书处报送主管部门审核，按规定分别报送国务院标准化主管机构、中国气象局，经统一编号（每个标准仅有唯一的固定编号）、审查后批准发布实施，并由标准出版单位印刷发行。

2.8 复审废止

气象标准发布后，主管机关应组织相关部门进行学习、贯彻，并加以监督和检查；在标准发布满5年后，要组织专家进行复审，确认继续有效、修订或废止等。

在符合以下条件时，国家标准可采用快速制定程序：1）对等同采用、等效采用国际标准或国外先进标准的制订或修订，可直接由立项阶段进入征求意见阶段，省略起草阶段；2）对现有国家标准的修订或中国其他各级标准的转化，可直接由立项阶段进入审查阶段，省略起草阶段和征求意见阶段。

3. 编写原则

编写气象标准总体上应具有科学性、统一性、规范性、协调性、适用性和一致性。

3.1 科学性

概念、定义和术语等内容正确，章、条、目次等设置符合客观实际，反映事物本质和内在规律；编写时力求准确科学、论点正确、论据充分、结论可靠，文字叙述清楚易懂、简洁实用；图表、数据、公式、符号、单位正确、前后一致，使用应符合所用语言的习惯和规范，参考文献引用准确等。

3.2 统一性

气象标准的结构、文体和术语力求保持统一，主要包括三个方面：1）在结构方面，标准中的章、条、段、表、图和附录的排列顺序要统一，即标准的结构尽可能相同，标准中相同或相似内容的章、条编号尽可能保持相同。2）在文体方面，类似的条款由类似的措辞来表达，相同的条款由相同的措辞来表达。3）在术语方面，同一个概念使用同一个术语。已定义的概念，避免使用其他同义词。每个选用的术语，尽可能只有唯一的含义。结构、文体和术语的统一，避免了因同样内容使用不同表达而使标准使用者产生疑惑，保证标准能够被使用者无歧义地理解，同时便于标准文本的计算机处理和辅助翻译。

3.3 规范性

起草标准时,应遵照《标准化工作导则 第1部分:标准的结构和编写》(GB/T 1.1—2009)以及与标准制定有关的相关法律、法规、政策、管理办法,符合国家在语言文字方面的规定,确定标准的预计结构和内在关系,特别是标准的名称、内容和层次的划分,统一安排相应的内容。如向国际标准化组织提出中国的标准作为国际标准草案或将中国的标准译成英语、法语或俄语版本时,还应符合国际标准的有关规定。

3.4 协调性

研制气象标准,应认真研究相关领域内、专业的一切材料,做好资料的评价与选择。标准之间只有相互协调、相辅相成,才能达到整体协调的目的,以获得良好的系统效应。在制定标准的各个阶段、各个环节中,应与相应的现行标准的有关条款互相协调、紧密衔接;在某些技术领域,要考虑本领域的基础标准情况,注重与同一领域的标准相协调,注意采用已经发布的标准中作出的规定。

3.5 适用性

适用性体现为:1)标准中的每个条款都是可操作的,内容便于直接使用,某些要素的设置也要符合适用性的要求。2)标准中的内容不但要便于实施,而且易于被其他标准、法律、法规或规章等引用。3)在正常的业务技术条件下,满足多数人员的使用能力。

3.6 一致性

对于某概念确定的术语和定义,在标准编写中就不应再采用其他同义词,或使用其他任何表述形式。编制气象标准应与已发布的国家标准、行业标准相协调,与名词委公布的术语相协调,并尽可能与之保持一致,与相应国际标准的概念体系和概念的定义尽可能一致,相同概念的定义和所用术语应一致,确定与相应文件的一致性程度,即等同、修改或非等效。

附录二:《语言学术语词典》前言*

阿赫玛诺娃

一、

近四分之一世纪以来,语言学流派的数量与主张大为增加,语言学概念和术语的数量与复杂性更是猛增。于是,语言学的元语言问题在当下变得尤为突出。尽管语言学词典的数量和种类一直在不断增长,但到目前为止,能够较为全面并概括地呈现苏俄语言学术语的词典一部都还没有。本词典给自己提出的恰恰是这一任务。为此,本词典的目的不仅限于提供一份尽可能完备的包括本学科术语集合的词和各种表述的清单或名册,更繁难的任务还在于在词典中重现词的科学用法,这些用法在总体上就构成了当下的语言学元语言。

二、

1.

这项任务本身已经十分复杂,它还要求下很多功夫去弄清作为学

---

* 这部《语言学术语词典》(Словарь лингвистических терминов)出版于1966年,编者是莫斯科大学语文系的著名语言学家、术语学家阿赫玛诺娃。这是迄今为止描写苏俄语言学术语最全面、最权威的详解术语词典,曾多次再版,最近的一版于2010年问世。这部词典的前言堪称理论性术语词典前言的典范,曾被作为俄罗斯术语学理论经典被史家收录。这里将前言全文译出,为便于读者阅读,译者加了分段数码。

科词典一般编纂基础的大量概念。直到现在,对“语言学术语”和“语言学元语言”这两个概念的区别还没有足够清晰的认识。前者被看成是词及其等值词在内的清单或名册,而后者是一种特殊的语言,不是类似俄语、英语、法语这样的自然语言,它的内容指向不是语言外的各种现实事物或现象。这样一来,元语言就是第二性语言,是特殊的语言符号体系,是用来说明作为“对象语言”的语言时使用的。

理论上说,要想完全区分对象语言和第二性语言,必须依靠另一套表达系统来创造一种元语言。这样的尝试已有过多次,其中斯米尔尼茨基(Смирницкий А. И.)和伊万诺夫(Иванов В. В.)提出的建议尤为引人注意。但还没有哪次尝试已经得以建立起一套完备或完整的元语言,在可预见的期限内也未必能指望哪怕有一项能大功告成。不仅如此,就算新的元理论体系得以构建,要成为语言学交流的现实工具,那也是旷日持久的事。因此,这里具体讨论的还是传统的、带有诸多先天不足的语言学元语言。造成这些不足的原因,有各种可能的附带因素,例如现有术语使用不统一,双式现象极为发达,学者在没有充分理由的情况下热衷于使用新术语,除此之外,还有一个原因就是两种语言——对象语言和元语言在表达层面却完全重合,就是说,看上去是同一种语言。还要补充的是,元语言和对象语言在很大程度上都使用相同的词,例如“слово(词)”“звук(声音)”“мелодия(音调)”“выражение[语词(语句)]”等。

元语言学的研究对象是人们对语言学研究对象的具体称谓,也就是实际使用的元语言,其中包括以下三个主要方面:1)纯术语,即在对象语言中完全没有用过,或者从对象语言借入但赋予新义的那些词;2)词与其等值词的特殊组合,它们使得语言学元语言具有整体性(应当注意的是,元语言的词汇应用特点使它们常常构成组合术语,后者与完形单位一样,同样可被列入语言学术语的清单之中);3)特定的社会语言学方面,即元话语的形式反映某个语言学流派、某个时期的特点。

还必须补充说明,研究所有这些问题存在极大的困难,其原因在于:语言学元语言有分化成方言甚至个人习语的倾向,而由此出现的一些元方言很快获得本不该得到的高度认可。这就给语言学术语的研究者提出一个很复杂的难题,即按照一以贯之的标准去区分出两类术语:一类是已经被视作普遍接受的、应当收入词典的术语,另一类是尚未获得足够认可、且未必有望能得到认可的术语。现在试图用来解决这一问题的是数量方法,即对现在使用或曾经用过这个术语的作者人数进行统计,但此方法未必能给出可信与正面的结果。因此,在挑选术语以及整个词典编纂工作中,很大程度需要依靠编者的学术经验,当然,这种经验还要靠能找到的所有工具书来验证。

由上述内容可见,"元语言"这一概念要比"术语集"宽得多,因为前者包括广义的语言学用法。然而,遗憾的是,语言学用法并不统一,这不仅因为学派、流派林立,还有些问题是由本词典研究时限(大约最近四五十年)内本学科的特点——语言观的更迭导致相应词的科学用法的改变所引发的。举例来说,倘若对一位语言学家就同一个论题在三十、四十、五十和六十年代分别完成的著作加以比较,那么就很容易发现他所用的元语言的差别。而术语集,就好比从矿石中提炼金属,是从某一研究阶段所有著述的元话语中提取出来的。试图脱离开现有的元分类体系构建术语集(以及整个术语工作),把注意力集中在一些理想的客体上,目前看来尚未取得任何正面的结果。无论我们如何努力从元语言的实际用法,或者说,现实的元话语中去抽象、设法接近先前从未碰过的所谓"干净"客体,最终都必须把自己的结果和早先已有的结果进行比较。我们不妨举一个例子,很长一段时间内,确切地说,从索绪尔的教程译成俄语的那个时候起直到最近,"язык(语言)"和"речь(言语)"这两个词既是表达相应概念的学术用法,也是日常的用法。后来,出现了很多别的表达二元对立的说法,包括:"инвариант(常体)"与"вариант(变体)","код(语符)"与"сообщение(信息)","интенсионал

（内涵）”与“экстенсионал（外延）”，“теоретико-множественный подход（集合论方法）”与“теоретико-вероятностный подход（概率论方法）”，“первичные параметры（基本参量）”与“вторичные параметры（次要参量）”等。后来逐渐发现，所有这些表述并不是不同的术语，而是对同一学科客体的不同称谓。的确，使用以上各对中的某一对——这只是元话语层面的一个事实——就可以发现语言学元语言各类变体和与之相应的流行程度所存在的“层次”。这里同样逐渐显现出特有的社会语言学特点。有些语言学家只用“язык（语言）”和“речь（言语）”这对术语，而完全排斥其他术语；也有些语言学家用“инвариант（常体）”与“вариант（变体）”替代“язык（语言）”和“речь（言语）”，“первичные параметры（基本参量）”与“вторичные параметры（次要参量）”，“теоретико-множественный подход（集合论方法）”与“теоретико-вероятностный подход（概率论方法）”的说法也听说过，但自己从未使用过后两组术语，也觉得确无必要。本词典也认同后一种观点，因此“теоретико-множественный подход（集合论方法）”与“теоретико-вероятностный подход（概率论方法）”等未被收入条目之中。

以上论述证明，对元语言和术语集这两个概念作出明确区分是非常重要的。但是，对两者加以严格区分并无贬低后者的意思，相反，术语集恰恰是本人首先要关注的。目前对当代语言学术语怨声载道的批评，诸如指责其不够完善、毫无规范性和一致性等，主要甚至完全指的是与占元语言重要组成部分的那些概念和名称。

2.

说到术语集，还必须考虑术语集和名称集之间的区别，我们对上述概念的区别已经十分清楚。术语集指某一学科通过相应词汇表达的概念系统，名称集指某一学科领域中各个部分的所有客体的名称系统。例如，“агглютинация（黏着）”“флексия（屈折）”“фонема（音位）”“грамматика（语法）”是用以表达和确定一般语言学分类的术语。而

“саксонский генетив на с(萨克森语带 с 的生格)”“только-токмо(俄语同义连词)”“айн(阿拉伯语的)”之类,不过是称谓具体客体的名称,其数量十分庞大。要把它们都收入仅一卷本的语言学词典中,那根本无从谈起。因此,本词典基本上只限于俄语的名称集,还有一些与通用语言中最普遍现象有关的名称。优先考虑俄语的术语集,从上文所述关于本词典的基本任务和目的来看,是完全合乎情理的。收入最通用的印欧语以及拉丁语、希腊语材料的理由在于:普通语言学至今仍以一般语言学的术语为基础,后者主要来自印欧语。至于其他类型的语言,更不要说那些稀有语言,考虑到本词典的篇幅,对其大部分名称,甚至描写这些语言所必需的专用术语,也只能忍痛割爱。

3.

理论上说,科学术语应当是在对相应现实客体进行科学研究的最后阶段才出现的。但常常出现以下情况:研究者从一开始就被迫使用内容没有清晰界定的某个术语系统,其结果是元理论研究变成了一个单独的科学过程。通常来说,尽管术语只能是科学抽象的结果,然而它们可能逐步获得一定程度甚至相当程度的独立性。这时必须要研究该术语系统的结构,并将它与来自同一学科内部的其他系统进行比较。换句话说,起码必须区分分类和元分类这两个概念。如何界定这两个术语的内容呢?语言学分类是在科学系统化层面对各类语言学客体的研究。元分类是在元语言层面的科学系统化,就是整理那些用来说明语言学客体的表达、符号和名称组成的系统。

区分这两者不仅在理论上很重要,更重要的是弄明白了下面这个问题,即为何弃用某个分类体系完全不必同时也弃用相应的元分类体系。例如,作为一个语言学方向,规定语言学已失去自己的重要影响,但这绝不会导致放弃使用它的术语体系。取而代之的新方向会提出全新的术语体系,但与此相反,语言学家在掌握新的元语言的同时,也会继续使用以前的元分类体系,尽管他们主观上并不想这样做,因为后者已经不适合新思想的表述。这在一定程度上会阻碍创造思维的发展，但也未必总是如此。常常，那些看似失去意义的元分类体系被重新拾起并在学科最新的元语言中广泛使用。当然，一个术语体系是否有生命力，首先要看其内容和表达之间的一致性和连贯性。看来，正是由于这一原因，所谓位与非位对应的术语系统还在经常使用。① 值得注意的是：譬如说，在讨论其他学科研究者研究语言学的著作时，总是把这套术语作为一种"语言学世界语"使用，用它们来翻译提出的新说法。第四届世界语言学大会的各种讨论和议论就是一个鲜明的例证。

与此相关的另一个问题是：语言学从数学、物理和其他科学广泛借入大量术语。总体而言，这些借入词对跨学科研究来说十分重要，由此得以建立不同专业研究者之间的学术交流和联系。但实际上这个过程十分复杂，而且以下不良倾向已经明显显现：从其他学科借入的术语常常失去其重要属性，对于来源学科的研究者来说它已经"受损"，即这个术语常常失去在特定术语系统中所具有的单义性和准确性，同时它也未获得相应的新属性，因为相对于借入的体系而言，在未找到自己的位置之前，它只是个别的、异质的"另类"。此外，创造和使用术语一般不会仅限于词汇（或者名称）方面，术语的内容在其实际使用中通过元句法，换句话说，只有当它成为该元语言的要素时，才完全揭示出来。在某个元理论的逻辑句法中找到自己的位置后，新术语会推动理论向前发展。但如同现在常常引入的数学术语那样，术语是一个一个引进的，它们只会有损语言学的声誉，让它看上去像是"伪数学"一样，对其实际发展毫无帮助。以上所述并不是说，语言学完全不能在自己的著述中使用其他学科的术语。但在自己的语言学论述中简单引入数学、物理

---

① 指从语言和言语角度划分出来的、表达不同层级单位的成对名称：在语音层级，"фонема（音位）"——"аллофон（音位变体）"；在形态层级，"морфема（词素）"——"алломорф（词素变体）"；在词汇层级，"лексема（词位）"——"словоформа（词形）"等。

等的术语是无论如何也不能将它转化成语言学术语的。因此,虽然类似“алгоритм(算法)”“исчисление(演算)”“матрица(矩阵)”“этропия(熵)”等术语现在用于某些语言学文献,但它们无论如何也不能算作语言学元语言的组成部分,也没有任何理由将它们收入到本词典之中。

综上所述,元语言学面临的两个首要问题是:1)元语言及其与术语集、名称集的关系,和由此引出的某学科的分类和元分类问题;2)术语体系的发展、不同术语体系和不同学派的关系以及术语继承的问题。

三、

研究这两个问题把我们引向另一个基本问题,这也是整个研究的核心,即术语和概念的相互关系,可表示为:事物→在认识中的反映→概念→词。这具体包括:一方面,词(与其等值词)与概念(相应事物)的关系;另一方面,词与元分类体系之间的关系。

某个科学领域的术语集不是简单的术语列表,而是特定概念体系的语言符号表达,概念体系首先反映一定的科学世界观。因此,虽然某个术语的释义常允许在不同语言学流派的研究者之间存在一定的差异,但以所称谓现象的本质特征为依据的定义通常却不能排除。不过,这一确定无疑的情况并不总是无可争议的。通常认为,规范性是元语言学唯一的研究方向,它的任务是就元语言术语的形式和用法制定一些规范,说服所有语言学家接受并坚持使用。我们丝毫不低估这类工作对于元理论领域的价值,但同时要非常坚决地强调:我们实际要完成的首要任务是,对语言学家用于交流和教学的(不完整的、不统一的、五花八门的)语言进行词典学描写。这样的话,本词典完全可以用苏联现阶段的元语言用法作为释义元语言,尽量反映语言学元语言的多样性,这在很有专业水准的大学课堂和基础性语言学著作中都或多或少有所体现。同时,编者尽量使用有限的语言(元语言),让它尽可能地同一、有限,减少所用单位的数量,也就是说,使用尽可能少的词和表达,提高它们的复现率。为此,甚至还提出一个必须完成的硬性任务,那就是不在释义(还有整个正文)中使用任何一个未经本词典解释的术语。

描写某个术语系统时,必须运用一定方法,在释义以及词典描述中揭示个别单位之间的属种联系。众所周知,详解术语词典中的术语定义是揭示某概念属性的一个判断。这些属性对于确定概念的内容以及区分它与其他概念来说是必要和充分的,因此必须准确给出能确定某概念(根本或基础)属性的事物的本质特征。例如,"падеж(格)"的属性是通过赋予表达思维对象的词相应的形态变化以确定这些对象之间的关系,这是所有格范畴形式的共同特征。与共同特征不同,个别特征是只在某个种术语中反映出来的、不与其他种术语"共享"的特征。比方说,第一格的初始性特征,表现为它能在句子中充当主语和用来表示行为主体。由此看来,格的各种范畴形式是并列概念,与同一个上位概念具有同样的联系。当然,服从属加种差这条基本原则的还有词族的排列,以某种形式进入一个词族的是所有种术语。有些时候,术语组合中某个部分与属术语重合,但与后者不具有内容上的属种联系,这样的组合要排除在词族之外。

显然,实现这一原则首先需要对所有术语组合作仔细的逻辑分析。例如,术语"речевой аппарат(言语装置)"与"именительный падеж(第一格)"不同,应单独释义,也就是说,列在形容词"речевой"下释义。这是因为,在语言学术语体系中,它不和其他的装置构成属种关系。与其相反,"грамматика дескриптивная(描述语法)""грамматика историческая(历史语法)""грамматика описательная(描写语法)""грамматика сопоставительная(对比语法)"等都是语法的不同类别,这些术语何不放入一个词族之中呢?还必须注意一点:词族一定要把参见信息和相应的形容词联系起来,以便能在词典中体现元语言不同要素之间的系统联系。

属加种差的原则在理论上十分清楚,但实际运用于具体术语材料时会遇到很大困难。对于本词典来说,多层级结构是一个特别大的困难,对其难以划清术语和释义的界限,因为此时下列两个概念非常接近——描述性术语和元话语片段。是否该将下列词组收入词典,例如“слабоуправляемые члены распространенного предложения(扩展句中的弱支配成分)”“бесподлежащное предложение неопределенно-личное(无主语不定人称句)”“безличная нулевая связка(无人称零位系词)”等。碰到类似“глагольные предложения личные нераспространенные с предикативным членом и нулевой связкой(带表语和零位系词的非扩展性动词人称句)”的情况,我们显然将它视为元话语的片段,它只能作为相应术语用法的例证进入词典之中。看来,对这类问题求得单一的答案是根本不可能的。这不仅是由于语言和言语的问题还未被研究明白。这些事实一次又一次证实了一个大家熟知的说法,即语言和言语不可能完全和彻底分开。由沙皮罗(Шапиро А. Б.)领导的苏联术语委员会在这方面的材料和研究十分有趣,因为它与捷克斯洛伐克相应委员会自身的研究和著作相矛盾。

还有一个虽属局部但却又十分重要的情况:由于属种关系的支系十分庞大,常常无法在一个词族中反映术语的逻辑隶属关系。例如,在“гласные(元音)”“согласные(辅音)”“звук(声音)”“предложение(句子)”“слово(词)”“словосочетание(词组)”“форма(形式)”等之中,不得不采用完全特殊的词典编排方式。毋庸置疑,在这些情况下,已经算得上是对作为语言学元语言组成部分的某个术语微观系统的分类。这里还要提到类似“именительный падеж(一格)”“винительный падеж(四格)”“дательный падеж(三格)”等这样的词族,它们既是属术语“падеж(格)”的种术语,同时又是“именительный предикативный(述谓一格)”“винительный двойной(双四格)”“дательный эксклюзитивный[对举式(或排除式)]”的属术语。

除属种原则外,还有一个十分重要的原则是补充原则:理论上说,一个术语的意义终止之处，即为另一个术语意义的起始之处。运用这一原则需要对术语进行详细的义素分析，建构该原则需要区分术语的本质特征以及它们的合并（对弄清楚术语内容十分重要）、分解。不过，这些算是后续的研究任务。

四、

语言学术语的词性是另一个非常重要的问题：它只能是名词，还是也包括形容词、动词和其他词类的词？回答这个问题时，应该首先注意到：欧洲语言的名词系统十分发达，具有无限多构成动名词和由形容词词干构成抽象名词的可能，这些语言术语中的主要部分用名词完全可以构成。

至于动词，它们在语言学术语中不是很典型，可以用动名词替代。的确，有几个动词在语言学元语言中十分常用，例如“склоняться（变格）”“спрягаться（变位）”“обособляться（成为独立成分）”“грамматикализоваться（语法化）”等。但这已属于言语变异的范围，在本词典中不作为被释义条目词，而只用在释义和注释之中。至于术语，当然更顺乎自然地使用名词表达相应的概念，还用上面的例子，均以动名词表示。在元话语中，当然，可能遇到任何词形变化，完全可能包含下列形式的句子，如“субстантивировался”“субстантивировался бы”“субстантивирующийся”“субстантивируемый”（即一个动词的过去时、动词假定式、主动形动词与动词过去时、被动形动词等形式——译者）等。但作为术语，作为解释的对象，当然只用“субстантивация（名词化）”这一名词。

形容词和形动词的问题要更为复杂，因为这些范畴的词在语言学术语系统中承担不同的功能。首先，要区分出形容词一旦名词化后承担的特殊术语功能，这时它们显然和名词一样，如“фрикативный（摩擦音）”“гласные（元音）”“согласные（辅音）”“сонорный（响辅音）”“редуцированный（弱化元音）”等，虽然这些词最初是形容词，但它们会跟该元语言中名词以几乎差不多的形式进入俄语和其他欧洲语言的词典之中。

我们注意到:实际上,在术语系统中相当容易名词化的还有副词。语言学从音乐领域借入的一系列术语,例如"аллегро(快语速)"(比同义的描写形式"быстрый темп речи"更为大家所接受的一个术语)已经不是副词,而是名词短语的同义词,即名词。

再回来说形容词,这里首先需要指出,形容词、形动词在与名词构成术语组合时,起到特殊的限定功能,例如"номинативное предложение(称名句)""страдательный залог(被动态)""качественное прилагательное(性质形容词)""совершенный вид(完成体)"等。这里必须细分出两种情况:一是形容词承担限定功能,它和被限定的名词作为同等地位的术语一起进入条目之中,二是形容词和形动词表示与相应名词所表达的概念之间的关系,但自身不具有术语性质,不是术语,因此严格限制将它们收入术语清单和词典的条目,也就是说,除非当卡片中有相当数量带有某个形容词的词组时,才允许这样做,例如"глагольный(动词的)""местоименный(代词的)""инфинитивный(不定式的)"等,这些形容词的释义不可能不和相应的名词联系在一起。当这些形容词为单义时(或者形容词的语义结构与相应名词语义结构完全一致),它在词典中按照"是……的形容词"这一模式释义。例如:"инфинитивный(不定式的),不定式的形容词"。

说到术语单位的形式,需要指出:在俄语元语言学传统中,由名词作为限定成分的术语词组相当多,例如"обстоятельство цели(目的状语)""части речи(词类)"等等。

五、

最近文献中经常有这样一种说法,那就是语言学术语应当是国际的,只限于某个民族语言的惯用术语需要尽力避免。斯拉夫学者对此讨论得十分激烈,特别是第四届斯拉夫学者大会任命的术语委员会提议拒绝使用诸如"неопределенное наклонение(不定式)""родительный падеж(二格)”这样的术语,代之以“инфинитив(不定式)”“генитив(生格)”等术语。理论上说,完全可以认为整个语言学元分类是国际通用的系统,其中每个术语同时拥有无数的民族变体(语音的、形态的)。像有些学者所认为的那样,可以把俄语的 фонема,英语的 phoneme,法语的 phonème,德语的 Phonem 不当成不同的词,而视作同一词汇单位的不同词汇变体,或者说,同一词的不同语音变体,它是语言学世界语的一个组成部分。格里森(Gleason H. A.)就持这一观点。但另一些很权威的学者提出完全相反的意见,他们不失公允地指出:不同语言的术语形式相对应不仅不会有助于,甚至相反,会阻碍跨民族交流,因为这给使用者造成等同、一致的假象,而实际上并非如此。

本词典对此进行过专门研究,曾经试图把所有俄语术语换成外语等值词,即尝试一律使用像“генитив(生格)”“аккузатив(宾格)”“инструменталис(工具格)”这样的词。但这样做十分别扭,以至于最终不得不放弃这一做法,碰到类似的双式词(дублет)时,还是优先考虑哪个词更常用就给出释义,而另一个用“参见”的办法。

虽然“генитив(生格)”和“родительный падеж(二格)”这类术语的相互关系问题在绝大多数情况下应看作是规范层面的问题,从术语国际化考虑应尽量将相应双式词排除,但问题还不仅限于此。它只是一个更大的、更为复杂的多式(三式、四式、五式等)术语问题的一部分,它们至今还常常被误称作同义词。双式术语指与同一个科学对象具有术语联系的词。同时,它们不像完全不同的词那样,而是因为它们所称谓客体的本质区别还没有找到。在词典中曾做过尝试,即将它们顺乎自然地合并到一个更常用的术语之中。① 应当指出的是,这首先是由于分

① 在词典中,“гортанный взрыв”“гортанный взрывный”“гортанный приступ”“глоттальный взрыв”“кнаклаут”“крепкий приступ”“твердый приступ”“толчок”“стед”等术语统一到“сильный приступ(强成阻)”之中。同样的做法请见词典中的“фразеологическая единица(熟语单位)”等。

类和元分类两个层面常常如此紧密地交织在一起,以至于很难对它们加以区分,这一点上文已经提到。但是,不作这样的区分又不可能有严格的科学分类。如果类似的双式术语仅仅是从不同的角度称谓同一个客体,那么在规范术语时应尽可能不去碰它们。如果它们能够或者旨在发现客体中的不同方面,它们的出现或使用对于科学思想的发展不仅是完全合理的,而且是十分必要的。例如"макрофонема(大音位)"因与"микрофонема(小音位)"具有对应关系,因此对于"фонема(音位)"来说是个有益的等值术语。鉴于此,需要仔细分析尽可能广泛的词汇应用,以便了解两类现象中的哪一个真正在使用。例如,"парадигма(聚合体)"曾经用作"образец(式,型)"和"тип склонения(变格类型)"的双式术语,因它揭示该客体某些新的方面,所以该术语必须进入相应的元语言并赋予它完全的"公民权"。应该将双式(三式等等)现象同类似"хиатус-гиатус(元音连续)""алломорф-алло-морфа(语素变体)""аллофон-аллофона(音素变体)"等术语的语音、书写、形态变体形式区分开。但是,由于这个问题在自然语言中尚未得到解决,对元语言来说只能提供初步的"操作性"解决办法。

六、

本词典的主要任务是尽可能全面地描写苏联语言学当代的元语言,尝试提供尽可能全面的词或短语的清单(它们可被认为是科学交流日常用语的组成部分),展示其例证和某个作者元话语中的实际用法。因此,完全有理由不考虑将该元语言同其他元语言作哪怕任何对比或比较的问题,或者将这作为该书再版时的任务,甚至干脆将其作为另一本书的任务。同时,还有一个看似诱人的想法,即尝试如何使我们的术语借此机会为更多语言学家所了解,因为直到现在国外对我们的著述了解得还远远不够,基本上是通过描写语言学、语符学和其他国外流派分析我们的语言学,而未充分认识到我们语言学的传统特点。

在这种情况下，很自然地产生所收集术语的“翻译”这一概念。但不难相信，“翻译”这一概念是复杂和多义的（只需翻看词典的相应词条便知），首先需要弄清楚，用于这类科学工作的“翻译”和这里所说的“翻译”概念意义为何，此概念和上文提到的“对比”这一概念是什么关系。我们无需证明，在术语工作中跳出民族语言界限的唯一真正科学和正确的方法是对比。在理想情况下，一门语言的所有术语最好处于彼此单义对应的关系之中；而实际出现的情况，正如斯拉夫学者委员会下属的语言学术语委员会在通报情况的手写信件中描述的那样：“部分捷克斯洛伐克语术语没有对应的俄语术语，同时，也有很多俄语术语，在捷克斯洛伐克词表中没有与其相对应的术语。”不难想象，如果说的不是像俄语和捷克斯洛伐克语这样近似的系统（相同的传统、语言相近、对象相同等），而是在所有这些方面完全不同的系统，如俄语和英语，俄语和西班牙语等，想要进行完全对比更是难上加难。

经过反复犹豫不决后最终还是决定，将所有术语翻译成英语，并把它们和马鲁佐、卡勒泰（Carreter F. L.）以及其他人编写词典中其他语言的术语等值词放入本词典之中（遗憾的是，无法对它们进行细致的评判），这个决定无论如何不能看作是绝对正确的。不过，现在想来，这毕竟已经在这个方面迈出了第一步，关注到这个非常重要的问题，发现已有具体材料的主要不足，指出讨论和进一步研究这个问题的途径等，这些方面对于将外国语言学词典翻译成俄语具有特别重要的意义。这几点也很能说明，为何本词典中俄语术语的外语等值词如此不全。但是，尝试区分翻译和对比方面的经验有助于今后这方面的研究。

七、

挑选和安排符合被解释对象本质的例证也是一个很复杂的问题。为了尽可能使其简化，如下做法是可行的，即把包括一大段诗歌在内的所有例句简单看成言语产品，不标明其出处。

八、

本词典对于一些拼写法和重音标注中的难点采取以下方式处理：在英语部分，使用连字符是为了尽量按一种意思揭示熟语性成语的内容。同样，在俄语中，在类似"собственно-вопросительное предложение（疑问句）""лицо неопределенно-выраженное［用不定人称表达的（第一）人称］"等情况下，没有采取惯用的无连字符的书写规则，旨在将它们表示为两成分，而不是三成分术语。遇到有些书写不一致的术语，则以语言学文献中更常见的书写为准。

九、

苏俄语言学术语方面的基本参考书是由捷克斯洛伐克最著名的语言学家集体编写并于1960年在布拉格出版的《俄语捷克语翻译词典》。这部词典是在摘抄40余部基础语言学著作（多出版于20世纪50年代）和部分摘抄福尔图纳托夫（Фортунатов Ф. Ф.）、杜尔诺沃（Дурново Н. Н.）、博杜恩·德·库尔特内等人著述的基础上编写的，它能够对本词典此前从不同来源已积累的卡片进行系统化和检查。我要特别对这部词典的评阅人——布拉季斯拉夫（Братислав Л. Д.）教授致以深深的谢意，他把这部词典打印稿的珂罗版拷贝连带评阅人意见提供给我使用。正是借助于此我才能在词典出版前很早的时候全部誊写它并继续使用材料来检查和订正它。当然，杜尔诺沃、日尔科夫（Жирков Л. И.）在语言学词典中的材料和《文学百科全书》《苏联大百科全书》《苏联小百科全书》中收入的语言学术语条目也很快就完全纳入卡片之中。

卡片库因此具有十分可靠的基础，但编制卡片还不能仅限于这些著作，首先因为：其中缺少最近一个时期出版的著述。于是，我不得不又重新摘抄国内主要的语言学著作。正如上文所说，完成本书提出的任务需要不断运用文献材料，以便按照科学言语的某些"范例"对摘出的术语进行释义。因此,完全摘抄的著述包括:列福尔马茨基的《苏联科学院俄语语法》和《语言学概论》、布达戈夫(Будагов Р. А.)的《语言科学引论》、阿瓦涅索夫(Аванесов Р. И.)的《现代俄语标准语语音学》、佩什科夫斯基(Пешковский А. М.)的《俄语句法学科学解说》和《俄语著作选集》、维诺库尔的《俄语著作选集》、斯米尔尼茨基的《英语语音学》《英语形态学》《英语词汇学》和《英语句法学》等。遗憾的是,一些很有价值的参考书只能部分地使用,因为在它们即将出版时,本词典稿子已准备付印,其中就有加尔金纳-费多鲁克(Галкина-Федорук Е. М.)主编的《现代俄语(第二卷　形态学、句法学)》。

词典编写过程中的一大困难在于:如何在此类词典中给修辞学和文学理论以适当的位置。根据传统,语言学词典、语文学词典中不仅收入修辞学的术语,同时还有诗学,甚至诗歌格律学的术语,在马鲁佐、卡勒泰编写的罗曼语词典中尤为如此。本词典决定在正文部分收录语言学修辞学的术语,在完全摘抄维诺格拉多夫的《文学作品语言》和《修辞学、诗歌语言理论、诗学》、托马舍夫斯基(Томашевский Б. В.)的《诗歌和语言》、叶菲莫夫(Ефимов А. И.)的《文学语言修辞学》以及很多其他著作后,这一点也办到了。这些著述也让作者相信,可将超出修辞学自身范围之外的术语(例如《诗歌语言理论》中的基本术语)编作一个独立的附录。这样的解决办法在实质上是唯一可行的,因为本人不具备处理这部分材料所需的科学素养。

附录是由别利亚耶夫(Беляев В. Ф.)编写的,其中收入这个知识领域最常用的术语。在挑选术语时,作者尽量首先反映主要欧洲语言诗歌创作体系中的共同部分,其中的文韵学术语大多源自古希腊。那些仅同某个诗歌创作体系相关的、非常专业的术语一般不予收入。大部分例证取自俄语文献。为便于录入,所有希腊语单词按照尽可能一致的转写规则用拉丁语书写。什托克马尔(Штокмар М. П.)教授和加斯帕罗夫(Гаспаров М. Л.)副博士提出非常有价值的指导意见,这对于最终编出该附录起到了重要作用,作者对他们表示深深的谢意。

苏俄语言学元语言的基础自然是由俄语语言学主要著作中的语言组成的,但现如今它越来越明显带有国外流派、学派的痕迹,它们对俄语语言学元语言的形成和发展产生过或多或少的影响,首当其冲的是布拉格语言学派,在瓦海克编写的《布拉格学派语言学词典》中,该学派的元语言得到非常清晰和巧妙的描写。但遗憾的是,这部非常重要的参考书俄译本出版时,本词典的稿子已经排好版,因此只能有限地参考它。当然,法语原稿是得以完全和及时摘抄的,它对本词典词表的构成、一系列术语释义的性质和取向产生过很大的影响。

对现代俄语语言学元语言具有重要影响的还有描写语言学。对此起到重要作用的是格里森《描写语言学概论》一书的翻译,它使在苏联已有很好基础的相关思想得到普及,例如上文已经提到的位和非位术语的地位和特性,它们构成该语言学元语言的基础。这里还需要补充一点,另外一些流传甚广的材料,如《语言学中的新现象》、古赫曼(Гухман М. М.)和亚尔采娃(Ярцева В. Н.)主编的《结构主义的主要流派》(这部非常重要的著作还是从头到尾摘抄并与已经准备付印的稿子进行了比对)等,也对语言学言语的形成起到非常重要的作用。结构主义的术语现在理应成为苏联语言学元语言中数量可观的有机组成部分。正是由于这些著作(当然要算上在《语言学问题》上发表的同类论文),语符学的范畴、概念,甚至其特有元语言风格,也渗透到我们的元语言中来。

由于上述众多方面的影响和本学科复杂的发展过程,同一个词(术语)在很多时候用于不同的意义,出现术语的多义现象(有时甚至是同形现象)。遇到这些情况时,术语在本词典中按照单语详解词典通行的办法来释义。

还需要指出:本词典是共时详解型的,因此不包括任何历史或百科性信息,但一个术语的多个意义可能是由于不同时期的不同用法造成的。对于其中相对明显与现今用法发生分歧的情况,尝试使用特殊区分标记(*)。

附在后面的参考文献将所用的词典一一列出。马鲁佐的词典按1951年的版本完全摘抄(这个材料后来和俄语译本进行过详细比对,需要指出的是:对于最终完成这部分材料,乃至最后从头到尾对比四种欧洲语言所有术语,列福尔马茨基的意见提供了极大帮助)。同时,通篇摘抄的英语原文材料为汉普编写的《美国语言学术语词典》,对于了解1925年到1950年间美国的主要语言学文献,该词典是一个极为有用的材料,同时也是本词典不可取代的参考书。全部摘抄的还有佩(Pei M. A.)和盖诺(Gaynor F.)、克罗捷维奇(Кротевич Е. В.)和罗泽维奇(Родзевич Н. С.)、克诺布劳赫(Knobloch J.)等编写的词典。拉脱维亚科学院编写的《语言学术语词典》和《语言学术语词表》[有关这些词典更为详细的信息请参阅阿赫玛诺娃和波尔托拉茨基(Полторацкий А. И.)合写的论文]对检查词表非常有用。

词典编写过程中还参阅了大量书籍、论文集、论文,它们或者是专门讨论术语问题的,或是附带谈到这些问题的(在一般语言学图书目录的专门子目录中,很容易就能查到它们的信息)。还有两部文献需要在这里特别指出,它们对这项工作的走向产生过十分重要的影响,即沙皮罗教授领导的《苏联语法词典》提纲(手稿)和国际斯拉夫学者委员会下属的国际术语委员会(语言学小组)的会议材料(1960年布拉格出版)。①

十、

现在我想尽一个令人快慰的礼数——向在这项工作不同阶段对我

① 请参阅:伊萨钦科.年鉴.语言学问题,1960(5):149-151;沙皮罗.布拉格会议之语言学术语问题.苏联科学院通讯(文学与语言部分),1960(5):443-445.

提供帮助的所有同行表达深深的谢意。首先要感谢斯米尔尼茨卡娅(Смирницкая Г. К.)的巨大帮助,她对整个工作极为关注,并在卡片方面做了很多细致的工作。

我还想对马尔齐舍夫斯卡娅(Марцишевская К. А.)表示深深的谢意,她为词典,尤其在初期阶段付出良多。感谢列福尔马茨基教授、库兹涅佐夫(Кузнецов П. С.)教授、别洛沙普科娃(Белошапкова В. А.)副教授审阅了不同部分的稿子,他们提出的所有意见和批评都得到了认真的考虑。苏联科学院俄语研究所结构主义语言学小组对词表初稿提供了非常有益的意见,这帮助我认识到所从事工作的复杂性。牛津大学的一位硕士也给予我很大帮助,查阅大量英文文献并提供一系列英语译法。伯恩斯坦(Бернштейн С. Б.)教授、任金(Жинкин Н. И.)教授、阿巴耶夫(Абаев В. И.)教授、扎利兹尼亚克(Зализняк А. А.)博士、莫斯科大学乌斯片斯基(Успенский Б. А.)副研究员、戈尔什科娃(Горшкова К. В.)博士和瓦谢科(Васеко Е. Ф.)助教等也就个别问题提供了很有价值的意见。

主要人名汉外对照表

阿巴耶夫	Абаев В. И.
阿布拉莫娃	Абрамова А. В.
阿尔汉格尔斯基	Архангельский В. Л.
阿赫玛诺娃	Ахманова О. С.
阿瓦涅索夫	Аванесов Р. И.
安德烈依钦	Андрейчин Л.
奥夫恰连科	Овчаренко В. М.
奥若戈夫	Ожегов С. И.
奥西片科娃	Осипенкова А. Т.
巴尔琴科娃	Барченкова М. Д.
巴甫洛夫	Павлов И. П.
巴克拉克	Bachrach J. A.
巴拉诺娃	Баранова А. Н.
巴拉诺娃	Баранова Л. А.
鲍阿斯	Boas F.
鲍林杰	Bolinger D.
贝尔根霍茨	Bergenholtz H.
贝尔纳	Bernal J. D.
贝托雷	Berthollet C. L.
佩什科夫斯基	Пешковский А. М.

别利亚耶夫	Беляев В. Ф.
别洛沙普科娃	Белошапкова В. А.
佩图什科夫	Петушков В. П.
波尔斯特	Borst W. N.
波尔托拉茨基	Полторацкий А. И.
波列塔耶娃	Полетаева М. А.
波斯塔尔	Postal P.
伯克	Buck C. D.
伯恩斯坦	Бернштейн С. Б.
伯纳斯-李	Berners-Lee T.
博杜恩·德·库尔特内	Бодуэн де Куртенэ И. А.
布罗克豪斯	Брокгауз Ф. А.
布达戈夫	Будагов Р. А.
布丁	Budin G.
布里高特	Bourigault D.
布尔纳舍夫	Бурнашев В. П.
布拉霍夫斯基	Булаховский Л. А.
布拉季斯拉夫	Братислав Л. Д.
布林克曼	Brinkmann K. H.
布龙菲尔德	Bloomfield L.
布鲁诺	Bruno F. J.
布斯曼	Bussmann H.
蔡特林	Цейтлин Р. М.
蔡文	Цывин А. М.
柴门霍夫	Zamenhof L. L.
达利	Даль В. И.
丹皮尔	Dampier W.

德列津	Дрезен Э. К.
狄德罗	Diderot D.
迪比克	Dubuc R.
笛卡尔	Descartes R.
杜比钦斯基	Дубичинский В. В.
杜布瓦	Dubois J.
杜布瓦	Dubois C.
杜登	Duden K.
杜尔诺沃	Дурново Н. Н.
杜雷尔	Dürer A.
杜威	Dewey M.
多布罗沃利斯基	Добровольский Д. О.
恩格勒	Engler R.
菲利波维赫	Филипповых Д. Н.
费尔伯	Felber H.
费柳	Feliu J.
弗莱尔	Флиер А. Я.
弗雷格	Frege G.
弗洛伊德	Freud S.
弗尼瓦尔	Furnivall F. J.
伏尔泰	Voltaire
伏克劳	Fourcroy A. F.
福尔图纳托夫	Фортунатов Ф. Ф.
福特-奥利维拉	Fuertes-Olivera P. A.
盖德	Герд А. С.
盖诺	Gaynor F.
戈尔什科娃	Горшкова К. В.

戈罗杰茨基	Городецкий Б. Ю.
哥白尼	Copernicus N.
格莱斯	Grice H. P.
格里尼奥夫	Гринев С. В.
格里森	Gleason H. A.
格鲁伯	Gruber T. R.
古赫曼	Гухман М. М.
郭克兰纽	Goclenius R.
哈特	Hart H. L. A.
哈特曼	Hartmann R. R. K.
哈尤京	Хаютин А. Д.
韩礼德	Halliday M. A. K.
汉普	Hamp E. P.
洪堡特	Humboldt W. von
惠特尼	Whitney E.
惠特尼	Whitney W. D.
惠威尔	Whewell W.
吉尔伯特	Gibert J. C.
济扎尼	Зизаний Л. Т.
加尔金纳-费多鲁克	Галкина-Федорук Е. М.
加克	Гак В. Г.
加斯帕罗夫	Гаспаров М. Л.
杰尼索夫	Денисов П. Н.
居顿·德莫沃	Guyton de Morveau
居里	Curie M. S.
卡茨	Katz J.
卡纳普	Carnap R.

卡劳洛夫	Караулов Ю. Н.
卡勒泰	Carreter F. L.
卡萨雷斯	Casares J.
坎杰拉基	Канделаки Т. Л.
康德	Kant I.
柯拉充	Corazzon R.
科勒律治	Coleridge H.
科马罗娃	Комарова З. И.
克雷吉	Craigie W. A.
克里斯特尔	Crystal D.
克罗捷维奇	Кротевич Е. В.
克诺布劳赫	Knobloch J.
库布里亚科娃	Кубрякова Е. С.
库达舍夫	Кудашев И. С.
库达舍娃	Кудашева И. О.
库兹涅佐夫	Кузнецов П. С.
拉瓦锡	Lavoisier A. L.
莱布尼茨	Leibniz G. W.
兰多	Landau S. I.
雷伊	Rey A.
雷伊-德布芙	Rey-Debove J.
列夫科夫斯卡娅	Левковская К. А.
列福尔马茨基	Реформатский А. А.
列依奇克	Лейчик В. М.
林奈	Linnaeus C.
隆多	Rondeau G.
路哈特	Lorhard J.

罗蒙诺索夫	Ломоносов М. В.
罗斯	Ross J. R.
罗素	Russell B.
洛特	Лотте Д. С.
罗泽维奇	Родзевич Н. С.
罗兹韦泽夫	Розвезев А. М.
马尔基尔	Malkiel Y.
马尔齐舍夫斯卡娅	Марцишевская К. А.
马尔丘克	Марчук Ю. Н.
马鲁佐	Marouzeau J.
马特维耶娃	Матвеева Т. В.
麦克诺特	Mcnaught J.
曼德布罗特	Mandelbrot B. B.
梅耶	Meyer I.
门捷列夫	Менделеев Д. И.
米哈利琴科	Михальченко В. Ю.
默里	Murray J. A. H.
穆尔扎耶夫	Мурзаев Э. М.
穆勒	Mill J. St.
尼基季娜	Никитина С. Е.
涅姆琴科	Немченко В. Н.
牛顿	Newton I.
诺维科夫	Новиков Л. А.
培根	Bacon F.
佩	Pei M. A.
佩什科夫斯基	Пешковский А. М.
佩图什科夫	Петушков В. П.

皮尔斯	Peirce C.
皮希特	Picht H.
普赖斯	Price D.
齐夫	Zipf G. K.
乔姆斯基	Chomsky N.
任金	Жинкин Н. И.
日尔科夫	Жирков Л. И.
萨布罗娃	Самбурова Г. Г.
萨丕尔	Sapir E.
塞杰	Sager J. C.
桑代克	Thorndike E.
沙皮罗	Шапиро А. Б.
沙伊克维奇	Шайкевич А. Я.
尚斯基	Шанский Н. М.
舍洛夫	Шелов С. Д.
什梅廖夫	Шмелев Д. Н.
什托克马尔	Штокмар М. П.
什韦多娃	Шведова Н. Ю.
施莱歇尔	Schleicher K. von
施勒曼	Schlomann A.
施特雷洛	Strehlow R. F.
施图德	Studer R.
石里克	Schlick M.
斯捷潘尼谢夫	Степанищев А. Т.
斯洛热尼基娜	Сложеникина Ю. В.
斯米尔尼茨基	Смирницкий А. И.
斯米尔尼茨卡娅	Смирницкая Г. К.

斯莫特里茨基	Смотрицкий М. Г.
斯内本	Spooner W. A.
斯托克	Stork F. C.
索纳拉特	Sonnerat P.
索绪尔	Saussure F. de
塔尔	Tarp S.
塔塔里诺夫	Татаринов В. А.
特拉斯克	Trask R. L.
特雷杰	Trager G. L.
特默曼	Temmerman R.
托马舍夫斯基	Томашевский Б. В.
托先科	Тощенко Ж. Т.
瓦海克	Vachek J.
瓦托夫斯基	Wartofsky M. W.
瓦谢科	Васеко Е. Ф.
威廉斯	Williams R.
韦伯斯特	Webster N.
维诺格拉多夫	Виноградов В. В.
维诺库尔	Винокур Г. О.
维萨留斯	Vesalius A.
维斯特	Wüster E.
温切斯特	Winchester S.
沃恩哈尔斯	Vollnhals O.
沃尔夫	Whorf B.
乌沙阔夫	Ушаков Ф. Ф.
乌斯片斯基	Успенский Б. А.
西贝奥克	Sebeok T.

夏波娃	Щапова И. А.
香农	Shannon C. E.
相泽彰子	Akiko Aizawa
谢尔巴	Щерба Л. Б.
谢尔盖耶夫	Сергеев В. Н.
修普诺斯	Hypnosis
亚里士多德	Aristotle
亚尔采娃	Ярцева В. Н.
叶夫龙	Ефрон И. А.
耶格	Eger A.
叶菲莫夫	Ефимов А. И.
叶斯帕森	Jespersen O.
伊万诺夫	Иванов В. В.
影浦峡	Kyo Kageura
约翰逊	Johnson S.
詹姆斯	James G.
扎戈鲁利科	Загорулько Ю. А.
扎利兹尼亚克	Зализняк А. А.
兹古斯塔	Zgusta L.
兹纳涅茨基	Znaniecki F.
兹韦金采夫	Звегинцев В. А.

参考文献

中文文献

1. 北京大学语言学教研室. 语言学名词解释. 北京：商务印书馆，1960.
2. 北京体育学院外语教研室. 英汉体育词汇. 北京：人民体育出版社，1985.
3. 贝尔纳. 历史上的科学. 伍况甫等译. 北京：科学出版社，1983.
4. 贝尔纳. 科学的社会功能. 陈体芳译. 桂林：广西师范大学出版社，2003.
5. 布鲁诺. 心理学关键术语辞典. 王振昌译. 石家庄：河北教育出版社，1991.
6. 布斯曼. 语言学词典. 陈慧瑛等编译. 北京：商务印书馆，2003.
7. 陈力丹，易正林. 传播学关键词. 北京：北京师范大学出版社，2007.
8. 陈士源，施行，杨慧中. 英汉教育技术词典. 上海：上海外语教育出版社，1985.
9. 丹皮尔. 科学史及其与哲学和宗教的关系. 李衍译. 北京：商务印书馆，1997.
10. 迪毕克. 应用术语学. 张一德译. 北京：科学出版社，1985.
11. 地理信息系统名词审定委员会. 地理信息系统名词（第二版）. 北京：科学出版社，2012.
12. 地质大辞典编写委员会. 地质辞典（三）古生物 · 地史分册. 北京：地质出版社，1979.

13. 俄汉体育词典编写组. 俄汉体育词典. 北京：人民体育出版社,1966.
14. 恩格尔贝特. 俄德英汉科学学词汇. 吴安迪,赵铁声译. 沈阳：辽宁科学技术出版社,1987.
15. 费尔伯. 术语学、知识论和知识技术. 邱碧华译. 北京：商务印书馆,2011.
16. 费孝通. 乡土中国. 上海：人民出版社,2006.
17. 冯志伟. 现代术语学引论. 北京：语文出版社,1997.
18. 冯志伟. 从知识本体谈自然语言处理的人文性. 语言文字应用,2005(4).
19. 冯志伟. 一个新兴的术语学科——计算术语学. 术语标准化与信息技术,2008(4).
20. 冯志伟. 现代术语学引论(增订本). 北京：商务印书馆,2011.
21. 格雷席克. 混沌及其秩序——走进复杂科学. 胡凯译. 上海：百家出版社,2001.
22. 格里尼奥夫. 术语学. 郑述谱,吴丽坤,孟令霞译. 北京：商务印书馆,2011.
23. 龚延明. 中古历代职官别名大辞典. 历史研究,1998(6).
24. 哈特. 法律的概念. 张文显等译. 北京：中国大百科全书出版社,1996.
25. 哈特曼,斯托克. 语言与语言学词典. 黄长著等译. 上海：上海辞书出版社,1981.
26. 海洋科技名词审定委员会. 海洋科技名词(第二版). 北京：科学出版社,2007.
27. 韩贻仁. loop 和 circle 二词的译法探讨. 中国科技术语,2004(3).
28. 航空科学技术名词审定委员会. 航空科学技术名词(2003 年版). 北京：科技出版社,2003.

29. 黄建华. 法国词典学一瞥. 辞书研究,1980(2).
30. 黄建华. 词典论. 上海:上海辞书出版社,2001.
31. 黄晓钟,杨效宏,冯钢. 传播学关键术语释读. 成都:四川大学出版社,2005.
32. 嵇钧生等. 英汉光学术语释义词典. 北京:航空工业出版社,1993.
33. 机械工程名词审定委员会. 谈谈机械工程名词审定工作. 自然科学术语研究,1997(1).
34. 克里斯特尔. 现代语言学词典. 沈家煊译. 北京:商务印书馆,2000.
35. 兰多. 词典编纂的艺术与技巧(第2版). 章宜华,夏立新译. 北京:商务印书馆,2005.
36. 劳允栋. 英汉语言学词典. 北京:商务印书馆,2004.
37. 李锡胤. 双语词典的灵魂——语义对比. //李锡胤集. 哈尔滨:黑龙江大学出版社,2007.
38. 李志江. 学习前人经验 掌握编写规律(上)——记关于辞书编写的一些经典语言. 辞书研究,2011a(1).
39. 李志江. 学习前人经验 掌握编写规律(下)——记关于辞书编写的一些经典语言. 辞书研究,2011b(2).
40. 李志江. 培养辞书编辑出版专业队伍的有效途径. 辞书研究,2012(5).
41. 梁爱林. 本体论和术语学——兼论"ontology"的中文翻译. 中国科技术语,2007(2).
42. 梁爱林,刑维慧. 论计算机术语学的影响与应用. 术语标准化与信息技术,2010(1).
43. 梁爱林. 术语管理的意义和作用——以微软公司术语管理策略为例. 中国科技术语,2012(5).
44. 劳允栋. 英汉语言学词典. 北京:商务印书馆,2004.
45. 隆多. 术语学概论. 刘钢,刘健译. 北京:科学出版社,1985.

46. 罗素. 论历史. 何兆武等译. 北京：生活·读书·新知三联书店,1991.
47. 吕叔湘.《现代汉语词典》编写细则(修订稿). //吕叔湘全集(第十二卷)语文散论. 沈阳：辽宁教育出版社,2002.
48. 马建忠. 马氏文通. 北京：商务印书馆,1998.
49. 马珂.《英汉图像工程辞典》主题索引的制作. 科技与出版,2010(11).
50. 默里. 坠入字网(詹姆斯 A. H. 默里和牛津英语大词典). 魏向清译. 上海：东方出版社,1999.
51. 普法芬伯格. 韦伯斯特新世界计算机词典(第六版). 钱世德,高宏等译. 上海：上海科学普及出版社,2000.
52. 普赖斯. 巴比伦以来的科学. 王静,张风格译. 北京：中共中央党校出版社,1992.
53. 戚雨村等. 语言学百科词典. 上海：上海辞书出版社,1993.
54. 齐良骥. 康德的知识学. 北京：商务印书馆,2000.
55. 邱碧华. 术语学之父——欧根·维斯特. 中国科技术语,2001(3).
56. 屈文生.《布莱克法律词典》述评：历史与现状——兼论词典与美国最高法院表现出的"文本主义"解释方法. 比较法研究,2009(1).
57. 全如瑊. ontology 译成什么？——兼论翻译和术语. 科技术语研究,2004(4).
58. 任继昉,向和平. 词语源流考. 北京：中央文献出版社,2004.
59. 日丹诺娃. 汉俄英情报学词典. 王熹译. 北京：科学技术文献出版社,1982.
60. 萨丕尔. 语言论——言语研究导论. 陆卓元译. 北京：商务印书馆,2002.
61. 孙关龙. 工具书的检索系统. 中国出版,1995(6).
62. 索绪尔. 普通语言学教程. 高明凯译. 北京：商务印书馆,1999.

63. 史忠植. Ontology 科技译名. 科技术语研究,2004(4).
64. 世界气象组织. 气象学词典. 中国气象局气象科技情报研究所译. 北京：科学出版社,1977.
65. 特拉斯克. 历史与比较语言学词典. 吴福祥导读. 北京：世界图书出版公司,2011.
66. 体育词典编辑委员会. 体育词典. 上海：上海辞书出版社,1984.
67. 土壤学名词审定委员会. 土壤学名词(1999 年版). 北京：科学出版社,1999.
68. 图书专业词汇编辑组. 图书专业词汇(英法西德日俄与汉语对照). 北京：外文印刷厂,1976.
69. 瓦托夫斯基. 科学思想的概念基础——科学哲学导论. 范岱年等译. 北京：求实出版社,1989.
70. 王惠临. ontology 含义及其中文翻译探讨. 科技术语研究,2004(4).
71. 王琪. 名词审定工作中的收词原则研究. 中国科技术语,2012(1).
72. 沃尔夫. 十八世纪科学、技术和哲学史. 周昌忠等译. 北京：商务印书馆,1997.
73. 王启熙. 英汉汽车词汇简释. 北京：人民交通出版社,1983.
74. 王宗炎. 英汉应用语言学词典. 湖南：湖南教育出版社,1988.
75. 吴泽宜. 农药词汇(汉、英、俄、日对照). 北京：科学出版社,1981.
76. 威廉斯. 关键词：文化与社会的词汇. 刘建基译. 北京：生活·读书·新知三联书店,2005.
77. 维斯特. 普通术语学和术语词典编纂学导论. 邱碧华译. 北京：商务印书馆,2011.
78. 温彻斯特. 万物之要义——《牛津英语词典》编纂记. 魏向清译. 北京：商务印书馆,2009.
79. 沃恩哈尔斯. 从术语库检索的技术词典——介绍西门子公司 TEAM 术语数据库. 情报理论与实践,1990(1).

80. 沃尔夫. 十八世纪科学、技术和哲学史. 周昌忠等译. 北京：商务印书馆,1997.
81. 沃尔夫. 霍皮建筑术语中的语言学因素. //论语言思维和现实——沃尔夫文集. 高一虹等译. 长沙：湖南教育出版社,2001.
82. 吴丽坤. 俄罗斯术语学探究. 北京：商务印书馆,2009.
83. 现代术语学与辞书编纂. 邹树明,吴克礼等译. 北京：科学出版社,1988.
84. 辛德培. 做好电力名词审定工作的体会. 中国科技术语,2009(4).
85. 徐庆凯. 专科词典论. 上海：上海辞书出版社,2011.
86. 徐庆凯. 专科词典的类型. 辞书研究,2005(4).
87. 徐友渔,周国平,陈嘉映,尚杰著. 语言与哲学——当代英美与德法传统比较研究. 北京：生活·读书·新知三联书店,1996.
88. 亚里士多德. 范畴篇　解释篇. 方书春译. 北京：商务印书馆,1986.
89. 杨伟东,关平,李建明. 英汉沉积学解释词典. 北京：北京大学出版社,1991.
90. 杨学功. 关于 ontology 的译名问题. 科技术语研究,2004(4).
91. 杨秀元,吴坚. 中国森林昆虫名录. 北京：中国林业出版社,1981.
92. 杨祖希,徐庆凯. 专科词典学. 成都：四川辞书出版社,1991.
93. 耶格. 生物名称和生物学术语的词源. 滕砥平,蒋芝英译. 北京：科学出版社,1965.
94. 叶起昌. “本”、“体”、“本体”词源考. 科技术语研究,2004(4).
95. 叶其松. lexicography 与 terminography 辨析. 外语学刊,2009(3).
96. 叶其松. 术语、专业词汇与词典. 辞书研究,2010(2).
97. 叶斯柏森. 语法哲学. 何勇等译. 北京：语文出版社,1988.
98. 英汉多媒体技术辞典委员会. 英汉多媒体技术辞典. 北京：清华大学出版社,2003.
99. 英汉体育常用词汇编辑委员会. 英汉体育常用词汇. 北京：人民体

育出版社,1975.
100. 俞吾金. 究竟是谁创制了 Ontologia 这个拉丁名词? 哲学动态, 2013(2).
101. 语言学名词审定委员会. 语言学名词. 北京: 商务印书馆,2011.
102. 兹古斯塔. 词典学概论. 林书武等译. 北京: 商务印书馆,1983.
103. 张金忠等. 俄汉-汉俄科技术语词典编纂理论研究. 北京: 光明日报出版社,2010.
104. 张志毅. 辞书强国——辞书人任重道远的追求. 辞书研究,2012(1).
105. 张伟. 名词审定工作的几点体会. 科技术语研究,2005(3).
106. 章毓晋. 英汉图像工程词典. 北京: 清华大学出版社,2009.
107. 郑述谱. 从"概念"一词的释义说起——兼论词义、概念及其关系. 外语学刊,2001(4).
108. 郑述谱. 洛特怎样编《德俄汽车词典》. 辞书研究,2003a(2).
109. 郑述谱. 术语学是一门独立的综合学科. 国外社会科学,2003b(5).
110. 郑述谱. 术语学的研究方法. 术语标准化与信息技术,2004(2).
111. 郑述谱. 俄罗斯当代术语学. 北京: 商务印书馆,2005.
112. 郑述谱. 术语学核心术语辨析. 术语标准化与信息技术,2006(1).
113. 郑述谱. 专科词典编纂的学科依托——术语学. 辞书研究,2008(6).
114. 中国教育科学研究所《英汉教育词汇》编辑组. 英汉教育词汇. 北京: 教育科学出版社,1982.
115.《中国大百科全书·语言文字》卷编辑委员会. 中国大百科全书·语言文字. 北京: 中国大百科全书出版社,1988.
116. 中国社会科学院语言研究所词典编辑室. 现代汉语词典(第6版). 北京: 商务印书馆,2012.

117. 周发增. 中学历史名词词典. 沈阳：辽宁教育出版社，2000.

俄文文献

1. Абрамова А. В. *Словарь терминоэлементов* (*составных частей сложных слов*) (*дефинитный*). Москва: Изд-во СГУ, 2011.

2. Ахманова О. С. *Словарь лингвистических терминов*. Москва: USRR, 2010.

3. Баранова А. Н, Добровольский Д. О. *Англо-русский словарь по лингвистике и семиотике*. Москва: Азбуковник, 2001.

4. Баранова Л. А. *Словарь аббревиатур иноязычного происхождения*. Москва: АСТ-Пресс, 2009.

5. Барченкова М. Д, Осипенкова А. Т. *Англо-русский словарь музыкальных терминов*. Москва: Флинта · Наука, 1999.

6. Баялиева Е. Ф, Ма Дажэнь. *Русско-англо-китайский таможенный словарь-справочник*. Улан-Удэ: изд-во БНЦ СО РАН, 2005.

7. Бенвенист Э. *Словарь индоевропейских социальных терминов*. Москва: Прогресс-Универс, 1995.

8. Вахек Й. *Лингвистический словарь Пражской школы*. Москва: Прогресс, 1964.

9. Вюстер Е. *Международная стандартизация языка в технике*. Ленинград-Москва: Стандартгиз, 1935.

10. Герд А. С. *Основы научно-технической лексикографии*. Ленинград: Издательство Ленинградского университета, 1986.

11. Гомоюнов К. К, Козлов В. Н. Физика. *Толковый словарь школьника и студента* (*2-е изд. перераб. и доп.*). Москва: Проспект, 2010.

12. Гончаров В. А. *Теория и практика научно-технической лексикографии*.

Москва: Русский язык, 1988.

13. Гринев С. В. *Введение в терминографию.* Москва: Московский лицей, 1995.

14. Гринев С. В. *Исторический систематизированный словарь терминов терминоведения(учебное пособие).* Москва: МПУ, 2000.

15. Гринев-Гриневич С. В. *Введение в терминографию(Как просто и легко составить словарь).* Москва: ЛИБОРОСКОМ, 2008.

16. Дубичинский В. В. *Теоретическая и практическая лексикография.* Вена-Харьков: Wiener Slawistischer Almanach.

17. Загорулько Ю. А. и др. Подход к разработке русско-английского тезауруса по компьютерной лингвистике. // *Труды 13й Всероссийской научной конференции《Электронные библиотеки: перспективные методы и технологии, электронные коллекции》*(RCDL'2011). Воронеж: 2011.

18. Информационно-поисковый тезаурус "транспорт"(в четырех томах)Т. 1: *немецко-русско-китайский систематический указатель.* Москва: Транспорт, 1998.

19. Котик А. Н, Труфанов О. В, Труфанова В. А. *Словарь токсикологических терминов.*

20. Кубрякова Е. С. *Краткий словарь когнитивных терминов.* Москва: Филол. Ф-т МГУ М. В. Ломоносова, 1997.

21. Кудашев И. *Проектирование переводческих словарей специальной лексики.* Helsinki: Helsinki university print, 2007.

22. Кудашев И. С, Кудашева И. О. Особенности работы со специалистами-предметниками в терминологических словарных проектах. // *Современная лексикография: глобальные проблемы и национальные решения (Материалы Ⅶ Международной школы-семинара).*

Иваново: Иван. гос. ун-т, 2007.
23. Марузо Ж. *Словарь лингвистических терминов.* Москва: Издательство иностранной литературы, 1960.
24. Марчук Ю. Н. *Чой Аун Французско-англо-русско-кхмерский географический словарь.* Москва: 1991.
25. Марчук Ю. Н. *Основы терминографии(методическое пособие).* Москва: МГУ, 1992.
26. Матвеева Т. В. *Полный словарь лингвистических терминов.* Ростов-на-тону: ФЕНИКС, 2010.
27. Михайлова А. И. *Русско-англо-французский терминологический словарь по информационной теории и практике.* Москва: Наука, 1968.
28. Михальченко В. Ю. *Словарь социолингвистических терминов.* Москва: Институт языкознания РАН, 2006.
29. Мурзаев Э. М. *Словарь народных географических терминов.* Москва: Мысль, 1984.
30. Немченко В. Н. *Основные понятия лексикологии в терминах.* Нижний Новгород: Издательство Нижегородского университета, 1995.
31. Нестерова С. С. и др. *Русско-китайский словарь общенаучной лексики.* Хабаровск: Изд-во Тихоокеан. гос. ун-та, 2010.
32. Никитина С. Е. *Тезаурус по теоретической и прикладной лингвистике.* Москва: Наука, 1978.
33. Никитина С. Е, Васипъва Н. В. *Экспериментальный системный толковый словарь стилистических терминов(Принцип составления и избранные словарные статьи).* Москва: 1996.
34. Нитусов Е. В. *Электрические машины · Виды электрических*

машин. Москва: Издательство Академии наук СССР, 1960.

35. Ожегов С. И, Шведова Н. Ю. *Толковый словарь русского языка (4-ое издание, дополненное).* Москва: ООО ИТИ ТЕХНОЛОГИЯ, 2005.

36. Осипов Г. В. *Социологический энциклопедический словарь (на русском, английском, немецком, французском и чешском языках).* Москва: НОРМА, 2000.

37. Поливанов Е. Д. *Словарь лингвистических и литературоведческих терминов.* Москва: ЛИБРОКОМ, 2010 .

38. Розвезев А. М. *Китайско-русский русско-китайский словарь компьютерной лексики.* Москва: АСТ: Восток-Запад, 2007 .

39. Слюженикина Ю. В. *Основы терминологии.* Москва: ЛИБРОКОМ, 2013.

40. Лазарева Е. И. *Словарь технических терминов на 11 языках.* Москва: Издательство Астрель, 2004 г.

41. Татаринов В. А. *История отечественного терминоведения (Направления и методы Очерк и хрестоматия, Книга 2).* Москва: Московский лицей, 1999.

42. Тимошин А. А. *Русско-английский словарь по экономике (с краткими пояснениями и ерекрестными ссылками).* Москва: Изд-во МГУ, 2009.

43. Тощенко Ж. Т. *Тезаурус социологии: Тематический словарь-справочник.* Москва: ЮНИТИ-ДАНА, 2009.

44. Флиер А. Я, Полетаева М. А. *Тезаурус основных понятий культурологии (Учебное пособие).* Москва: МГУКИ, 2008.

45. Хэмп Е. *Словарь американской лингвистической терминологии.* Москва: Прогресс, 1964.

46. Шайкевич А. Я. *Проблемы терминологической лексикографии.* Москва: ВЦП, 1983.

47. Шайкевич А. Я, Бергельсон М. Б. *Современное состояние научно-технической лексикографии.* Москва: Всесоюзный центр перевода, 1986.

48. Шелов С. Д. Построение терминологической базы знаний и анализ понятийной структуры терминологии. *Научно-техническая информация*(*Сер.* 2), 1998a(5).

49. Шелов С. Д. Опыт построения терминологической базы знаний в КНТ РАН. // *Под ред. Нариньяни А. С. Труды международного семинара Диалог'98 по компьютерной лингвистике и ее приложениям* (*в 2-х т.*). Казань: Хэтер, 1998b.

50. Шелов С. Д. О разработке информационной системы《Научная терминология》. // Под ред. Соловьева В. Д. *Обработка текста и когнитивные технологии.* Пущино, 1999.

51. Шелов С. Д. Упорядоченная и неупорядоченная терминология: результаты компьютерного анализа. *Научно-техническая терминология*, 2000(2).

52. Шелов С. Д. Когнитивное терминоведение и представление научного знания: первые компьютерные результаты. *Научно-техническая терминология*, 2002(2).

53. Шелов С. Д. Об иерархии в графовых структурах: опыт применения к лингвистическим задачам. *Научно-техническая информация*(*Сер.* 2), 2002(2).

54. Шелов С. Д. Терминологическая база знаний——новый терминологический компьютерный продукт. // Под ред. Рычкова Л. В, Усаченко И. А. *Слово и словарь*(*сборник научных трудах по*

лексикографии). Гродно: ГрГУ им. Я. Купалы, 2009.

55. Щапова И. А. *Частотный англо-русский словарь-минимум по оптоэлектронике и лазерной технике.* Москва: Флинта · Наука, 2006.

56. Щерба Л. В. Опыт общей теории лексикографии (1940). // *Избранные работы по языкознанию и фонетике* (*том 1*). Ленигpад: Издательство ЛГУ, 1958.

57. Ярцева В. Н. *Большой энциклопедический словарь языкознание.* Москва: БЭС, 1998.

英文文献

1. Aizawa A, Kageura K. A Graph-based Approach to the Automatic Generation of Multilingual Keyword Clusters. // Bourigault D, Jacquemin Ch, L'Homme Marie-Claude. (edts.) *Recent Advances in Computational Terminology.* Amsterdam/Philadelphia: John Benjamins Publishing Company, 2001.

2. Bergenholtz H, Tarp S. *Manual of Specialized Lexicography* (*the Presentation of Specialized Dictionaries*). Amsterdam/ Philadelphia: John Benjamins Publishing Company, 1995.

3. Bessé B. de, Nkwenti-Azeh B, Sager J. C. Glossary of Terms Used in Terminology. *Terminology*, 1997(4: 1).

4. Christie L. G, Christie J. *The Encyclopedia of Microcomputer Terminology.* London: Unwin Paperbacks, 1985.

5. Crystal D. *A Dictionary of Linguistics and Phonetics* (*6th Edition*). Oxford: Blackwell Publishing, 2008.

6. Hartmann R. R. K, James G. 词典学词典. 北京: 外语教学与研究出版社,2000.

7. Hartmann R. R. K. 我与词典学——以词典研究为视角,着重关注学习词典. 陈玉珍译. 辞书研究,2012(1).

8. Hamp E. P. *A Glossary of American Technical Linguistic Usage (1925-1950)*. Utrecht: Spectrum Publishers, 1957.

9. Jedlicka A. *Словарь славянской лингвисти ческой терминологии.* Hamburg: Buske, 1977.

10. Leichik V. M, Shelov S. D. Some Basic Concepts of Terminology: Traditions and Innovations. *Terminology Science and Research*, 2003 (14).

11. McNaught J. A Survey of Termbanks Worldwide. // Catriona Picken. (ed.) *Translating and the Computer / 9, Potential and Practice*: Proceedings of a Conference. London: Aslib, 1988.

12. Meyer I. etc. Towards a New Generation of Terminological Resources: An Experiment in Building a Term inological Knowledge Base. // *COLING'92 Proceedings of the 14th Conference on Computational Linguistics* (*Volume 3*). Stroudsburg: Association for Computational Linguistics, 1992.

13. Picht H, Draskau J. *Terminology: An Introduction.* Guildford: The University of Surrey, 1985.

14. Rey A. *Essays on Definition.* Amsterdam/Philadelphia: John Benjamins Publishing Company, 2000.

15. Richard A. S. *Standardization of Technical Terminology*: Principles and Practices(volume 2). *Baltimore:* ASTM, 1988.

16. Sager J. C. *A Practical Course in Terminology Processing*. Amsterdam/Philadelphia: John Benjamins Publishing Company, 1990.

17. Sinclairly 主编. COBUILD 英汉双解词典.《柯伯英汉双解词典》编

译组译. 上海：上海译文出版社,2002.

18. Strehlow R. A. Terminology and the Well-formed Definition. // *Standardization of Technical Terminology: Principles and Practices* (*volume 1*). Ann Arbor Michigan：ASTM International, 1983.

19. Temmermen R. Questioning the Univocity Ideal. *The Difference between Socio-cognitive Terminology and Traditional Terminology.* Herms, 1997(18).

20. Trask R. L. *Key Concepts in Language and Linguistics.* London and New York：Routledge, 1999.

21. Wright S. E, Budin G. *Handbook of Terminology Management* (*volume 1 Basic Aspects of Terminology Management*). Amsterdam/Philadelphia：John Benjamins Publishing Company, 1997.

标准文件

1. GB 11617—2000, 辞书编纂符号.
2. GB/T 1.1—2000, 标准化工作导则　第 1 部分：标准的结构和编写规则.
3. GB/T 15237.1—2000, 术语工作　词汇　第 1 部分：理论与应用.
4. GB/T 5271.1—2000,信息技术　词汇　第 1 部分：基本词汇.
5. GB/T 5271.25—2000,信息技术　词汇　第 25 部分：局域网.
6. GB/T 20001.1—2001, 标准编写规则　第一部分：术语.
7. GB/T 19100—2003,术语工作　概念体系的建立.
8. GB/T 19103—2003,辞书编纂的一般原则与方法.
9. GB/T 17532—2005,术语工作　计算机应用　词汇.
10. GB/T 5271.32—2006, 信息技术　词汇　第 32 部分：电子邮件.
11. GB/T 13745—2009,学科分类与代码.
12. GB/T 23829—2009,辞书条目 XML 格式.

13. GB/T 10112—959，术语工作　原则与方法.

14. ISO/R 919：1969，Guide for the preparation of classified vocabularies (example of method).

15. ISO 704：2000，Terminology work — Principles and methods.

网络材料

1. http://www.computing.surrey.ac.uk/ai/pointer/

2. http://ccl.pku.edu.cn:8080/ccl_corpus/index.jsp?dir=xiandai

3. http://www.oxforddictionaries.com/definition/english/nomenclature?q=nomenclature

4. http://dic.academic.ru/dic.nsf/ogegova/128154

5. http://www.modelzd.ru/slovar_zd_terminov/bagazh.html

6. http://www.termnet.org/downloads/english/events/tss2009/TSS2009_HP-IntroductiontoTerminologyTheory.pdf

7. http://www.iamladp.org/PDFs/joint_training_ventures/job_profiles/EU_profiles/GenericSkillsDraftTerminologist.pdf

8. http://www.grand-dictionnaire.com/index.aspx

9. http://webportalsrv.gost.ru/PortalWTO/termin_wto.nsf/start?OpenPage

10. http://unterm.un.org/

11. http://www.eurotermbank.com/

12. http://iate.europa.eu/iatediff/SearchByQueryLoad.do?method=load

13. http://www.btb.termiumplus.gc.ca/tpv2alpha/alpha-eng.html?lang=eng

14. http://www.tsk.fi/tepa/netmot.exe?UI=engr

15. http://www.culture.fr/franceterme

16. http://www.termcat.cat/ca/Cercaterm/Fitxes/

17. http://www.electropedia.org/iev/iev.nsf/d253fda6386f3a52-c1257af700281ce6?OpenForm

18. http://www.itu.int/ITU-R/index.asp? redirect = true& category = information&rlink = terminology-database&lang = en&adsearch = &SearchTerminology = &collection = §or = &language = all&part = abbreviationterm&kind = anywhere &StartRecord = 1&NumberRecords =50

19. http://www.moto-teleterm.gr/

20. http://www.termterm.org/index_en.php

21. http://www.cnctst.gov.cn/

22. http://www.microsoft.com/Language/en-US/Search.aspx

23. http://www.danterm.dk/?page_id =58&lang = en

24. Feliu J, Vivaldi J, Cabré M. T. Ontology: A Review (2002), www.upf.edu/pdi/dtf/teresa.cabre/docums/ca02onto.pdf

25. Lee G, Mariam T, Khurshid A. (2005) Terminology and the Construction of Ontology, clara, b. uib. no/files/2011/06/Gillam-Tariq-and-Ahmad.pdf

26. Temmerman R, Kerremans K. (2003) Termontography: Ontology Building and the Sociocognitive Approach to Terminology Description, www.hf.uib.no/forskerskole/temmerman_art_prague03.pdf

图书在版编目(CIP)数据

术语编纂论 / 郑述谱，叶其松著. —上海：上海辞书出版社，2015.1(2024.5重印)
(辞书研究文库)
ISBN 978-7-5326-4286-1

Ⅰ.①术… Ⅱ.①郑… ②叶… Ⅲ.①术语-词典编纂法 Ⅳ.①H083 ②H06

中国版本图书馆CIP数据核字(2014)第255240号

辞书研究文库

术语编纂论

郑述谱　叶其松　著

责任编辑　郎晶晶
装帧设计　姜　明
责任印制　曹洪玲

出版发行　上海世纪出版集团
上海辞书出版社®(www.cishu.com.cn)
地　　址　上海市闵行区号景路159弄B座(邮政编码：201101)
印　　刷　三河市腾飞印务有限公司
开　　本　890毫米×1240毫米　1/32
印　　张　11.125
插　　页　1
字　　数　275 000
版　　次　2015年1月第1版　2024年5月第2次印刷
书　　号　ISBN 978-7-5326-4286-1/H.597
定　　价　68.00元